昔話の東と西

比較口承文芸論考

鈴木　満

国書刊行会

妻に

昔話の東と西　目次

昔話の東と西　目次

略語表

AT　Antti Aarne / Stith Thompson : The Types of the Folktale. 〈FF Communication No.184〉. Suomalainen Tiedeakatemia. Helsinki 1964.
アールネ、アンティ／トンプソン、スティス『民話の型』

BP　Johannes Bolte / Georg Polívka: Anmerkungen zu den Kinder- und Hausmärchen der Brüder Grimm. Georg Olms. Hildesheim 1963.
ボルテ、ヨハンネス／ポリーフカ、ゲオルク『KHM 注釈』

KHM　Kinder- und Hausmärchen der Brüder Grimm.
グリム兄弟の『子どもと家庭のための昔話集』諸版あり。

MdW　Begründet von Friedrich von der Leyen. Heraugegeben von Kurt Schier und Felix Karlinger: Die Märchen der Weltliteratur. Eugen Diederichs Verlag.
フォン・デア・ライエン、フリードリヒ創設／シーア、クルト・カーリンガー、フェーリクス編「世界の民話」叢書

まえがきに代えて「灰かぶり《アッシェンプッテル》」東西

一

アメリカの民俗学者・口承文芸研究者スティス・トンプソンがその著『民間説話』で、全世界にわたって汎く知られていて、大量の資料がありながら系統付けられていないため大きな問題を抱えており、そのいずれもが今後の研究課題となっている、と指摘している六つの話の中に「シンデレラ（灰かぶり娘）」（AT五一〇A）がある。[*1] シンデレラ譚の最初の重要な蒐集をおこなったのはイギリスのマリアン・ロウルフ・コックスである。[*2] ついでスウェーデンのアンナ・ビルギッタ・ルートの研究[*3]がある。フィンランドのアンティ・アールネの業績をもとに、S・トンプソンが膨大な民話を集め、これを類別した『民話の型』では、シンデレラ型は上記のように五一〇Aと整理番号がつけられている。[*4] 五一〇は「シンデレラと藺草頭巾《いぐさずきん》」で、五一〇Bは「黄金のドレス、白銀のドレス、星星のドレス（藺草頭巾）」である。五一〇Bはたとえばグリム兄弟の『子どもと家庭のための昔話集』Kinder- und Hausmärchen der Brüder Grimm（KHM）で類話を求めるなら、六五番「千匹皮」であり、ルイ十四世時代の官僚かつ学者のシャルル・ペローが作者といわれる『過ぎし昔の物語あるいはお伽話、ならびに教訓』、またの名『鵞鳥おばさんのお伽話』（ペローお伽話）であれば、韻文の「驢馬の皮《ポー・ダーヌ》」である。

五一〇は前掲書によればこのような型となる。

五一〇「シンデレラと藺草頭巾」

Ⅰ・虐げられる女主人公。(a)女主人公は継母と継姉妹によって酷使される。そして(a')竈の上あるいは灰の中にいて、(a'')粗末な衣装——藺草の頭巾、木のケープ、その他、を纏っている。(b)彼女と結婚しようとする父親のもとから身を窶《やつ》して逃げ出す。あるいは、(c)彼女が父親のことを、お塩みたいに好き、と言ったので、父親に追い出される。あるいは、(d)召使に殺されることになる。

Ⅱ・魔法の援助。女主人公は召使として(自宅で、あるいは、他人のところで)暮らしている間、(a)死んだ実母により、(b)実母の墓に生えた木により、あるいは、(c)超自然的存在により、あるいは、(d)鳥たちにより、あるいは、(e)山羊、羊、あるいは牝牛により、助言され、必要な物を供給され、食べ物をあたえられる。(f)山羊(牝牛)は殺され、その場所にその残骸から魔法の木が生える。

Ⅲ・王子との出会い。(a)女主人公は美しい身なりでしばらく王子と踊る。王子は彼女を引き留めようとするができない。あるいは、女主人公は教会で王子に見初められる。(b)彼女は召使の少女として受けた虐待の数数を仄めかす。あるいは、(c)美しい身なりで自室、あるいは、教会にいるところを見られる。

Ⅳ・本人である証拠。女主人公は、(a)上履き靴のテストにより、(b)彼女が王子の飲み物に投げ込んだ、あるいは、王子の食べるパンに入れて焼き上げた指環により、発見される。(c)彼女だけが相手の騎士が求める黄金の林檎《りんご》をもぐことができる。

Ⅴ・王子との結婚。

Ⅵ・塩の値打ち。女主人公の父親は塩の入っていない料理を出され、かくして娘の以前の答えの意味を理解する。

五一〇Aはもとより、継母や継姉妹によって女主人公が生家でこき使われ、死んだ実母やその他から援助を受け、最後に履物のテストで本人であることが分かり、高い身分の男性と結婚する、という話である。この類話をざっと俯瞰《ふかん》して論集のまえがきに代える。なお、このまえがきにしても、続く収録内容にしても、この分野の識者にはほとんど周知の事項を連ねていようが、比較口承文芸研究のいわば手習い草紙、初山踏《ういやまぶ》みといったところなので、なにとぞご海容のほどを。

二

ナポリ生まれの軍人にして行政官、そして文人のジャンバッティスタ・バジーレが素材を民間伝承に採った五十話から成る枠物語『ペンタメローネ（五日物語）〔原名 Lo Cunto de li Cunti（お話中のお話、お話の白眉）（一六三四―三六）〕』の第一日第六話「灰だらけのにゃんこ《ラ・ガッタ・チェネレントーラ》（竈猫《かまどねこ》）」の女主人公は、女家庭教師の入れ知恵に乗せられ、自分を虐待する継母を、継母が覗き込んでいる長持の蓋を突然閉めてその頸を折ることによって殺してのけるが、二度目の継母となった元家庭教師からはもっとひどく扱われる。父親がサルディニア島から土産に持ち帰ってくれた棗椰子《なつめやし》を植えて、この木から衣装や馬車や召使を手に入れる。表題は言うまでもなく女主人公に継母とその連れ子たちが付けた綽名である。宮澤賢治の「猫の事務所」に「竈猫《かまねこ》」〔生まれは三毛猫でも虎猫でも何でもよいが、夏の土用、つまり暑い最中に生まれたので、皮が薄く、寒がりなためしょっちゅう竈の暖灰《ぬくばい》の上に寝るため薄汚れ、他の猫たちから差別されている〕が出て来る。女主人公は、ろくな服もあたえられず、寒さに苦しんでいるので台所の竈で暖を取るほか無く、ために継母あるいは継母の連れ子にそうした蔑称で呼ばれるのである。着物テストと並んで、こうした灰に関わる汚れ娘を意味する綽名がこの話型の特色である。シンデレラ Cinderella〔「スィンドレッラ」とでも片仮名表記するべきだろうが、従来私たちが慣れ親しんだ呼称に従う〕

は、英語「シンダー」cinder、すなわち「灰、燃え滓《かす》」に縮小語尾「エル」-elが付き、それをまた女性形にするため柔らかい「ア」-aを付したのは申すまでも無い。ここでの縮小は可愛らしいからではなく、前記のように蔑称である。

いわゆるペローお伽話は一六九七年の出版だが、これに収められた「サンドリヨン、あるいは小さなガラスの上履き靴」で、舞踏会に行けない女主人公の願いを叶えてくれるのは、名付け親の仙女《フェ》（妖精）である。当時のフランス宮廷の好みに従い、華やかかつ雅びやかな語り口になっており、結末も温和で、意地悪な継母とその連れ子の娘たちに対する懲罰はない。女主人公の綽名「サンドリヨン」Cendrillonは、「サンドル（灰）」cendreの縮小形である。

ＫＨＭの初版（一八一二年）で既に二一番〔決定版である一八五七年刊の第七版でも同番号〕として収録されている「灰かぶり」には、「最も人口に膾炙している昔話のひとつであり、どこでも限なく語られている」という注がついている。[*5] 一八一九年にヘッセンの三つの話をもとに改作された。女主人公が父親に土産として持って来てくれるよう頼む、帽子に最初に触れる木の枝のモティーフと、鳩の歌以降の結びが添えられた。父親は榛《はしばみ》の枝を持ち帰り、灰かぶりはこれを母の墓〔土饅頭《どまんじゅう》〕に植える。初版では、母親が臨終の時、墓に木を植えなさい、それを揺さぶると欲しい物が何でも手に入る、と遺言する。木の指定は特にない。初版では、鳩たちが、

うしろをごらんな、うしろをごらん。
お靴の中にゃ血なんてないよ。
お靴はちっちゃすぎないもん。
ほんとの花嫁連れてくねえ。

と、グルル、グルル歌っておしまいだが、改訂版では、二人の意地悪な継姉たちが、灰かぶりの婚礼の際、鳩たちに両眼をつっき出されてしまう、という懲罰の結びが加えられた。この他にも、初版の悪役は姉たち〔中でも長姉〕だが改版では継母、といったいくつかの相違が二つの版の間にはあるが、言及はこれくらいに留めておく。KHM初版の「灰かぶり」はペローの「サンドリヨン」に似過ぎているので改訂されたのであろう。女主人公に付けられた綽名「アッシェンプッテル」Aschenputtel は、「灰、燃え殻」という意味の「アッシェ」Asche と「のらくら者」くらいの意味の「プッテル」Puttel（-el は縮小語尾）から成る合成名詞。「アッシェンブレーデル」Aschenbrödel も同義である。もともとは厨房でこき使われる下働きのこぞうの呼称。

三

ボルテ／ポリーフカの『KHM注釈』（BP）[*6]によって類話をざっと見て行こう。本来はオイゲン・ディーデリクス社の「世界の民話」叢書（MdW）[*7]、あるいは、その邦訳なり[*8]によって具体的に指摘すべきであるが。

イングランドはどういうものか地物《じもの》の昔話が著しく乏しい。実証的なお国柄のせいか。かの地の「シンデレラ」はペローによるものである。スコットランドの「藺草の衣」では、亡母が女主人公に赤い仔牛をくれ、これが彼女に食物をあたえる。仔牛が屠殺されると、女主人公は骨を残らず集めて埋める。仔牛は甦って、望みの衣装を授けてくれる。アイスランドの「王妃ミャドヴェイグ」はなかなかおもしろい。継母に追い出され、縛られたミャドヴェイグの夢の中に亡くなった母が現れ、願い事をすれば直ちに御馳走を用意する布をくれ、海辺の小さい家を教えて、そこにとどまっているように、と告げる。

外国の王子が上陸し、彼女が彼から逃げ出す時に落として行った靴を見つけ、宮廷で持ち主を探し、彼女の継姉を花嫁にする。しかし、二人が海辺の小さい家の傍を通り過ぎると、鳥たちが歌って、本当の花嫁を教える。フランス、イタリア半島、シチリア島、カタロニア、ポルトガルにも類話はあるが、これらは省略する。マケドニアでは、孤児である女主人公がおばに苛められる。牧場で逢った女がすばらしい衣装をくれる。彼女の意地悪な従姉妹が彼女を橋から突き落とすが、その時失った靴を皇帝《スルタン》の召使が発見、靴のテストとなる。トルコの「灰かぶり」では継子が仔牛を助ける。継母とその娘が、彼女を家においてよその婚礼にでかける。継子は子牛から衣装をもらいやはりその式に出席、継母と腹違いの妹に見抜かれそうになり、慌てて帰宅する。帰りに靴をなくし、これが王子に拾われるのである。インドでも継母に殺される牛（牡牛）の骨が、それを埋葬した女主人公に衣装を与えてくれる。

そして中国には完全なシンデレラ譚の世界最古の文献が存在する。九世紀唐の高官段成式《トアンチョンシー》撰の大博物誌・異事奇譚集成『酉陽雑俎《ユーヤンツァーツー》』（『酉陽雑俎《ゆうようざっそ》』）前集二十巻続集十巻中〈続集巻一支諾皐上〉に収められている物語「葉限《イエシエン》」（「葉限《しょうげん》」）[*9]で、これを指摘したのは博覧強記の大博物学者南方熊楠《みなかたくまぐす》である。[*10]粗筋はざっとこうである。

女主人公葉限は南中国の洞主（「洞《トン》」は古代中国の南方諸民族の集落単位。「洞穴」ではない。ここでは村といったところか。従って「洞主」は酋長《しゅうちょう》、領主、豪族）の娘だが、母は早く亡くなり、やがて父も死ぬと、父のもう一人の妻に虐待され、険しい山で薪を採ったり、深い谷で水を汲むなど過酷な労役を課される。水汲みの際捕まえた小さい魚をこっそり器に入れて飼っていると、どんどん巨大になる。そこで池に放す。娘はこれに自分の食べ余しをやる。娘が池に行くと、魚は必ず首を出して岸辺に乗せる。他の者では決して出て来ないのである。これを継母が知り、葉限を騙してその古着を入手、葉限の留守にそれを着て魚をおびき寄せ、殺して食べ、骨を鬱棲《うっせい》〔糞溜?・塵芥《ごみ》溜?・堆肥?〕の下に捨ててしまう。嘆いている葉限の前に、髪の毛をざんばらにし、粗末な衣装を纏った人が天から下って来て、骨のありかを知らせ、これを部屋において祈ると何でも欲しい物が授かる、と教えてくれる。ある時村祭があり、継母は葉限に留守を命じ実の娘を連れてでかける。葉限は骨に祈って美しい衣装と黄金の履《くつ》を得、これを身につけて祭りに行く。継母の娘〔葉限の腹違いの妹〕が気づいて、姉にそっくりの人がいる、と母に告げる。葉限は見破られないように慌てて帰るが、その際履を落とす。洞の者が拾い、この村の近くの海島を治める強大な国に行って、これを売る。そこの王がこの履を手に入れ、身の回りの女性たちを初めとして、果ては国中の女たちに履かせてみるが、小さすぎてだれの足にも合わない。そこで、様様な経緯を経て葉限を発見、彼女を娶《めと》る。継母とその娘は石で撃ち殺される。

段成式は、この話を邕《よう》州〔現在の広西省南寧〕の出身である元の家僕（家人）李士元から聞いた、と記している。当時の南中国は中央政府からは蛮地とされていたが、独自の文化が華やぎ、海上の道を経由して遠くインド、中東とも交流があった。〈葉限〉と〈灰〉との音の関係を説く説[*11]がある。

ヤーコプ・グリムも指摘していること[*12]だが、靴（上履き靴）のモティーフはロドペーの伝説を想起させる。ヤーコプによれば、ギリシャの大地理学者ストラボンは、その十七巻にわたる著書『地理誌』の中でこう述べている、とのこと。以下は大意である。

彼女〔ロドペー〕が沐浴をしていた時、一羽の鷲が彼女の靴の片方を攫《さら》い、メンフィスに〔上・下エジプト王国のうち下エジプトの大都。古代エジプト古王国時代の首都。カイロの南方にあった〕持って行った。ここで王《ファラオ》が戸外で裁判をおこなっていた〔公明正大な裁きであることを示すため〕。すると鷲は王の膝へ靴を投げこんだ。この椿事と靴の繊細さに勃然と心動かされた王は全土に命令を出し、この靴に合う美しい足を探させた。そしてナウクラティス市〔エジプト北部ナイル河三角州にあった古代ギリシャの殖民都市〕でロドペーが発見され、王の妃とされた。

ロドペー、あるいはロドピスのことは、ヘロドトスもその著『歴史』（巻二―一四五節）で記している。美貌一世に轟いた前六世紀の古代ギリシャの白拍子《しらびょうし》（遊女《ヘタイラ》）である。

足が小さければ美人であろう、という思い込みは何かもっともらしい。もとより美人でも大きな足の持ち主はいるわけだが、小足を美人の条件に数えることは日本でもある、あるいは、あった。少なくとも元禄時代には。「美人両足は八文七分に定まれり」とか「足は八もん三分に定め、親指反《そっ》てうらすきて〔足の裏がすいている。扁平でない〕」とは井原西鶴の言葉。[*13] 一文は約二・四センチだから、八文七分でも二十一センチ足らずとなる。

朝鮮の類話には「コンジ（豆っ子）・パッジ（小豆《あずき》っ子）」がある。[*14] 女主人公コンジの援助者は天から降りて来た牝牛であり、食物を恵み、労役を代わってかたづけ、宴会にでかけるためのすばらしい衣装と花靴を授けてくれる。彼女が宴会に行くのを妨げようと継母が課した難題は、広い部屋の掃除、各部屋の〔温突《オンドル》の〕焚き口の灰の除去〔ここで灰が出て来る〕、火の焚き付け、大きな瓶〔底に穴があいている〕への水の汲みこみ、稲の籾《もみ》五石を搗く、などだが、一部は雀や蛙が援助してくれる。宴会にでかけたコンジは継母と腹違いの妹のパッジに嫉妬されて追い出される。逃げる途中花靴を落とす。これを手に入れた監察使《カムサ》〔朝鮮八道のそれぞれを司る高官。地方長官。郡主の上に立つ、地方での最高権威者〕が持ち主を尋ねると、テストにパッジばかりか既婚者である継母まで挑戦、大きすぎて入らない足の横側を自ら包丁で削ぐ。このように「シンデレラ」物語のエピソード、モティーフがそろっている。

「コンジ」という名前は、他の朝鮮の類話[*15]から察するに、継母に虐待され御飯のおかずは大豆汁だけ〔実子は美味しい小豆御飯をあてがわれるので「パッジ」〕、というところから来ている。あるいは、大豆御飯しかもらえない、という類話もあるか。灰に因んだ綽名ではない。その点では日本の継子話「米福粟福」の女主人公とその腹違いの妹の名がどうやらこれに相応する。もっとも、女主人公は「米福」。これが姉で継子。「粟福」はその腹違いの妹で実子なので、この命名は五穀の格付けに由来〔つまり、女主人公の方が脇役の腹違いの妹より当然上なので、前者を米に、後者を粟になぞらえた〕したと見え、継子である主人公が食べ物面で虐待されて、粟しか食べさせられない、とは違う。

日本のシンデレラ譚はどうか。関敬吾著『日本昔話大成』[*16]で見る限り、酷似する類話は「おうふとはげせん」にとどまる。これは関敬吾氏の記す粗筋から察する限り、こんな話と思われる。おうふは先妻の子で後妻である継母に苛められる。継母の難題としては、粟を撒き散らして拾え〔雀の援助〕、砕け米を竈《かまど》の灰に混ぜて選別せよ〔やはり雀の援助〕、がある。その他の援助者は老爺。遊びに行け、と言ってくれる。着物がない、と答えると、衣装を入れた風呂敷包が天から落ちて来る。馬に乗せて連れて行ってくれる。沓を落とす。長者の息子が沓を拾い、それに足が合う娘を嫁にする、と触れる。継母ははげせんを連れて行き、無理に沓を履かせるので、はげせんはびっこになってしまう。おうふは沓のテストに合格、長者の家へ嫁入りする〔長崎県北高来《たかき》郡で採録されたもの〕。日本の中でも朝鮮半島と地理的に特に近い地方での伝承なので、履物のモティーフがかの地から伝えられ、保存されたのだろうか。なお、「おうふ」と「はげせん」という名が何に由来するか不明なのは残念である。「おうふ」の「お」は女子の名の前に付けて尊敬・親愛の気持ちなどを表す接頭辞だろうが、「うふ」は分からない。

履物のモティーフを除くシンデレラ譚とでも言おうか、つまり、継子である女主人公がみすぼらしい姿で苦難に耐えて生活を送るうち、その美しさを見出され、高い身分の男性との結婚に至るという話なら、日本にも類話はあるが、履物のモティーフを含むものが上記しか見いだされないとすれば、公卿の儀式用の沓、武者の毛沓、雪国の藁沓などを除き、履物がほとんど開放型だった〔つまり履物より足が少しばかり大きくても支障がなかった〕往古の日本ではこのモティーフの維持が困難だったのが原因であろう。十世紀終わりか、あるいはそれに次ぐ時代に作られたとされる『落窪物語《おちくぼ》』の素材となった民話〔当時既に湮滅《いんめつ》したものだったろうが〕もこうした類話だったと想像される。女主人公が妙な綽名〔「落窪の君」。ただし、これは「灰」とは関係ない。住んでいる場所が落ち窪んでいるからである〕を付けられている、継母に労役〔縫い仕事〕を課される、継母への懲罰がある〔継母は最後には許されるのだが、こうした妥協は作者のさかしらによるものであり、それまでの姫の恋人による継母とその家族への苛烈な、現代の感覚からすればやり過ぎとも思われる復讐のあとでは、いかにも不自然〕、この三点で五一〇Aと共通するものを持つからである。五一〇B型の方は少なくなく、御伽草子の「鉢かづき」・「花世の姫」・「うばかは」（姥皮）は、作者の思いつきで加えられたと覚しき手の跡を拭い去ってみると、素材とされた民話がくっきり浮かび上がってくるのだが。

日本の履物と同様に、爪先や踵が開放されていても、中近東のスリッパ、サンダルの類は事情を異とする。これは足型に合わせた靴底を持つものである。サンダルの場合踵は紐で足に固定されるわけだが、大き過ぎる足は靴底からはみだしてしまうので、いくら紐が柔軟でも調節はできない。また、サンダルやスリッパは脱げやすい。つまり失われやすい。こうした理由で、A・B・ルートは、靴のモティーフが中近東で発展したもので、ヨーロッパではない、と『シンデレラ・サイクル』で主張している。[*17]

四

女主人公が同定される機縁となるのは、偶然失われ、偶然発見される物象〔たとえばこよなく美しい髪の毛〕なら何にでも置き換えうるのだろうか。

婚姻と履物が密接に結びついている習俗を指摘して、これをシンデレラ物語の靴のモティーフを説明する研究者もいる。ヤーコプ・グリムは『ドイツ法律古事誌』の中で「ゲルマン人の婚姻風俗に靴の着用のことがある」と記しており、これを補足するものとして、以下のような分析が示せよう。

古代ドイツの習俗によれば、靴も婚約の象徴として用いられた。花婿は花嫁に靴をあたえ、彼女がこれを履くやいなや、新妻は夫の力に服従したものとみなされる。また、ある資料にはこのようなことが見える。「ある地方では、花嫁が左の靴の留め金を花婿に嵌《は》めてもらうと、彼女は家を治めることになる、と信じられている」と。この古い民間信仰が灰かぶり《アッシェンプッテル》の靴に反映している。王子は彼女に左の靴を渡す。そして花嫁として城へ連れて行く。おそらく元は、花婿が自分の靴を脱いで。それを花嫁が履かなければならなかった、という風習らしい[*18]。

おもしろいことに周〔紀元前十一世紀、武王が殷《いん》を滅ぼして建国。三十七代・八百六十七年の王朝〕代の中国でも類似の風習があった。それを述べた記事を左に引用する。振り仮名はより読みやすいように論者が補った箇所もある。〔 〕内は論者のなくてもがなの解説である。

当時、諸侯の親迎の礼〔当日の夕方に夫自身が女家に赴いて婦を迎える礼〕では、婿は屨《くつ》二足と瑞玉《ずいぎょく》を女家に贈って、「母が私に粗末な玉と履を持たせて、夫人と息女に贈らせました」という。夫人は「娘の教育も充分にできていないが、嫁いで後は必ず慎んで仕えるでしょう」と答えて瑞玉を受け、履を娘にはかせて、これに「よく舅姑《きゅうこ》に仕えて真心をつくし、帰ってはなりませぬ」といって、娘の手を引いて夫に渡す。(中略) また、大夫《たいふ》〔周代の官名。諸侯の重臣〕・士・庶人の場合には、履二足に束脩《そくしゅう》〔脯《ほじし》(干し肉) を束ねた贈り物〕を贈り、自分の父は、某《なにがし》の父とか某の師父と呼び、相互の挨拶の言葉は、大体前と同様である。諸侯から士庶人まで、親迎の贈り物は、玉とか束脩を身分によって持参するが、履二足だけは貴賤ともに必ず贈る。女が車に乗る時に、その母が履をはかせるのも貴賤同じであるが、履は女にはかせるためにわざわざ男の家で整えたものであって、玉や束脩のように形式的な礼物ではないからである。衣服や首飾りでなく履を贈ったのは、新婦が門に入れば第一に踏む〔躡《ふ》む。つまり「履く」ものであるから、特に重んじたのであろう。[*19]

なお『世界のシンデレラ物語』として山室静氏に詳しい論考がある。

注

＊1　Thompson, Stith: *The Folktale.* p.186.
S・トンプソン著・荒木博之／石原綏代訳『民間説話——理論と展開』上、二七九ページ

＊2　Cox, Marian Roalfe: *Cinderella: Three Hundred and Forty-five Variants of Cinderella, Catskin and Cap o'Rushes.*

＊3　Rooth, Anna Birgitta: *The Cinderella Cycle.*

＊4　Aarne, Antti / Thompson, Stith: *The Types of the Foktale.* p.175-178.

＊5　*Kinder- und Hausmärchen. Gesammelt durch die Brüder Grimm.* Vergrößerter Nachdruck der zweibündigen Erstausgabe von 1912 u. 1815 nach dem Handexemplar der Brüder Grimm-Museums Kassel mit sämtlichen handschriftlichen Korrekturen u. Nachträgen der Brüder Grimm.

＊6　Bolte, Johannes/ Polívka, Georg: *Die Anmerkungen zu den Kinder- und Hausmärchen der Brüder Grimm.* Bd.1. S.167ff.

＊7　Die Märchen der Weltliteratur. Begründet von Friedrich von der Leyen. Herausgegeben von Kurt Schier und Felix Karlinger. Eugen Diederichs Verlag.

＊8　小澤俊夫編『世界の民話』（第一期・二期・三期、各期十二巻）＋別巻一、計三十七巻、ぎょうせい、昭和五十二年／五十四年／六十一年

＊9　段成式撰・今村与志雄訳『酉陽雑俎』第四巻（東洋文庫四〇一）、続集巻一支諾皐上、八七五ページ以降。

なお、『酉陽雑俎』のテキストとしては、明の李雲鵠（四川道監察御史内卿）校訂本が知られているが、これには句読点が無い。今、方南生点校（底本は趙琦美本。明万暦年間）により現代中国の句読点付きのものを左に示す。ただし、読点（、）は原典ではコンマである。なお旧漢字は新漢字に改めた。〔　〕内は論者の補遺である。

南人相伝、秦漢前有洞主呉氏、土人呼為呉洞。娶両妻、一妻卒、有女名葉限。少恵善淘一作鉤金、父愛之。末歳父卒、為後母所苦。常令樵険汲深。時嘗得一鱗二寸余、頳鬐金目、遂潜養於盆水、日日長、易数器、大不能受、乃投於後池中。女所得余食、輒沈以食之。女至池、魚必露首枕岸、他人至不復出。其母知之、毎伺之、魚未嘗見也、因詐女曰「爾無労乎、吾為爾新其襦。」乃易其弊衣。後令汲於他泉、計里数百一作里也。母徐衣其女衣、袖利刃行向池呼魚、魚即出首、因斫殺之。魚已長丈余、膳其肉、味倍常魚、蔵其骨鬱棲之下。逾日、女至向池、不復見魚矣、乃哭於野。忽有人被髪粗〔李雲鵠校本では「麁」（麤の俗字）〕衣、自天而降、慰女曰「爾無哭、爾母殺爾魚矣！骨在糞下、爾帰、可取魚骨蔵於室、所須第祈之、当随爾也。」女用其言、金璣衣食随欲而具。及洞節母往、令女守庭

菓。女伺母行遠、亦往、衣翠紡上衣、躡金履。母所生女認之、謂母曰「此甚似姉也。」母亦疑之、女覚遽反、遂遺一隻履為洞人得。母帰、但見女抱庭樹眠、亦不之慮〔不慮之?・〕。其洞隣海島、島中有国名陀汗、兵強、王〔明の毛晋の校本による。原典は「三」〕数十島水界千里。洞人遂貨其履於陀汗国、国主得之、命其左右履之、足小者履減一寸。乃令一国婦人履之、竟無一称者。其軽如毛、履石無声。陀汗王意其洞人以非道得之、遂禁錮而拷略之、竟不知所従来、乃以是履棄之道旁、即遍歴人家捕之。若有女履者、捕之以告。陀汗王怪之、乃捜其室、得葉限、令履之而信。葉限因衣翠衣、躡履而進、色若天人也。始具事於王。載魚骨与葉限倶還国。其母及女即為飛石撃死、洞人哀之、埋於石坑、命曰懊女塚。洞人以為媒祀、求女必応。陀汗王至国、以葉限上婦。一年、王貪求、祈於魚骨、宝玉無限。逾年、不復応。王乃葬魚骨於海岸、以用珠百斛蔵之、以金為際、至徴卒叛時、将発以贍軍。一夕、為海潮所淪。成式旧家人李士元所説。士元本邕州洞中人、多記得南中怪事。

これを試みに読み下し文にして見る。〔 〕内に論者なりの訳・解説を記した。

南人相伝うるに、秦漢《しんかん》の前〔つまり「昔むかし」〕洞主呉氏有りて、土人呼んで呉洞と為す。両妻を娶れるが、一妻卒《しゅつ》す。女《むすめ》有りて葉限《しょうげん》と名づく。少《おさな》きより恵《さと》くして善く金を淘《よな》ぐ〔「よなげる」は、細かい物を容器に入れ、水を注ぎ、揺り動かして、よどませ、必要な物と不要な物とに選別すること。この場合はこうして砂金を採取したのである。「淘」ではなく「鉤《こう》」なら「探り出す」の意味になる〕。父之を愛す。末歳《まっさい》父卒するに、後母《こうぼ》に苦しめらる。常に険しきに樵《きこり》し深きに汲ましむ。時に嘗《かつ》て一鱗の二寸余〔六センチ余り〕なるを得たり。頳鬐《ていき》金目《きんもく》〔赤い背鰭で目が金色〕なり。遂に潜《ひそ》かに盆水に養うに、日日に長じ、数器を易《か》うれども、大にして受くること能わず。乃《すなわ》ち後池《こうち》中に投ず。女得る所の余食〔食べ余し〕を輙《すなわ》ち沈めて以て之に食わしむ。女池に至れば、魚必ず首を露《あら》わして岸に枕し、他人の至れば復《また》出でず。其の母之を知る。毎《つね》に之を伺えども、魚未だ嘗て見《あら》われず。因りて女を詐《たばか》りて曰く。「爾《なんじ》労する無からん乎《や》。吾爾の為に其の襦《うわぎ》を新《あら》たにす。」と。乃ち其の弊衣を易《か》う。後に他泉に汲ましむ。里を計るに数百〔数百では無く数里？「数百里」では、三百歩、つまり六丁を一里とする中国里でも遠過ぎよう。数里、仮に六里なら、彼の地の里程で四キロ〕なり。母徐《おもむ》ろに其の女の衣を衣《まと》い、利刃を袖にし、行きて池に向かいて魚を呼ぶに、魚即ち首を出だす。因りて之を斫《き》り殺せり。魚已《すで》に長《た》け丈余〔三メーター余り〕にして、其の肉を膳《すす》むるに〔その肉を調理して食膳に出すと〕味わい常の魚に倍せり。其の骨を鬱棲《うっせい》〔塵芥溜でかつ堆肥でよいか〕の下に蔵《かく》す。日を逾《こ》えて女の至り、池に向えども復魚を見ず。乃ち野に哭《な》く。忽《たちま》ち人有り。被髪粗衣《ひはっそい》〔結髪せず髪をざんばらにしているのは異人の装い。仙人の類か〕にして、天より降り、女を慰めて曰く。「爾哭く無かれ。爾の母爾の魚を殺せり。骨は糞下に在り。爾帰りて魚骨を取りて室に蔵すべし。須《もと》むる所第《ただ》之を祈らば、当《まさ》に爾に随うべし。」と。女其の言を用うるに、金璣《きんき》〔金や宝玉〕衣食、欲するに随いて具《そな》わる。洞節に及び母は往き、女に庭菓〔庭の果樹〕を守らしむ。女母の遠きに行くを伺い、亦往く。翠紡の上衣〔翡翠《かわせみ》の雌の羽で紡いだ上着〕を衣《まと》い金履を躡《ふ》む。母の生む所の女〔葉限の腹違いの妹〕之を認め、母に謂《い》いて曰く。「此れ甚だ姉に似れり。」と。母亦之を疑う。女覚《さと》りて遽《にわ》かに反《かえ》るに、遂に一隻の履《くつ》を遺し、洞人に得らる。母の帰るに、但《ただ》女の庭樹を抱きて眠れるを見て、亦之を慮《おもんぱか》らず。其の洞海島に隣りす。島中に国有りて陀汗《だかん》と名づく。兵強くして、数十島水界千里に王たり。洞人遂に其の履を陀汗国に貨《う》る。国主之を得、其の左右に命じて之を履かしむるに、足の小なる者の履くに一寸を減ず〔足の小さい者が履いてもなお一寸足りなかった〕。乃ち一国の婦人に之を履かしむれども、竟《つい》に一《いっ》の称《かな》う者無し。其の軽《かろ》きこと毛の如く、石を履《ふ》めども声無し。陀汗王其の洞人の非道を以て之を得るかと意《おも》い、遂に禁錮《きんこ》して之を拷略《ごうりゃく》すれども、竟に従《よ》りて来たる所を知らず。乃ち是の履を以て之を道旁《どうぼう》に棄て、即ち人家を遍歴して之を捕えんとす〔そこで（わざと）履を道端に棄て、（だれかが拾ったら）家家を廻って調べ、（履ける者がいたら）これを捕えることにした〕。若《も》し女の履く者有らば之を捕えて以て告ぐ〔ここは、前の文とかなり重複しているし、次への掛かり方も疑問〕。陀汗王之を怪しみ、乃ち其の室を捜し、葉限を得て、之を履かしむるに信《まこと》なり。葉限因りて翠衣を衣い、履を躡みて進むに、色《かたち》天人の若《ごと》し。始めて具《つぶさ》に事を王に於いてす〔始めて事情を詳しく王に語った〕。魚骨と葉限を載せて倶《とも》に国に還る。其の母及び女は、即ち飛石に撃死せらる〔新約聖書（「ヨハネ伝福音書」八章一―一一節）でも言及されている、衆人が石を投げて罪人を打ち殺す石打ちの刑である〕。洞人之を哀れみて石坑に埋《うず》め、命《なづ》けて曰く、懊女塚《おうじょちょう》〔辛い目に遭った女の墓〕、と。洞人以て媒祀《ばいし》を為し、女を求むれば必ず応ず〔洞の人人がこの塚を祀《まつ》り、女の児を授けて欲しい、と祈れば必ず願いが叶うのだった〕。陀汗王は国に至り葉限を以て上婦《じょうふ》〔妃嬪《きひん》、つまり王の妻妾の階級の一つであろう〕となす。一年《ひととせ》、王貪り求め、魚骨に祈るに、宝玉限り無し。年を逾ゆるに、復応ぜず。王乃ち魚骨を海岸に葬り、以て珠〔真珠〕百斛《こく》を用いて之を蔵し、金を以て際《ふち》と為す。徴卒の叛する時に至り、将《まさ》に発《あば》きて以て軍を贍《にぎわ》さんとす。一《いっ》夕《せき》海潮に淪《しず》めらる〔徴募した兵卒たちが叛乱を起こした時、これを掘り出して叛乱鎮圧軍への物資支給に役立てようとしたが、ある晩漲《みなぎ》って来た潮のために沈んでしまった〕。成式の旧家人李士元の説く所なり。士元は本《もと》邕州洞中の人にして、多く南中の怪事を記し得たり。

*10 南方熊楠著「南方熊楠全集」第二巻、一二一ページ以降〈西暦九世紀の支那書に載せたるシンダレラ物語〉。

*11 『酉陽雑俎』の訳者今村与志雄氏によれば、楊憲益《ヤンシエンイー》 Yáng Xiànyì の「中国の掃灰娘《サオホイニャン》 Sǎohuīniáng（Cinderella）譚」（『零墨新箋』（中華書局）一九四七年）に、（葉限《イエシエン》）Yèxiàn は、Aschen あるいは Asan の訳音であろう、サンスクリットで灰は Asan となる、という趣旨の記事がある由。これを参照のこと。なお、右の三箇所の拼音《ピンイン》は論者が補ったもの。

*12 Grimm, Jacob: *Kleinere Schriften (1865)*. Bd.2. S.389f. 〈Über Frauennamen aus Blumen〉.

*13 それぞれ井原西鶴著『諸艶大鑑』巻七の（二）、『好色一代女』巻一の（三）

*14 崔仁鶴《チェインハク》編著『朝鮮昔話百選』一七二ページ以降

*15 Zaborowski, Hans-Jürgen. Übersetzt aus dem Koreanischen und herausgegeben von: *Märchen aus Korea*. Eugen Diederichs Verlag. Düsseldorf/ Köln 1975.S.57ff. 〈Nr.27 Soja-Kerlchen und Bohnen-Kerlchen〉

*16 関敬吾著『日本昔話大成』第五巻、八九ページ以降

*17 Rooth, Anna Birgitta: The Cinderella Cycle. p.108-110. 〈The slipper or sandal as foot-covering〉.

*18 Töpfer, Antonie: *Der König im deutschen Volksmärchen.* Jena Universität. Dissertation. 1930.

*19 尚秉和《しょうへいわ》著・秋田成明訳『中国社会風俗史』二三五―二三六ページ

参考文献

邦文（邦訳を含む）

井原西鶴著・潁原退蔵／暉峻康隆／野間光辰編『定本西鶴全集』第一巻『好色一代男、諸艶大鑑』初版

井原西鶴著・東明雅校注／訳『好色五人女、好色一代女』完訳、日本の古典、第五十一巻、小学館、昭和六十年

小澤俊夫編『世界の民話』（第一期・二期・三期）全三十七巻、ぎょうせい、昭和五十二年／五十四年／六十一年

関敬吾著『日本昔話大成』第五巻、角川書店、昭和五十三年

段成式撰・今村与志雄訳『酉陽雑俎』第四巻（東洋文庫四〇一）、続集巻一支諾皐上、平凡社、一九八一年

尚秉和《しょうへいわ》著・秋田成明訳『中国社会風俗史』（東洋文庫一五一）、平凡社、一九六九年

崔仁鶴《チェインハク》編著『朝鮮昔話百選』、日本放送出版協会、昭和四十九年

トンプソン、スティス著・荒木博之／石原綏代訳『民間説話――理論と展開』上、社会思想社、昭和五十二年

南方熊楠著「南方熊楠全集」第二巻、平凡社、昭和四十六年

山室静著『世界のシンデレラ物語』（新潮選書）、新潮社、一九七九年

漢文

唐段少卿撰・李雲鵠（明）校『酉陽雑俎』、上海商務印書館、一九三七年

唐段成式撰・方南生点校『酉陽雑俎』、中華書局、一九八一年

欧文

Aarne, Antti/ Thompson, Stith: *The Types of the Folktale.* ⟨FF Communication No.184⟩. Suomalainen Tiedeakatemia. Helsinki 1964.

Bolte, Johannes/ Polívka, Georg: *Die Anmerkungen zu den Kinder- und Hausmärchen der Brüder Grimm.* Georg Olms. Hildesheim 1963.

Cox, Marian Rolfe: *Cinderella: Three Hundred and Forty-five Variants of Cinderella, Catskin and Cap o' Rushes.* Folklore Society. London 1893.

Grimm, Jacob und Wilhelm: *Kinder- und Hausmärchen. Gesammelt durch die Brüder Grimm.* Vergrößerter Nachdruck der zweibündigen Erstausgabe von 1912 u. 1815 nach dem Handexemplar der Brüder Grimm-Museums Kassel mit sämtlichen handschriftlichen Korrekturen u. Nachträgen der Brüder Grimm. Vandenhoeck & Ruprecht. Göttingen 1896.

Grimm, Jacob: *Kleinere Schriften (1865).* Olms-Weidmann. Hildesheim/ Zürich/ New York 1991.

Rooth, Anna Birgitta: *The Cinderella Cycle.* CWK Gleerup. Lund 1951.

Thompson, Stith: *The Folktale.* University of Calfornia Press. Berkley/ Los Angeles/ London 1977.

Töpfer, Antonie: *Der König im deutschen Volksmärchen.* Jena Universität. Dissertation. 1930.

von der Leyen, Friedrich. Begründet von. Schier, Kurt und Karlinger, Felix. Herausgegeben von: *Die Märchen der Weltliteratur.* Eugen Diederichs Verlag. München.

Zaborowski, Hans-Jürgen. Übersetzt aus dem Koreanischen und herausgegeben von: *Märchen aus Korea.* Eugen Diederichs Verlag. Düsseldorf/ Köln 1975.

「長靴を履いた牡猫」あれこれ

一

ヤーコプとヴィルヘルムのグリム兄弟が編んだ『子どもと家庭のための昔話集』（KHM）では初版第一巻（一八一二年刊）[*1]所収の八十六話のうち三三番「長靴をはいた牡猫」として収録されているこの話〔和訳は金田鬼一訳『完訳　グリム童話集』三八番「靴はき猫」、あるいは、吉原高志／吉原素子訳『初版グリム童話集』三三番「長靴をはいた牡猫」で読める〕は、ドイツ中部カッセル[*2]の中流家庭令嬢ジャネット・ハッセンプフルーク[*3]によって一八一二年秋に語られたもの。[*4]この一族はもとより教養に富んでいたので、当時のドイツのそうした階層にふさわしくフランス文化に慣れ親しんでいた。とりわけ、ジャネットらの母親は出自がフランス系新教徒〔ユグノー／ユグノート huguenot (e)〕の家系だったので、日常家庭内でフランス語が使われていた、と言う。グリム兄弟は、この話がシャルル・ペロー[*5]の『過ぎし昔の物語あるいはお伽話、ならびに教訓』またの名『鵞鳥おばさんのお伽話』[*6]にある「猫先生または長靴をはいた牡猫」に酷似していることに気づき、第二版（一八一九年刊）以降からは削除した。[*7]

話型としてはAT五四五B「長靴をはいたにゃんこ（あるいは、援助してくれる狐）」Puss in Boots (or the helpful fox)。アールネ／トンプソンの『民話の型』によれば、この話型のポイントはこうである。

猫は羊飼い（およびその他の人人）に向かって、自分たちは話の主人公につかえる身だ、と言うよう強制し、蛇（もしくは魔法使い）の城を手に入れる。The cat coerces the shepherd (and others) to say that they are servants of the hero, and takes possession of the castle of the serpent or magician.

なお、この小論ではこれ以上言及しないが、AT五四五そのものと、姉妹話とも言えるAT五四五A・C・D・Eを紹介しておく。〔 〕内は『民話の型』の記述の不備ないし分かりにくさを論者が補ったもの。

AT五四五「援助者となる猫」Cat as Helper

I・援助してくれる猫。男の子ないし女の子が遺産として猫〔あるいは狐〕しかもらえない。

II・宮廷における猫。(a)猫は少年〔少女〕を宮廷に連れて行く。(b)猫は王様に、少年〔少女〕は城から追放された王子〔王女〕だ、と告げる。(c)猫は少年〔少女〕のために王様の姫君〔若君〕に求婚する。(d)少年〔少女〕はしょっちゅう元の城にはもっとよい物があったのに、と言い続ける。

III・城への訪問。(a)王様は少年〔少女〕の城を訪問することになる。(b)猫は先駆けして、農民たちに、彼らは猫の主人〔女主人〕のために働いているのだ、と言わせる。(c)猫は巨人の城に行き、策略を用いて巨人を殺し、自分の主人〔女主人〕のためにその城を手に入れる。

IV・魔法が解かれる。(a)〔これだけのことをした報酬に、ぜひとも自分の首を切り落として欲しい、との猫の願いに、主人〔女主人〕が仕方なく応じて〕猫の首が切り落とされると、猫は王子〔あるいは王女〕になる。

AT五四五A「猫のお城」The Cat Castle

少年は牝牛を、少女は猫を相続する。猫は少女を援けて王子の愛をかちえさせ、少女のために巨人の城を手に入れてやる。
ＡＴ五四五Ｃ「法螺《ほら》吹きが花嫁を手に入れる」Boaster Wins the Bride
（動物の援助者抜きの五四五型に類似）
ＡＴ五四五Ｄ「豆の王様」The Bean King
働き口の無い若者が道で豆を一粒見つける。若者は、もしこの豆を育てれば、自分がどれほど豊かな身になるか、夢想する。そこで王様のところに行き、これからの自分の収穫を積み上げる幾つもの場所と収める樽の数数を戴きたい、と頼む。王様は、若者が富裕なのだ、と思い込み、姫君を妻にして欲しい、と申し出る。王様が、婿殿の財産を検分したい、と言い出すと、若者が以前助けてやった〔おそらく寄る辺ない死者のためにその葬式を出してやったのであろう〕者の幽霊が感謝して城を用意してくれ、王様に、目にするものがすべて若者の所有だ、と告げる。
ＡＴ五四五Ｅ「猫がお金のところへ連れて行ってくれる」The Cat Leads to Money
少年が妹〔sister としか記されていないが、多分姉ではなかろう〕に、自分が町へ行って来る間に、魚を油で揚げておいてくれ、と告げる。一匹の猫がその魚を盗む。少女は後を追って、二つのお金の山を見つけ、兄にそのことを知らせる。二人はそれを手に入れ、裕福になる。

二

ヨーロッパで記載化、文芸化されて残っている最古の文献は十六世紀イタリアのものである。

ヨーロッパにおける昔話の伝承史にとってきわめて重要な役割を果たした二つのノヴェラ集がある。

いずれも、純粋の口承昔話や、あるいは、元来は一度本になった昔話〔記載民話 Buchmärchen〕であっても当時既にイタリアの民間にもどり、再び口承化されていたものを、文人が文字化した作品である。これらをも本になった昔話と呼ぶのが従来であるが、KHMとはかなり異なり、作者の個性が文体にも、おそらく筋立てにも非常に強く反映されているので、個性昔話 Individualmärchen と名づけよう、と提言するドイツの研究者がいる。その一つ——いま一つは後述するバジーレの『ペンタメローネ（五日物語）』——ヴェネツィア人ジョヴァン・フランチェスコ・ストラパローラの『楽しき夜夜《レ・ピアチェヴォーリ・ノッティ》』（一五五〇—五四）を構成する全十三夜にわたる物語のうち第十一夜第一話「コンスタンティーノの物語」がそれ。ボルテ／ポリーフカ『KHM注釈』第一巻三二九ページ以降によって以下に粗筋を記し、これに更に〔〕内で論者の考えも付け加えた。

貧乏な後家さんが三人のせがれたちに遺産として、パン生地をこねる捏《こ》ね桶、パン竈、それから猫を残す。〔この僅かな遺産品目から類推するのは無理かも知れないが〕この後家さんがパン屋を業としていたなら、猫は穀物を狙う鼠を駆除する、ひいては家政を守る大事な存在だったろう。もっとも猫自体の商品価値は無に等しい。無価値と思われた猫は最も相続権の小さい末子コンスタンティーノにあたえられる。この猫は兎を何匹も捕まえて、王様のところへ持って行き、献上して気に入られる。頃合を見計らい、自分の主人の若者を呼び出し、これを水に投げこみ、溺れたふりをさせ、王様に着替えを頼む。若者のりっぱな風采に感心した王様は、もとより相手が大貴族だろうと思い込んでいるので、息女と縁組をさせる。婚礼が済むと王様は、婿殿の領地と領民が見たい、と言いだす。すると猫はすぐさま急いで一行の先立ちになり、途中で出会った騎馬の男たち、牧場の牧夫たち、城の召使たちを脅迫、自分たちはコンスタンティーノ様の家来でございます、と言わせる。王様は大いに満足する。

ここで本物の領主が登場すればこうした欺瞞はすぐばれるのだが、なんとも幸運にも〔また、なんとも好い加減なことに」、折から他出していた領主ヴァレンティーノは急死してしまい、城には戻らずじまいとなる。

この猫は不思議な力を持っていたのだ、とははっきり述べられているが、コンスタンティーノが万事万端めでたし、めでたし、となってからの猫のその後については言及がない。

筋についてはどうも貧弱な、ぱっとしない話であることは否めないようだ。

この猫の性別を考えてみよう。実は、イタリア語で猫一般〔と牝猫〕を指す「ガッタ」gatta の文法上の性《ジェンダー》は女性。しかし、だからといって自然の性《セックス》も女性に決まっている、とは言い切れない。

他の例を挙げよう。蛇はドイツ語では「シュランゲ」Schlange で女性名詞だが、自然の性も常に女性であるとは限らない。呪われて蛇の姿で生まれた高貴な身分の若様がお嫁さんを欲しがる話[*8]では、人称代名詞や所有代名詞も女性を受ける「ズィー」sie「イーア」ihr およびその格変化形が用いられ、邦訳するのに当惑させられるが、セックスが男性であることは、話の筋上明明白白だからだ。もっともこの猫が牡であるとは到底強弁できない。この話の語り手が、この猫は牡だと明示したければ、牡猫をことさらに表すイタリア語「ガット」gatto を用いればよかったからである。コンスタンティーノの援助者・守護者が猫であればよいので、性別は雌雄どちらでもかまわなかったのではないか、というのが論者の仮説で、これを更に補強して行く。

三

時代的に次に位置する文献はやはりイタリアのもので、時代は十七世紀。

ナポリの行政官で文人でもあったジャンバッティスタ・バジーレが書いた『お話の中のお話』またの

名『ペンタメローネ（五日物語）』にある「ガッリウーゾ」である。これはナポリ方言で書かれた、一日あたり各十話が口達者、かつ、がさつな年配の女の語り手たちによって五日間にわたって語られる枠物語形式の物語集だが、ドイツでは一八四六年にヤーコプ・グリムの序文付きで、フリードリヒ・リープレヒトにより『ペンタメローネ、あるいは、お話の白眉』*Pentamerone oder das Märchen aller Märchen* として翻訳された。バジーレは多年ヴェネツィア共和国の軍務に服し、アドリア海対岸のヴェネツィア領などを含め、活動した地域が広かったので、数多くの見聞に恵まれ、その中には少なからぬ民話があった、と思われる。

これは前者より細部が豊かであり、かつ、野卑・猥雑な語り口がなんともおもしろい。粗筋はこんな具合。〔　〕は論者の解説である。

赤貧の物乞い爺さんが二人の息子になけなしの遺産を残す。ひとりには篩《ふるい》を、もうひとりには猫 gatta〔やはり女性名詞の方〕を。〔篩は粉をふるうためのもの。してみるとこの貧乏人は元来は粉屋とかパン屋だったのか。であれば猫は大切な存在だったわけだ〕。猫は若い主人ガッリウーゾを憐れんで、せっせと魚や野鳥を捕まえ、そうした獲物を次次に王様のところへ持って行き、これはガッリウーゾ殿の贈り物でございます、と言う。王様は、この親切な未知の貴族と知り合いになりたい、と猫に告げる。猫いわく。主人の従僕どもが昨夜主人のもとから出奔し、行き掛けの駄賃とばかり、主人の衣服を洗いざらい持ち逃げいたしました、と。そこで王様は衣装を送り届け、これで盛装してやって来たガッリウーゾを善美を尽くしてもてなす。その際、ガッリウーゾが卑しい性格をその行儀から暴露してしまいそうになるのを、猫が口早に王様に言い訳して助け船を出す様子が、上手に語られる。

さて、間もなく、王様は、ガッリウーゾが、所有している、と称する財産を実地に検分したい、と思い、調べ役として家来たちを派遣する。けれども猫はその使者たちの先回りをし、野良にいるすべての牧人に、羊群、牛群、馬群などを、ガッリウーゾ殿のものでございます、と言わせるのに成功する。そこで、王様の姫君とガッリウーゾの婚礼が早速執りおこなわれる。

ガッリウーゾは王女の莫大な持参金を得て、王国の国境の外に大きな地所を購入、大金持ちになったので、猫に向かい、きわめておごそかに約束する〔別段猫に要求されたわけではないのに、である〕。生きているあいだは何でも願いを叶え、死んだら樹脂溶液で保存処置をし、黄金の籠に納めて、自分の部屋に保管しよう、と。

さて、しばらくして猫は死んだふりをする。するとガッリウーゾはすぐさま猫の脚をつかんで窓から外へ放り出す。死んだふりをしていた猫はむっくり起き上がり、恩知らずの主人を面罵して、どこへともなく去る。

四

さてシャルル・ペローの記した話である。靴、それも長靴が登場するのは文献としてはこれが最初である事を特記しておく。

ここでもう一度この類話のデータを記しておこう。

シャルル・ペローの『過ぎし昔の物語あるいはお伽話、ならびに教訓』、またの名『鵞鳥おばさんのお伽話』にある「猫先生または長靴をはいた牡猫」。

粗筋はざっと以下の通り。〔 〕内は論者の解説。

粉挽き、つまり水車や風車で穀物を挽くことを職業としている男〔無くてはならないうえ、地域ごとに限定された業種だけに、けっこう豊かな者が多かったようだが、これは貧乏人〕が、三人の息子たちに遺産を残す。相続権が一番大きい長男は〔稼業にぜひとも必要な〕水車小屋、次男は〔運搬手段として重要な〕驢馬、最も相続権の小さい末っ子は〔水車小屋に出没する鼠退治には大切な、しかし、世間一般ではほとんど価値の無い〕猫をもらう。〔この猫はフランス語で「シャ」chat、つまり猫一般を指すほか、文法上の性は男性であって、牡猫をも指す。「牝猫」と特記したければ「シャット」chatteとなる。そしてペローは明らかに牡猫であることを意識している。つまり原題に「猫大将」Le Maître Chat、つまり「先生、親方」と訳しうる「メートル」maîtreという男性名詞が用いられているからだ〕。こいつの肉を食べちゃって〔猫が怪しげな料理屋や旅籠屋《はたごや》で兎と称して提供されることがあったのは、フランスの作家ル・サージュの、十八世紀のスペインを舞台として展開する長篇小説『ジル・ブラース』などを引用するまでもない〕、毛皮で手套《マフ》でも作ったらそれでおしまいだ、と嘆く三男坊に、猫は泰然自若として、「藪の中へ入っていけるような」長靴[*9]を一足靴屋に作ってもらってくれ、それから袋をひとつ、と頼む。ここがとてもおもしろい。よろしいかな、一足の長靴である。後脚二本に履くに決まっている。となると、のっしのっしと直立歩行、かつ、横行闊歩する姿が聴き手には髣髴とする。この猫殿、ただものではない、と読む者聴く側はだれしも思うに違いない。

　猫は注文通りの品を受け取ると、森の中へ入って行って、袋を使い、世間知らずの兎を捕まえる。王様のもとに持参して、これはカラバ侯爵 Marquis de Carabas のいいつけでさしあげる旨を言上する。KHMの初版の方では、いかにも民間の口伝えの昔話らしく主人公には名はないし、猫が王様に高貴な身

郵便はがき

料金受取人払

板橋北局承認

462

差出有効期間
平成17年10月
31日まで
（切手不要）

1748790

板橋北郵便局
私書箱第32号

国書刊行会 行

コンピューターに入力しますので、ご氏名・ご住所には必ずフリガナをおつけください。

☆ご氏名（フリガナ）	☆年齢 歳
☆ご住所 〒□□□-□□□□	
☆TEL	☆FAX
☆eメールアドレス	
☆ご職業	☆ご購読の新聞・雑誌等

☆小社からの刊行案内送付を □希望する □希望しない

愛読者カード

☆お買い上げの書籍タイトル

☆お求めの動機　1.新聞・雑誌等の広告を見て（掲載紙誌名　）
2.書評を読んで（掲載紙誌名　）　3.書店で実物を見て
4.人にすすめられて　5.ダイレクトメールを読んで　6.ホームページを見て
7.その他（　）

☆興味のある分野　○を付けて下さい（いくつでも可）
1.文芸　2.ミステリー・ホラー　3.オカルト・占い　4.芸術・映画　5.歴史
6.国文学　7.語学　8.その他（　）

本書についての御感想（内容・造本等）、小社刊行物についての御希望、
編集部への御意見その他

購入申込欄

書名、冊数を明記の上、このはがきでお申し込み下さい。
「代金引換便」にてお送りいたします。（送料無料）

☆お申し込みはｅメールでも受け付けております。（代金引換便・送料無料）
お申込先eメールアドレス: info@kokusho.co.jp

分の者として称号つきで名を告げる折も具体的にそれは記されていない。これは、大貴族の象徴と言える腰掛けつきで車体の長い馬車「シャラ・バンク」char à banc を少し変えて Sarabac とし、これをさらにひっくりかえして Carabas とした綴り組み換え《アナグラム》だ、とのこと。*10 和訳では「カラバ」(澁澤龍彦訳『長靴をはいた猫』でも、新倉朗子訳『完訳 ペロー童話集』でも、今野一雄訳『ペローの昔ばなし』でも、巖谷國士訳『完訳ペロー昔話集』でも全て「カラバ」となっている)、または「カラバス」だが、これはどちらの表記でもよろしかろう。こうしてカラバ侯爵の狩猟の獲物という名目で、猫による王様への献上が続く。

こうして仲介役の猫のお蔭で王様はカラバ侯爵なる大貴族にひとかたならぬ好意を持つようになったわけ。そうした頃合に、猫は、王様がこよなく美しい姫君とともに川辺へ散策にでかける、ということを聞きつける。

猫の勧めで、主人の若者は裸になって川で水浴びをしている。王様の一行が通りかかると、猫は大声で、カラバ侯爵が溺れている、助けてくれ、となる。素裸の若者が水から引き上げられると、猫は王様に向かって、侯爵の衣装がすべて泥棒に盗まれてしまった旨を告げる。王様にもらった衣装を着た若者は、もともと器量がよかったので、りっぱな風采になる。そこで姫君は彼に恋をする。

主人の若者が王様の馬車に乗り込んだのを見定めると、猫は先立ちになる。牧場で牧草を刈っている者たち、畑で麦を刈り入れている者たちなどに、この領地がカラバ侯爵の所有だと王様に言わないと、挽き肉にしてしまうぞ、と脅す。怖がった農民たちがその通りに答えるので、王様はカラバ侯爵の富裕さに大いに感心する。

これらの領地は金持ちの人喰い鬼《オーグル》 ogre のもの。やがて鬼の城に到着した猫は、鬼にお目通りを願い、歓迎される。猫は鬼の変身術を讃え、ライオンに化けられるか、と訊ねる。鬼がライオンに化ける。ついで猫は鬼を廿日鼠《はつかねずみ》に変身させる。そしてぱくりと一口で食べてしまう。[*11]
城まで来た王様一行を猫は出迎え、カラバ侯爵の城へようこそ、と言う。王様はカラバ侯爵の人柄のよさとその莫大な財産が気に入り、姫君の婿になってくれ、と頼む。若者はその日のうちに姫君と結婚。猫は大貴族となる。

世故に長け、術策に富むことが受け継ぐ財産より役に立つ、との教訓が付いている。また、衣装や若さや美しい容貌が恋心を起こさせるのに有用、とも。粉屋の三男坊はしかしやはりペローのお話の「捲毛のリケ《リケ・ア・ラ・ウプ》」のように高い知性の持ち主ではない。なにごとも援助者の猫の指図のままに行動し、幸せになる。家付きの猫は彼の守護者というわけ。

五

ではこの話型で活躍する猫はいったい何なのだろう。また、牡・牝いずれかでなくてはいけないか。仮説を立ててみる。

結論を先に言えばこうである。

この猫は家の精、古代ローマのゲニウス・ロキ〔場所の守護神〕、日本の東北地方、特に岩手県で語られる座《ざ》敷童子《しきわらし》〔花巻市辺ではザシキボッコ。またクラワラシ、クラボッコとも。特に旧家に棲みつき、奥座敷を箒で掃除する音をさせたり、蔵の中で機織の音をさせたりする。顔の赤い小童の姿であることが多いようだ。これがいてくれる限りその家は豊かに栄え、これが出て行くとその家は必ず傾く〕、ドイツ語圏のコーボルト[*12]ないしヒンツェルマン、スコットランドのブラウニー〔人の寝静まった夜間に現れ、厩舎・家屋の掃除、水汲み、脱穀などの仕事を片付けてくれる茶色の小さな妖精〕のたぐいなのだ。ついでに申せば、古代ローマの家神三柱のうち一柱は竈神《ウェスタ》だが、猫と竈はきわめて縁が深いのではあるまいか。

では自然の性、つまりセックスはいかにあるべきか。家の守護精という役割から言えば、牝牡いずれでもかまわないのではないか。名詞の文法上の性がたまたま女性だから牝だとか、男性だから牡だとか、動物のセックスを決めつけては妙なことになる、とは前述した通りだから。〔ちなみに日本には猫の報恩譚、化け猫話がたくさんあるが、ほとんど性別は特定されていないようだ[*13]。そのくせ毛並みの色・模様は詳細に描写されているが。これまで挙げたヨーロッパの話では、猫の色・模様にまったく触れられていないのと対照的である〕。

ただし、ペローの話で、わざわざ牡猫と規定されているのはおもしろい。これは長靴を履く以上男性でなければならないからである。

ヤーコプ・グリムはその著『ドイツ神話学』第一巻四一六ページ以降で速く走れる履物に言及している。猫が履く靴は小人や巨人がはく哩《マイル》靴〔一足《ひとあし》で何マイルも進める呪具。ペローは「親指小僧《プティ・プセ》」の中で、人喰い鬼が「七里長靴」を履いて親指小僧とその六人の兄たちの一行を追いかけることにさせている〕ではないか、としている。猫はこの道具のお蔭で猛烈な速さで猟鳥・猟獣を狩り立てたり、王の行列の先導役として駆け回り、自分が保護する若者を大金持ちに見せかけるさまざまの必要措置を講じることができたのだ[*14]、というわけ。この説の当否はここではしばらく措いて、論者の考えを以下に述べておく。

十七世紀フランスやブリテン諸島の軍人、馬騎《の》りは長靴を履いた。堂上貴族が王宮に参内《さんだい》する場合は高い踵《ハイヒール》の優雅な短靴だが、戦場や泥濘の深い街路では長靴でなければ動きが取れない。靴履き猫の長靴は兵士、あるいは貴族の武装した従者、あるいは軍人貴族の装束の一部なのであって、さる貴族の家臣でござい、と名乗って王様のもとに伺候するのにもふさわしく、また、人喰い鬼のおとなしやかな領民を凄味を利かせて脅しつけるにも好都合なのである。絶対王政下のフランスであったがゆえの長靴モティーフということが考えられる。

結局のところ、主人公を援助する猫は必ず長靴を履かなければならないというわけではない。また、だから牡でなければならないというわけではない、と考えられる。

BP第一巻三三一ページによれば、ズィーベンビュルゲン〔ルーマニア中央部の歴史的地方。住民はルーマニア人のほかハンガリー人、ドイツ人などが多い〕の昔話では、猫が少年に鳥の羽根でマントを作ってやり、最後に自分自身美女に変身する、とのこと。*15 これは牝猫でよいのであり、また、そうでなければならない。また同じく前掲書によれば、近世の昔話では、猫の代わりに狐、犬、雄鶏、猿、ジャッカル、羚羊《ガゼル》などがしばしば登場するそうな。こうなると家の精云云との仮説は影が薄くなってくる。時の推移につれ家の精への民間信仰が薄れた、と言ってもよかろう。

以下に「長靴をはいた牡猫」を描いた絵を転載しておく。画家のギュスターヴ・ドレ（一八三三―一八八三）はストラスブール生まれ。挿絵画家として早くから活躍し、一八五四年フランソア・ラブレーの『ガルガンチュア物語』やオノレ・ド・バルザックの『風流滑稽譚《コント・ドロラティク》』の木版挿絵で有名になった。彼は作品を十二分に理解した上で描いている。この絵でも、羽飾りつきの鍔広帽子を被ってマントを翻し、皮革製の頑丈な剣帯（ぶらさがっている鼠は何だろう）を締め、これまたがっしりした長靴を履いた牡猫の迫力は、まことに若者の守護者としてふさわしい。

なお十九世紀ドイツのスケッチ画家で銅板画家のオットー・シュペクターが十二枚の銅板画を添えて出版した『長靴をはいた牡猫』（ライプツィヒ、一八四三）があるそうだが未見。

水に入っている主人の若者の傍で助けを呼ぶ猫（Gustave Doré）

注

＊1　初版第二巻はずっと遅れて一八一五年の刊行。これには七十話が収められている。従って初版所収の話は合計百五十六話となる。一八一九年の第二版（やはり二巻から成る）以降削除・増補の作業がたゆまず続けられ、一八五七年の第七版〔兄弟共に生前の最後の版〕が決定版となる。これには総計二百一話〔一番から二〇〇番までだが、同番号一五一が二つあるので〕に加え、「子どものための聖者伝説」Kinderlegenden 十編が収録されている。

＊2　カッセル Kassel は当時フランス帝国の衛星国ともいえるヴェストファリア王国――フランス皇帝ナポレオンの弟の一人ジェローム・ボナパルト Jérôme Bonaparte（一七八四―一八六〇）が国王――の首都。もとヘッセン＝カッセル選帝侯領の首邑だった。今、グリム博物館 Grimm-Museum がある。

＊3　ハッセンプフルーク家のルートヴィヒ Ludwig にはやがてグリム兄弟の妹ロッテ Lotte（シャルロッテ・アマーリエ Charlotte Amalie Grimm）が嫁ぎ、六人の子供を生んで、四十歳で没する。

＊4　初版に付されたヤーコプ・グリムのノートによる。

＊5　シャルル・ペロー（一六二八―一七〇三）。ルイ十四世の大臣ジャン・バティスト・コルベール（一六一九―八三）に仕えた有能な官吏で文人。アカデミー・フランセーズ会員。

＊6　これには八編の散文の話が収められているが、著者名は無い。そして、この本はルイ十四世の弟、すなわち王弟殿下《ムッスウー》Monsieur オルレアン公フィリップ一世 Phillip I., duc d'Orléans の息女、王弟殿下御長女《マドモアゼル》Mademoiselle エリザベート・シャルロット・ドルレアン Élisabeth Charlotte d'Orléans に手書き本として献上〔一六九五年。出版は一六九七年〕の形を取っており、献辞にはP・ダルマンクールの署名がある。シャルル・ペローの三男はピエール・ペロー＝ダルマンクール Pierre Perrault=Darmancour といった。献上時十七歳、出版時十九歳〔二十二歳で没する〕。しかし、著者はやはりシャルル・ペローで、有能な官吏であり、令名ある学者だったシャルルが、このような「他愛のない」作品の作者であることを韜晦するため、息子の名を使った、という解釈が一般的だった。

しかし、幼くして母に死に別れた四人の子どもたちの教育に心を傾注したシャルル・ペローのこと、彼の子女が若くして文才を示した、ということもありうるわけで、一七〇〇年前後フランスに輩出した妖精物語《コント・ド・フェ》Contes de fée の閨秀作家のひとり、ペローの姪のレリチェ・ド・ヴィランドン嬢 Mlle L'Héritier de Villandon がペローの娘に書いたものの中に、弟さんの美しい昔話集云云の文言がある、とのこと（新倉朗子『完訳　ペロー童話集』解説参照）で、著者が父・子いずれであったかは、決着がついていないようだ。

＊7　グリム兄弟が民衆のあいだに口伝えされているメルヒェンを集め始めたころ、メモ程度の草稿を年長の友人クレメンス・ブレンターノ Clemens Brentano（一七七八―一八四二）に貸し、これが無頓着なブレンターノによって遺失されて、のち、アルザスのエーレンベルク修道院から発見された。これがいわゆる「エーレンベルク手稿」Ölenberger Handschrift だが、これに記されている五十三篇のうち、「親指小僧《ドイムリング》」Der Däumling はペローの「親指小僧《プティ・プセ》」Le petit poucet の類話とおぼしく、グリム兄弟もそれに気づいていたようだ。

＊8　Herausgeben von Paul Zaunert: *Deutsche Märchen seit Grimm.* Nr.16 Die Schlange.

＊9　Le Chat botté の botté は botter（長靴をはかせる、作ってやる）の過去分詞。ドイツ語の gestiefelt も同義の動詞 stiefeln の過去分詞である。

＊10　Bolte-Polívka: *Anmerkungen zu den Kinder- und Hausmärchen der Brüder Grimm* Bd.I. S.329.

＊11　化け物退治にこの計略を用いている例を日本の説話にも発見した。東西相隔たる二つの話を繋ぐリンクはどこのものだろう。インドあたりか。ご存じのかたはご高教をたまわりたい。

その話の粗筋はこうである。

京都三十三間堂に化け物が出る。禁裏《きんり》（天皇）が「化け物を退治した者には望みしだいの恩賞を出す」と布告。酒飲みの浪人がこれを受けて瓢簞《ひょうたん》に酒を入れて三十三間堂に赴く。一丈ほどの大坊主が出て、男をつかもうとする。男が丁重に挨拶するので、化け物もしばらく許し、問答となる。男は相手が変化《へんげ》に堪能であることを称賛、まず美女に、ついで美少年に、さらに恐ろしい鬼に化けさせる。これに感心して見せたあと、梅干しのような小さいものには化けられまい、と挑発。化け物が梅干しに化けると、手のひらに上がらせ、口に放り込み、がりがりかみ砕いて、酒で飲み込んでしまう。天皇から莫大な褒美を受ける。

出典は『諸国百物語』(編著者不詳。一六七七年開版)所収「酒の威徳にて、化け物を平らげたる事」。高田衛編・校注『江戸怪談集』下で読める。

布告を出し、報奨をあたえるのが天皇という設定は、論者にはかえって異国めいた感じがする。これは容易にインドや中近東、あるいはヨーロッパの昔話に出てくる皇帝・王様に置き換えうるが、日本ではこのような役割に当たる権力者は「殿様」程度が普通である。

＊12　コーボルトというと、もう一種類、鉱山の坑道に棲み、鉱夫たちをからかったり、まれに援助したりする存在もある。贋の銀として無用視されたコバルトはこれを語源とする。

＊13　関敬吾著『日本昔話大成』を通覧したうえでの所感。

＊14　Jacob Grimm: *Deutsche Mythologie.* Bd.I. S.416.

＊15　Siebenbürgisch bei Haltrich nr.13 'Der Federkönig', wo die Katze dem Knaben einen Mantel aus Vogelfedern macht und sich schließlich in eine schöne Frau verwandelt. (BP.I.S.331.)

参考文献

邦文(邦訳を含む)

グリム兄弟編・金田鬼一訳『完訳　グリム童話集』全五冊、岩波書店、一九八一年第一刷
グリム兄弟編・吉原高志/吉原素子訳『初版グリム童話集』全四巻、白水社、一九九七年初版

関敬吾著『日本昔話大成』全十二巻、角川書店、昭和五十三―五十五年初版

高田衛編／校注『江戸怪談集』上中下、岩波文庫、一九九一年第三刷

トンプソン、スティス著・荒木博之／石原綏代訳『民間説話――理論と展開』上下、社会思想社、昭和五十二年。

Thompson, Stith : *The Folktale.* University of California Press. Berkeley/ Los Angeles/ London 1977. の翻訳

バジーレ、ジャンバッティスタ著・杉山洋子／三宅忠明訳『ペンタメローネ（五日物語）』、大修館書店、一九九五年

ペロー、シャルル著・巖谷國士訳『完訳ペロー昔話集』、ちくま文庫、二〇〇二年第一刷

今野一雄訳『ペローの昔ばなし』、白水社、一九九七年第二刷

ペロー、シャルル著・澁澤龍彥訳『長靴をはいた猫』、大和書房、一九七八年第七刷

ペロー、シャルル著・新倉朗子『完訳　ペロー童話集』、岩波文庫、一九八二年

欧文

Aarne, Antti/ Thompson, Stith: *The Types of the Folktale.* FFC 184. Helsinki 1964.

Bolte, Joahnnes/ Polívka, Georg: *Anmerkungen zu den Kinder- und Hausmärchen der Brüder Grimm.* 5 Bde. Georg Olms. Hildesheim 1963.

Grimm, Jacob: *Deutsche Mythologie.* 3 Bde. Unveränderter reprografischer Nachdruck der 4. Aufgabe. Berlin 1875. Wissenschaftliche Buchgesellschaft. Darmstadt 1965.

Leffts, Joseph: *Märchen der Brüder Grimm.* Urfassung nach der Originalhandschrift der Abtei Ölenberg im Elsaß. Carl Winters Universitätsbuchhandlung. Heidelberg 1927. (Ölenberger Handschrift)

Thompson, Stith: *The Folktale.* University of California Press. Berkeley/ Los Angeles/ London 1977.

Zaunert, Paul. Herausgegeben von: *Deutsche Märchen seit Grimm.* Eugen Diederichs Verlag. Düsseldorf/ Köln 1964.

瘤取話――その広がり――

一

民話としての話型番号はAT五〇三「小さい人人の贈り物。小人たちが傴僂《せむし》から瘤を取り、それを他の男にくっつける」[*1]。

これは以下のような筋である。

I・小人の親切。(a)旅人が魔女たち、あるいは地面の下から来た人人〔妖精、小人〕の舞踏に加わる、あるいは彼らのために演技・演奏する。あるいは、(b)曜日の名をもっと挙げることによって彼らの唄に付け足しをしてやる。あるいは、(c)彼らが自分の髪の毛を刈り、髭を剃るのを一向気にしないでするがままにさせる。

II・報酬。(a)彼らは旅人の瘤を取ってくれる。あるいは、(b)旅人に黄金をくれる。

III・道連れは罰を受ける。(a)旅人の貪欲で不手際な道連れはその瘤をくっつけられる。あるいは、(b)黄金の代わりに石炭を渡される。

二

近世になって考証随筆が夥しく書かれたうちでも、喜多村信節《のぶよ》[*2]の『嬉遊笑覧』はまさしく江戸時代の百科全書ともいうべく、これを早くから入手していたのに、ろくすっぽ読んでいないのは甚だ不勉強と、今になって後悔している。口承文芸関係でも「言語」門に、「かちかち山」・「瓜子《うりこ》姫」・「桃太郎」・「鬼ケ島」・「舌きり雀」・「酒顛童子《しゅてんどうじ》」・「花咲か爺」などの昔話の考証を含め、噺の世界全般にわたって要点を押さえているのには脱帽する。付録の「或問《わくもん》」はまさに雑纂《ざっさん》で〔従ってどういう事項が所収されているかは全てに目を通すしかないが〕、ここにも「瘤取り」の話がある。[*3]まずその紹介からこの一文を始めよう。

「鬼に疣をとらる」〔疣はイボを表す漢字だが、左の小話の筋から、コブを示していることは明らかである〕との欄外頭書きに続き、『著聞集』に「鬼に疣をとられたる話あり」と記されている。〔しかし、橘成季《たちばなのなりすえ》撰『古今著聞集《ここんちょもんじゅう》』には該当する話がない。作者未詳『宇治拾遺物語』にはある。「三　鬼に癭被レ取〔取られし〕事」がそれ。これは後に詳述する〕。次いで『笑林評《しょうりんひょう》』の記事を、「これと全く同じ」として載せている。

原文はかくのごとし。[*4]ただし旧漢字は新漢字にしてある。

一人項有懸疣因取涼夜宿廟中神問此何人左右答云蹴気毬者神命取其毬来其人失疣不勝踴躍而出次晩復有疣者来宿于廟神如前問之左右仍以蹴毬者対神曰可昨将毬還他其人至旦竟負両疣而去。

右を読み下しにしてみる。

一人《あるひと》項《うなじ》に縣疣《けんゆう》有り。涼《りょう》を取るに因りて夜廟《びょう》中に宿す。神、此れ何人《なんぴと》ぞ、と問う。左右、答えて云わく。

気毬を蹴る者なり、と。神其の毬を取り来たることを命ず。其の人疣を失い、踴躍《ゆやく》に勝《た》えずして出ず。次ぎの晩、復《また》疣有る者来たりて廟に宿す。神、前《さき》の如く之を問う。左右乃《すなわ》ち以て毬を蹴る者とす。対《こた》えて神曰く、昨の毬将《を》他《た》に還すべし、と。其の人旦《あかつき》に至り竟《つい》に両疣を負いて去れり。（評略）。

次に試訳を記す。〔 〕内に解説を付した。

首に瘤がぶらさがっている男がいた。涼もうとして夜お社《やしろ》に泊まった。社神が、あれは何をする者か、と訊くと、社神の左右のお付き〔脇侍《わきじ》・従者〕が、蹴毬《けまり》をする者でございます、と答えた。社神は、それでは毬を取ってまいれ、と指図。男は瘤が無くなったので大喜び、手の舞い足の踏むところを知らずというありさまでお社をあとにした。翌晩、また瘤のある男が来て、お社に宿った。社神が前と同様、これは何者か、と問うと、左右のお付きの者が、やはり蹴毬をする者、と言う。すると社神がのたまうには、では昨夜の毬を〔将は「(まさに)……を」という介詞《かいじ》か〕彼奴《かやつ》に返してつかわせ、と。この男は朝になると結局瘤を二つぶらさげて出て行くはめになった。

『笑林』は後漢の邯鄲淳《かんたんじゅん》撰の笑話集であるが、原書は今日無く、二十三条が遺るだけ、と言う。『笑林評』はこの二十三条に唐代の人楊茂謙[*5]が評を加えたもの。完全に同じ話が明の馮夢龍《ふうぼうりゅう》撰『笑府』にある。『笑府』は清代に遊戯道人なる者に改編されて「笑林広記」と改められた。原本は中国には伝わらないが、日本にも舶載され、平賀源内により抄訳されている、とのこと[*6]。

蹴鞠《しゅうきく》、つまりけまりは日本では上つかたの遊戯〔江戸時代になると町人の息子までうつつを抜かしたようだが〕とされたが、『水滸伝』やら『金瓶梅』やらを読むと、かの国では高貴な身分の人たちばかりでなく、幇間《ほうかん》のたぐいの雑技でもあったようだ。漢代にしてすでにそうであったとすれば、その辺の男が毬を携えているから、これは蹴毬を業とするやつ、とした社神〔土地神とか城隍神《じょうこう》〕の左右に侍立している家来〔これも神様同様土偶《どぐう》に胡粉《ごふん》を塗り彩色したようなものである〕の観察も無理はない。

三

さて『宇治拾遺物語』である。成立は十二世紀終わり頃。治承四年―建久六年（一一八〇―九五）の間。以後多少の加筆あり。作者は未詳。校注者中島悦次氏の記述をそのまま引用すれば、「大和物語とか古本説話集とかいう類の短編物語作家が、説話的興趣にひかれて筆のまにまに説話を雑纂した書と見るべきであろう」とのこと。[*7] これに収録されているその三「鬼に癭被ㇾ取事」（鬼に癭取られし事）は民間に伝えられていたのであろう瘤取話を材料として、みごとな文学に仕上げている。その名が伝わっていない作者のストーリー・テラーとしての才能にはつくづく感嘆する。[*8] これが漢文、あるいはラテン語で同時代に発表されていたら、漢文文化地域、あるいはラテン語文化地域を驚倒させ、今日にいたるまで特記されていることであろう。この小論はいかにこれが傑作かを特筆大書するのも目的の一つである。

しかしとりあえずまず瘤そのものの論議から。

佝僂《くる》病による背中の瘤のモティーフは、中国にも日本にも朝鮮にも無い。

既に言及した『笑林』では項《うなじ》に瘤がある。これには瘰癧《るいれき》、つまり結核性頸部リンパ腺炎による頸部片側の脹らみか、甲状腺異常による頸部前側の脹らみが考えられる。前者の場合、進行して破裂すればリンパ液が流れだして、痛みもなく脹らみは消える〔もとより治癒したわけではないが〕。甲状腺が腫れる病気ではあるが、甲状腺の機能そのものには異常がなく、それ自体としては命にかかわる病気ではない単純性甲状腺腫には、一例としてヨードの摂取不足が原因となる地方性甲状腺腫がある。大陸の内陸部や山岳地帯の風土病として世界的にさまざまの地域で見られたし、今も見られる。

癭は頸部の瘤を表す漢字である。『宇治拾遺物語』の未詳の作者が意図して最初からこの字を用いたとすれば、やはり瘤は頸にあった、と考えられる〔もっとも後述(四)の『醒睡笑』でも癭の字を用いながら「目の上の瘤」の話としているから、漢字からの詮索は無意味なようだ〕。ところが原文では「右の顔に大《おほ》きなるこぶある翁《おきな》ありけり。」となっている。この「右の顔」〔これを真似、結局もう片方の頬にも瘤をつけられてしまう「翁」は左の顔に瘤があることになっている〕という記述から日本昔話「瘤取り爺」のあらかたでは、頬に瘤をぶらさげるようになったのではないか、と、民間伝承を文人が書物にした場合、それがまた民間へ強力な影響をあたえ、再び民間伝承の活力源になる、という事例を鑑みて、類推せざるをえない。さてさて、頬に瘤ができる、という病例はさして珍しくなかったのだろうか。

なお、あの浩瀚《こうかん》な『今昔物語集』には同じ話型の説話はない。瘤をモティーフとしたものは、本朝仏法部巻第十五の第六「比叡山の頸の下にこぶある僧往生の語《こと》」があるのみ。比叡山東塔の僧だが、頸の下に瘤があり、年来医師の治療を受けていたが治らぬため、人交わりを厭い、やがて〔東塔、西塔と並《さい》びやはり比叡山の三塔の一つである〕横川《よかわ》のある峰に山籠もりしてひたすら念仏を唱え陀羅尼《だらに》〔尊勝陀羅尼・千手《せんじゅ》陀羅尼などの経の呪文〕を誦《ず》して浄土を渇仰するうち、ついに瘤がなくなった。しかし、これから東塔に帰って寺務に従事しても残りの生涯はいくばくもない、と思い定め、さらに籠居を続けるうち、ついに天人の来迎《らいごう》があって往生した、という話[*9]である。

では本文の検討に移る。

粗筋を記す。解説や論者なりの現代語訳を〔 〕内につけた。

（1）右頬に大きな柑子《こうじ》〔蜜柑〕ほどのこぶのある翁。人交わりができないので、山に入って薪を採って暮らしている。

（2）ある時山でひどい風雨に遭い、里に帰れず山中で一夜を明かす。樹の洞《うろ》に這いこんで恐ろしさに眠れもせずにいる。

（3）犢鼻褌《たうさき》〔ふんどし〕を締めた赤、黒、目一つ、口なしなどの鬼ども〔鬼どもの姿形は、巻第一の一七「修行者逢二百鬼夜行一事「修行者百鬼夜行《ひゃっきやぎょう》に逢ふ事」」や巻第一二の二四「一条桟敷屋鬼ノ事「一条桟敷屋の鬼の事」」なども参照するとおもしろい〕が百人ほど出てきて、老人がしゃがみこんでいる樹の前に座り、酒宴を始める。横座〔上座〕に頭立つ鬼が座り、残りは向かい合わせにずらりと並んで、世の常の人間のような宴会ぶり〔詳細な描写が笑いを誘う〕。

（4）やがて鬼どもは舞をやりだす。頭立つ鬼は、いつにも増して楽しい遊びだが、ひときわ優れた舞いかなで〔奏で〕を見たい、と言う。翁は「物の付《つき》たりけるにや、又しかるべく神仏の思はせ給けるにや」〔霊がのりうつったのか、そのように神仏が思いつかせてくださったのか〕、鬼どもの音頭《おんど》に応えて、樹のうろから跳び出して舞い狂う。「木のうつぼより、ゑぼしははなにたれかけたる翁の、こしによき〔斧〕という木きる物さして、よこ座の鬼のゐたる前におどり出たり。（中略）おきあがり、のびあがりかがまりて、舞ふべきかぎり、すぢりもぢり、えいごゑをいだして一庭を走まはりまふ。」

（5）鬼一同はすっかり感服。横座の鬼は、これからこうした遊びにはかならず参加せよ、と言い、翁も承諾する。しかし、相談役めいた鬼が、口約束だけでは守らないかも知れない、質〔担保〕をお取りになったらいかが、と進言。横座の鬼は、「こぶはふくの物なれば」顔のこぶを惜しむだろうから、それを取ろう、と言う。翁は表面ではことばを尽くしてこれを否む。それに刺激された鬼は、いよいよ大切なこぶと思い込み、もぎとる。「大かたいたき事なし」。夜明けになり、鬼どもは去る。
(6) 翁は、頬がきれいさっぱりつるつるになったので、喜んで帰宅。妻が訊くので、子細を語る。
(7) 左の頬にこぶのある隣家の翁がこれを聞きつけ、自分もこぶを取りたい、と詳しく事情を問いただし、説明を受ける。
(8) この翁は言われた通り樹のうろに入っている。鬼どもが来る。酒宴。やがて、「いづら、翁はまゐりたるか〔どうじゃ、翁は参上したか〕。」の声に応えて、外へ出て、舞いを舞う。しかし、こちらはまことに不器用。
(9) 横座の鬼が、「このたびはわろく舞たり。返々《かへすがへす》わろし。そのとりたりし質のこぶ返したべ〔今度は下手な舞いぶりだ。つくづく下手くそだわい。質に取ったこぶを返してやれい〕。」と命じたので、末席から〔こぶを預かっていた〕鬼が進み出て、翁のもう片方の頬にそのこぶを投げつけたので、両の頬にこぶのついた翁になってしまった。
(10)「ものうらやみはすまじき事なりとか。」が結び。
さらりとした筋の運びをぜひ原文について観られたい。

四

江戸初期の笑話集安楽庵策伝の『醒睡笑』[*10]にはこんな話が二つある。さらに参考としうる一話をつけ、三つ紹介する。いずれも短いので全文をここに転載するが、句読点を補い、濁点をつけ、振りがなを付し、また、漢字を開き、あるいは漢字に直し、送り仮名も補い、解説や論者なりの現代語訳を〔 〕内につけて、読みやすくしたことをお断りしておく。

〔イ〕巻一「謂被謂物《いへばいはれるもの》の由来〔こじつけ語源説〕」

鬼に癭を取られたといふ事なんぞ。目の上に大《おほい》なる癭をもちたる禅門〔出家〕ありき。修行に出でしがある山中に行暮れて宿なし。古き辻堂に泊まれり。夜すでに三更〔子《ね》の刻。午後十一時から午前一時頃。一説に午前零時から二時とも〕に及ぶ。人音数多《あまた》してかの堂に来り酒宴をなす。禅門恐ろしく思ひながら、せん方《かた》なければ心浮きたる顔し、円座〔藁、蒲《がま》、藺《い》、萱《かや》で渦巻き形に編んだ円形の敷物。訓ワラフダ、ワラウダ。ここでは山仕事をする者、旅の者などが、山路・野路での休息のため木の切り株や石の上に腰を掛けるとき、保温の道具として臀部にぶらさげていたものか〕を尻につけ立ちて躍《おど》れり。明けかたになり、天狗ども帰らんとする時いふ、禅門浮き〔原文は静嘉堂文庫では「よき」とある〕蔵《ざう》主《す》にてよき伽《とぎ》なり〔この僧は陽気な浮かれ坊主で楽しい慰みになった〕。今度も必ず来たれ、と。約束ばかりは偽《いつは》りあらん、ただ質にしくはあらじ〔口約束では嘘をつくということもありうるから、担保《かた》を取っておくのがいちばん〕とて、目の上の癭を取りてぞ行きける。禅門宝をまうけたる心地し〔すばらしい贈り物をしてもらった気持ちになって〕、故郷に帰る。見る人感じ、親類歓喜すること測《はか》りなし。

〔ロ〕巻六「推《すい》はちがうた〔思い込みはずれ〕」

ある所に禅門目の上に大なる癭を持てり。悲しきながらせん方《かた》なく過ごしけるに、人の語るやう、そこ〔どこそこ〕の里に住むなる老人、山路《やまぢ》を通ふとて、道にて鬼に行き合ひ、年頃〔年来〕うるさかりし目の上の癭を取られ、一門眷属までも悦びかぎりなし、といふを聞き、あながちに〔ひどく〕是を羨み、はるばるとその人の許《もと》に尋ね会ひ、ありし趣を尋ねきわめ〔どういう状況だったかをよくよく問いただし〕、癭を取られん望みに〔瘤を取ってもらいたくて〕、かの辻堂に行き待ち居《ゐ》たり。案のごとく何とも知れぬ者ども、夜更け多く集まり、どどめきののしり〔どよめき騒ぎ〕、酒宴を始むる時、禅門円座を腰につけおどりければ、また来たりしなり、約束を違《たが》へず来たりしが嬉しきに以前の癭を取らせよ、といふまま、ひしと〔ぴしゃりと〕うちつけたれば、思ひの外《ほか》なる災《わざはい》を求め癭二つのぬしになりて帰りぬ。

〔八〕巻四「そでない合点〔とんちんかん〕」

神農《しんのう》〔神農氏。中国古伝説中の帝王。民に耕作を教え、またもろもろの草を味わって毒となるか薬となるかを調べた、という。額に二つの小さな角のある像に描かれることがある〕といふは百草《ひゃくさう》を嘗《な》め、百度《ももたび》死して百度活《い》くるとやらん。人は皆薬師《くすし》の上手〔名医〕と褒むるが、我《われ》はいささかも思はぬ、ただ下手《へた》にすうだ〔へたくそに決まっている〕と思ふ。さてそちは神農の療治《れうぢ》を受けたるか。いや、推にも知りやすき事がある〔当て推量でも分かることがある〕。目の上の癭はだれも嫌がる物にてあり。ぬしが額にある角をさへ除《の》けなんだもの〔〔それなのに〕自分の額にある角さえ取らなかったのだもの〕。

ここでは目の上の癭とある。邪魔な物の形容「目の上の瘤（＝たん瘤[*11]）」の語源笑い話としての民間語源説《フォルクスエティモロギー》を策伝が作話したものとすれば、素材は『宇治拾遺物語』以来なじみの瘤取話ではあっても、瘤の所在を目の上としたのは、策伝の思いつきである可能性が強い。笑話〔八〕もこうした推測の補強となりえよう。

既に三の『宇治拾遺物語』の項で言及したように、次に挙げる日本の昔話には、頬に瘤ある者が多いが、額に瘤の話もある。また、円座をぶらさげて踊ることもある。くどいようだが、『醒睡笑』のような、文人がお伽ぎのための語りの材料として民間に口承されている物語を書きつけたもの〔『醒睡笑』には創作も少なくないようだが〕から、再び民間の口伝えにもどることは容易に考えられるから、昔話の「瘤取り爺」型で、これを源としたものも少なかろう。

おもしろいのは元来対《つい》となって一つの物語を構成する「踊りが上手なため瘤を取ってもらった〔瘤を担保に取られた〕老人のこと」と「それを真似てみたが、踊りが下手なため前の老人の瘤を〔その老人と見誤られて〕くっつけられた〔担保の瘤を返された〕老人のこと」が『醒睡笑』では引き離されて別個の話となっていることである。巻の編集内容にこだわったためだろうが、民話の本筋を理解しているとは言いがたい。

しかし、大名と血縁〔策伝は美濃国の名族土岐《とき》氏の流れで、飛騨国高山三万八千石の領主金森長近《かなもりながちか》の末弟〕のこの浄土宗西山派の僧侶は同派本山の一つ誓願寺〔京都有数の古刹《こさつ》〕の五十五世法主を勤め、紫衣《しえ》勅許を得るという僧門最高位を極めるなど、京の名流貴顕の一人で、言ってみれば近世初頭の第一流文化人である。『醒睡笑』で窺えるかぎりその機知・才気は時代を代表する傑出ぶりと言え、その時代の感覚で評価しないと当を失するであろう。『醒睡笑』八巻は周知のように京都所司代板倉重宗〔このきわめて重要な都市における幕府公権力の代表〕の請いに応じて、かねて耳底にたくわえ、また、人にも語り聞かせてきた笑話を八巻にまとめて贈呈したものだが、これは相互に年来入魂《じっこん》な間柄だったからで、同書奥書の重宗の文辞の敬語の用い方によってもそれがわかる。なまなかのお伽ぎ衆のように権勢ある者にひきたてられ、その眷顧をかたじけのうした幇間的存在では全くなかった。[*12]

五

日本の民話「瘤取り爺」はだれでもご存じだろうから、ここでは類話の共通項を粗筋として箇条書きで記しておく。『日本昔話大成』による。[*13]

（1）瘤のある爺さま。瘤がついているのは頬、あるいは額〔宮城県登米《とよま》郡、岩手県花巻市、北上市、遠野市、青森県三戸《さんのへ》郡↓いずれも前掲書による。東北はこの型か〕、あるいは部所不明。いずれにしても背中ではない。
（2）お宮、山、森など人里離れたところへ行く。握り飯、豆などを追って鼠穴などを通って異界へ出る、という形の話もある。
（3）歌い踊る超自然的存在〔天狗、鬼、獣、化け物〕を見る。楽しくなって、あるいは一緒になるのがいちばんと考え、仲間に入る。円座をぶらさげることもある。
（4）満足した超自然的存在は、再び来させるための担保として、あるいは、楽しませてくれた報奨として、爺さまの瘤を取る。他に宝を与えることもある。
（5）瘤のある別の爺さまが、瘤のなくなった爺さまを羨む。あるいはもらった宝をも羨む。真似をして同じ場所へ行く。
（6）歌い踊る超自然的存在の仲間に入るが、芸が拙いので、不興を買い、この瘤を持って行け、とくっつけられて帰る。

六

お隣の朝鮮半島にも類話が存在する。[*14] これも頬に瘤のある老人である。ただし、編者崔仁鶴《チェインハク》氏が「慶尚北道金泉市の林鳳順（五十八歳）」によって語られたこの話を記録したのは一九六八年、とあるので、日本からの伝播・流入の可能性を全く否定できないのが残念である。比較口承文芸研究上きわめて興味深い資料を多数含む孫晋泰『朝鮮民譚集』（郷土研究社、一九三〇年）――改題されて『朝鮮の民話』（民俗民芸双書七、岩崎美術社、一九六八年）――に当たってみたが、残念ながら該当する話型は見出だしえなかった。

箇条書きの粗筋を以下に記す。

（1）片頬に瘤のある爺さまが山へ柴刈りに行き、山中で日が暮れてしまう。藁小屋で一晩明かすことにして、怖さをまぎらわすために唄を歌いはじめる。

（2）気がつくとトケピ[*15]がたくさん集まって、爺さまの唄を聞いている。止めようとすると、どんどん歌っておくれ、と言われる。

（3）夜が明けると、頭《かしら》のようなトケピが、美しい声の秘密を訊く。爺さまはこの瘤のおかげだ、と答える。頭のトケピは、瘤と宝物を交換しよう、と提案。爺さまは承諾して、瘤を取ってもらったうえ、宝物をたくさん与えられて帰宅する。

（4）隣村のやはり瘤のある爺さまがこれを聞いて、自分も瘤を取ってもらおう〔宝物への欲心は記されていない〕と、前の爺さまからよく教えてもらって、同じ場所へ行き、同じことをする。

（5）夜明けがた、頭のトケピが、声の秘密を訊く。瘤のおかげだ、と話す。トケピは、前に取った瘤のせいで、ひどい声になってしまった、と怒り、以前の瘤を爺さまのもう片頬にくっつける。爺さまは両頬に瘤をつけて村へ帰る。

七

モンゴルの類話としては、『ＫＨＭ注釈』[*16]が、「結び鼻」を紹介している。これは斉藤君子編訳『シベリア民話集』収録の「こぶとりじい」[*17]と同じものと思われる。編訳者によればトゥヴァ族〔モンゴル人民共和国北西部サヤン山脈およびエニセイ河上流地域に住むチュルク語群の民族〕のもの。ちなみにこの地域で狩猟・漁労にたずさわってきた人々は、日本列島の住民と太古から交流関係にあったかも知れする。

ない。このような斉藤君子氏の訳業が彼我の民話の比較研究に光明を与えてくれるであろうことを確信する。

「こぶとりじい」の粗筋はこうである。

(1) 貧乏な兄が金持ちの弟に援助を乞うが、弟は冷淡に援助を拒む。
(2) 貧乏な兄は、高い黒い岩と四方に枝を張った木の下に豊富な食べ物がある、という妻の夢の場所を探し、行き着く。
(3) 六羽の白い鳥がここへ来て、美しい姫となる。そして、白い皮の器と、長い柄についた槌を岩の割れ目から取り出し、器を槌で打つと、食べ物を始め欲しい物が出る。
(4) 姫たちが去ると、貧乏な兄は器と槌を取り出して帰宅。以後豊かに暮らす。
(5) 強欲な弟は、兄夫婦が餓死していたら、何でもめぼしい物を取って来い、と召使を兄のもとにやる。とても裕福に暮らしている、と召使が帰って報告。弟は兄の家に来て、豊かになった秘密を訊き出す。
(6) 強欲な弟は、高い黒い岩と四方に枝を張った木のところにたどりつく。やがて姫たちが来る。弟は生け捕って妻にしようと綱を持って近づく。姫たちは器と槌が盗まれているのに気づき、捜し回って弟を発見、捕らえる。
(7) 姫たちは、自分たちを妻にしようとしたという弟のことばに立腹。鼻をつまんで引き延ばし、次次にそれを結んで六つのこぶ〔結びこぶ〕を作り、飛び去る。
(8) 弟は六つのこぶのついた鼻となって帰宅。弟の妻は、兄に向かって、直してくれれば財産の半分を渡す、と約束。兄は槌を振って、次次とこぶを消してやる。最後のこぶになったとき、弟の妻は財産の半分をやるのが惜しくなり、槌で夫の頭を殴って殺してしまう。

これには汎世界的な昔話の一つ「白鳥乙女」のモティーフが混じっている。日本の「一寸法師」で有名な打ち出の小槌のモティーフもここに見えるのが興味深い。

ただし、話型としてはいわゆる「瘤取り話」にはなっていない。白鳥乙女〔天界から舞い降りた天女であろう〕が、元来瘤のある男から瘤を取り、また別の男にそれをくっつける、というわけではないからだ。鼻に結びこぶ〔結び目〕を作るというのはおもしろい。

八

西欧でこの手の昔話が文献の形で現れるのはようやく十七世紀のイタリアおよびアイルランドである。さまざまな点で文人の手が加えられている。以下いずれも『KHM注釈』の記事に拠った。ただし〔 〕内は筆者の補綴。

一六四七年に刊行された『ベネヴェントの大婚礼の話』のなかで、南イタリアの都市ベネヴェントの医師ピエトロ・ピペルノはこう語る。

背中に瘤を持つ靴屋のロンベルトは、ご聖体の祝日《コルプス・クリスティ》〔ローマン・カトリック教会の大祭で、精霊降臨節――復活祭の五十日後――のあとの第二木曜日におこなわれる〕前の宵、ベネヴェントから自分の故郷の村アルタヴィラへと旅をしていたが、野原の川のほとりに一群の男女が踊っているのを見つけた。ロンベルトはこの人たちは牧草の草刈り人だと思い、おもしろがって仲間に入る。

この連中、楽しそうに唄を歌うのはいいが、これが

月曜日、火曜日、水曜日、
木曜日が来て金曜日、

の繰り返し。そこで靴屋がこうしめくくる。

そして土曜日、日曜日。

聞いた皆は大喜びで、一巡りする歌詞を歌って興に入《い》る。踊り疲れた一同はやがて大きな胡桃の樹の下で飲めや食えやと盛大に宴を催すが、そのうちこの夜の踊り手たちのひとりがしたたかに靴屋の瘤をひっぱたく。すると瘤は背中から胸へとつるりと動いてしまう。びっくり仰天したロンベルトが「イエスさま、マリアさま」とさけぶと、宴席の客はすべて食卓と灯火もろとも突然ふいと消え失せた。こいつはどうも魔女どもとかかわりあいになってしまったわい、と怖じ気づいた靴屋は急いで旅を続けた。白白明けにわが家の扉をほとほとと叩くと、女房は最初中へ入れるのをどうしても承知しなかった。うちの亭主じゃない、と言い張って。つまり瘤はもうきれいさっぱりロンベルトの背中から消え失せていたからである。

それからまた。

フランチェスコ・レーディは一六八九年ロレンゾ・ベッリーニ宛ての書簡のなかで、瘤を持った二人の男の話を報告している。

その一人の方は、悪魔どもがベネヴェントの胡桃の樹の下でおこなわれている魔女の集会《サバト》に連れて行って、バターでできた鋸《のこぎり》でその瘤を切り取り、マルチパン〔すりつぶしたアーモンドを砂糖で練った菓子〕の膏薬で傷口を塞いでくれた。これを聞いて、おなじく魔女たちのところへ踊りにでかけたもう一人は、そこでおそろしくぶきっちょなふるまいをしたので、悪魔どもは罰として最初の男の瘤を〔地獄の業火のもとの一つである〕瀝青《ピッチ》で彼の胸に貼りつけてしまったそうな。

この両話に共通する舞台、ベネヴェントの胡桃の樹は悪名高かったようである。魔物がその周囲に出没するこういう樹木は伝説で「呪いの樹」と呼ばれる。

近世アイルランドの詩人トーマス・パーネル[*18]の詩「古代イングランド様式の妖精物語」は、同様のアイルランドの民間伝承を素材としたものだが、アーサー王の時代を借り、シェイクスピアやスペンサーのお蔭で知られるようになった妖精の世界を舞台としている。

麗しの姫イーディスに二人の若い騎士エドウィンとトウパズが求婚する。片方は背中に瘤があり、一方はすらりとした体つきである。自分の不具を悲しみながら、夜独りで廃墟になったとある城館のそばまでさまよって行ったエドウィンは、一群の小人たちが灯火を手にして近づいてくるのを目にする。妖精の王オーベロンは、親切にエドウィンが何を悲しんでいるのか、と訊ね、妖精たちの踊りに加わるよう命じる。そしてロビン・グッドフェロウ[19]が彼を天井めがけて投げ上げると、瘤はそこに貼りついたままになる。雄鶏が啼いて陽気な一団が消え失せると、エドウィンは瘤から解放されて、気も晴晴と家路につく。けれども、彼のライヴァルのトウパズは、同じように妖精を待ち受けようとしたために、てひどいもてなしを受ける。つまり、天井に投げ上げられて、エドウィンの瘤をくっつけられてしまったというわけ。

伝承の宝庫中近東となると、文献でも時代はもっと遡る。

エジプトのカイロ生まれのモハメッド・ベン・ハサン・ベン・アリ・ベン・オトマンが十四世紀から十五世紀に生きた文人ナウウェイギ[20]に語った古いアラビアの類話ではこうである。

ここではやはり、前出レーディやそれよりも後代の記録者におけるように、背中に瘤のある二人の男が語られているが、妖精や魔女の踊りとか、彼らがそれに参加するとかの話はない。代わって登場するのはアフリート〔エフリート。アラーと人間の中間に位する魔物・魔神。炎の精霊《ジン》の一族〕。

背中に瘤のある男が〔寂れて人気《ひとけ》のない〕公衆浴場《ハンマーム》で、独りで一杯やって愉快に唄を歌っていると、この魔物が建物の壁を突き破って侵入してくる〔公衆浴場の廃墟のような汚穢に縁のある場所には、このような魔物が好んで跳梁した〕。恐ろしい象の恰好をしている。ところが男は怖がるどころか、食事に加わるよう相手を招待する。魔物は喜んで、何か望みはないか、と尋ねる。「背中と胸の二つの瘤を厄介払いできりゃ、あたしゃ、嬉しいんですがね」との返事を聞いたアフリートは手でそれを撫で、両の瘤を〔パーネルの詩にあるのと同様〕部屋の天井に投げつける。そこで男はすらりとした体になってご機嫌で家に帰ることができる。それを聞いたもう一人の背中に瘤のある男が〔浴場の〕同じ部屋で唄を歌う。しかしアフリートが壁から入りこむと、男は恐怖に怯えて黙りこくり、ぶるぶる震えているばかり。そこでかんかんになった魔物は、元からあった二つの瘤のうえにさらに例の陽気な男から取ってやった瘤を貼りつけてしまう。

九

グリム兄弟の『子どもと家庭のための昔話集』、すなわちKHMにもちゃんと類話がある。KHM一八二番「小さい人人の贈り物」Die Geschenke des kleinen Volkesがそれ。ただし初版にも第二版にも無い。KHMに収録されたのはずっと遅く一八五〇年のこと（ちなみにKHMの決定版、すなわち第七版は一八五七年）。それまで一八二番だった「えんどう豆の試験」を削除した代わりである。収録材料の原題は「山の精たちの贈り物」Der Berggeister Geschenkeとある。E・ゾンマー編『ザクセンとテューリンゲンの伝説』第一巻の一番である。

岩波文庫の金田鬼一訳『完訳　グリム童話集』では、二〇三番「こびとのおつかいもの」という訳名になっている。

粗筋はこんなところ。

仕立屋〔寡欲で親切、かつ控えめな人物という設定。仕立屋は、メルヒェンの世界では「仕立屋七人で男一匹」などと不当な悪口を被ることもあったが、大体が穏やかな小男というイメージ〕と金細工師〔欲張りでずうずうしい男という設定。ヨーロッパ中世、金細工師は金融業に従事したこともあってか、民間伝承で悪役にされることが多い〕が道連れになって旅をしている。二人のうち後者だけが背中に瘤を背負っている。月夜、ある丘の上で小さな男女たちが唄を歌いながら輪舞をしているのを見る。輪の中央にいる他の者よりいくらか体が大きい、白髯の爺さんが、輪の中へ入るよう、無言で誘う。金細工師が先立ちで二人は小人たちが開いてくれたところから輪の中に入る。〔唄や踊りに参加はしない〕。爺さんはやがて腰の小刀を手に取り、二人の頭髪と髭をつるつるに剃り落としてしまう。それから傍らの石炭の山を指さして、それをポケットに詰め込むよう身振りをする。二人はその通りにして、また歩きだす。丘を下って谷に入ると真夜中を告げる鐘が鳴る。唄はぱたりと止み、何もかも消えてしまう。

宿を見つけて泊まった二人が翌朝目覚めると、石炭は黄金に変わっており、髪も髭も元通り生えそろっている。金細工師は欲を出して、もう一度丘の上へでかけよう、と言いだす。仕立屋は、これで十分、と答え、同行はしないが、おつきあいにもう一晩泊まることにする。

金細工師はいくつか袋を用意してでかける。同様のことが起こる。金細工師は袋に一杯石炭を詰め込んで宿に引き上げる。翌朝見ると、石炭は石炭のまま。また昨日の朝変化していた黄金も、彼の分は石炭に戻っている。髪も髭も元通りではなく、つるつるのまま。それから背中の瘤と同じ大きさの瘤が胸にもついている。

仕立屋は、道連れなのだから、自分の黄金で一緒に暮らそう、と言う。金細工師は一生背中と胸に瘤をつけ、髪も髭も生えないで過ごした。

ここに出てくる小さい人人というのは、地面の下に棲んでいて年寄りの顔をしている小人でもないし、鉱山の坑道に出没して鉱夫をからかったり、稀には援助したりするたぐいでもないし、特定の家に住み着いていて、姿を見られないまま、なにかと家事を手助けしてくれる家の精でもなく、どうやらブリテン諸島や北欧の民話に出て来る小さな妖精たちと同じ存在のようである。ドイツ語ではエルフ Elf だが、これは英語でもしかり。丘の上で月明の下輪舞をする。また、森の中の一定の空き地で輪舞したあとに茸が輪状に生える。醜くはなく、きまぐれであるが、決して邪悪ではなく、人なつこくもある。原題によれば山の精たちとのこと。しかし、この連中はその居住環境や携わる労働のため、通常荒荒しい性格なのだが。とにかく、歌舞を好む超自然的存在なら何でもよいのだから、ここであげつらっても始まるまい。

十

小人ではなく、猫がそれに代わる話がヨーロッパにある。飼い猫は古代エジプト起源で、かの地では大いに愛され、国外へ持ち出すのは厳禁されていたが、エジプトがローマ帝国の支配下に入ると、禁制も廃れ、あるいは無くなり、ヨーロッパにも広まった。しかし、ヨーロッパには、猫を愛する人たちばかりではなく、これを魔性の存在として嫌悪する者たちもあった。魔女の使い魔として、鼠、鼬《いたち》、黒犬などのほかに、猫、それも往往にして黒猫が擬されるのは周知のことだが、猫を飼う、という習俗がヨーロッパ土着ではなく、外来のものであることを考えれば、それも無理からぬことであろう。これから紹介するフラマン人〔一部がそれぞれフランス、ベルギー、オランダにまたがるフランドル地方に住むゲルマン系住民。言語はオランダ語の方言であるフラマン語〕の民話では後者のイメージによる猫が活躍する。

背中に瘤のあるふたりの男と猫たち[*21]

昔むかし、背中に瘤のある男がふたりおってな、友だち同士だった。ある日ふたりは連れ立ってヒースの原で散歩をしておったが、夕暮れ時に道に迷ってしまった。とっぷりと暗くなってきたのに、一向帰り道がわからん。それどころか事はまずくなるばかりで、ふたりはお互いの姿が見えんようになってしもうた。二人のうち片っぽはようやく道を探し当てたが、もうひとりは迷いに迷ってあてどもなく歩き回り、真夜中、ちょうど十二時を打った時、野っ原《ぱら》の、とある十字路にたどりついた。するとな、へんてこりんな物音が聞こえた。ぶっちがいのどっちの道からも得体の知れないお化けのような代物《しろもの》どもがやって来て、ぐるりと輪を作ったような気配。さあて、それから、連中は十字路のまん真ん中で、狂ったようにぴょんぴょこ跳ね回りはじめ、こんな唄を歌いおった。

踊れや、おどれ、お手手をつないで。
フェリクス坊主どん、フェリクス坊主どん、
踊れや、おどれ、お手手をつないで、
フェリクス坊主どんがおっ死《ち》んだでな。

背中に瘤のある男がよくよく眺めると、お化けのような代物どもは猫で、ここへ集まって踊っておるわけ。こりゃあ魔女にかかわりあったとは分かったけれど、別に怖くもありゃしない。近づいてこう訊《き》いたのさ。

「にゃあにゃあ猫ちゃん、おいらもいっしょに踊ってもいいかい」ってね。

「いいとも、いいとも」。猫たちはみんな声をそろえて叫んだので、男は勢いよくぐるぐる飛び回り、踊るわ、跳ねるわ、いやもうまったくおもしろいこと。

すると突然一座の頭分《かしらぶん》のいっぴきのでっかい牡猫が踊りの輪の真ん中に出て、おどかすようなみぶりで、「いっしょに踊ったなあどこのどいつだ」と訊いた。

「背中に瘤のあるやつでえす」と猫一同がどなる。

「背中に瘤のあるやつなんぞわしらの仲間にゃおらんわい」とお頭。「したが、こやつは男らしくふるまったし、ぴょんぴょん達者に踊れるわさ。わしはこやつにひとついいことをしてやるぞ。みっともない瘤を取ったるがな」。

牡猫はすぐさま鉤爪《かぎづめ》を瘤に打ち込むと、それを「根っきり葉っきりこれっきり」ってな具合に引っこ抜いて、爪の一本に高高と引っ掛けた。そうしてそれから男は輪から締め出された。

男は瘤がなくなったのをつくづく眺め、歩きながらひっきりなしに叫び続けたもんだ。「おいらの瘤を厄介払い、おいらの瘤を厄介払い」ってね。

朝早く家にもどった男は、自分がどんな経験をしたか、仲良しにとっくり語って聞かせた。こちらは友だちの幸せが羨ましくってたまらず、自分もしょっているお荷物をおさらばにできないか、いっぺん試してみよう、と決心した。

このふたりめの背中に瘤のある男は、やはり真夜中頃例の十字路に立っていた。猫どもが現れて、すぐさま踊ったり歌ったりを始めた。「にゃあにゃあ猫ちゃん、おいらもいっしょに踊ってもいいかい」とこっちが訊く。

「いいとも、いいとも」。猫たちはみんな声をそろえて叫ぶと、輪を開いて場所を空けてくれた。背中に瘤のある男は仲間に加わり、一座は狂ったようにぴょんぴょこ跳ねる。

踊れや、おどれ、お手手をつないで。
フェリクス坊主どん、フェリクス坊主どん、
踊れや、おどれ、お手手をつないで、

フェリクス坊主どんがおっ死んだでな。

けれども輪舞は今度はそううまくはいかなかったんだ。なぜって、背中に瘤のある男はなんびきかの猫の足を踏んづけたもんでね。

唄が終わったとたん、頭分が輪の真ん中に進み出て、「いっしょに踊ったなあどこのどいつだ」とがなった。

「背中に瘤のあるやつでえす」と猫たちが答える。

「背中に瘤のあるやつなんぞわしらの仲間にゃおらんわい」と頭分。「そのうえこやつは踊りを一向わきまえとらん。まあ、待ちな、わしらはひとつこやつになにか褒美をくれてやろう」。牡猫はたちどころに爪から例の瘤を外すなり、力いっぱいぴしゃりと惨めな男の腹に打ちつけた。それから、男はげらげら嘲り笑われて、おととい来いと追い出された。

かわいそうに男は神の御手《みて》に撃たれたようなもの。前にも増してひどく体が重たくなり、今じゃ一つでなく二つの「どたま」（「ケーストヒェン」Kästchen を仮にこう訳した。Kästchen は Kasten（箱）の縮小形だが、Kasten には戯語で「頭」の意味もあるので、四角いより丸いほうがよい、と思い、後者を採った」を運ばにゃならぬ身となった。この男が家へ帰ったとき、どんな気分だったか、おまえさんがた、よう分かるだろ。もうもう生きているのにうんざりしたし、それから友だちに心底腹を立てていた。男の言い草では、自分の不幸せはこの友だちのせい、というわけだでな。男は友だちを探しに行き、やいのやいのと責め立てたので、二人はすぐさま口論となり、取っ組み合いの喧嘩を始めた。瘤のある方が負けて、死んで戦《いくさ》の場に残されたっちゅうわけ。

魔性の猫どもが歓喜して踊っているのは、この辺の聖職者のフェリクスという御仁が死んだのをことほいでいるためのようだ。結末は昔話にしては陰惨である。伝説ならありうるが。

東フランドル〔ほぼ現在のベルギーに当たる〕の話で十九世紀末期以前に収集されたもの。「ヒースの原」と訳したのは、ドイツ語でいう「ハイデ」Heideである。人気のない十字路は民間信仰によれば物《もの》の怪《け》が好んで出没する場所で、しばしば魔除けのため傍らに小さな礼拝堂が建てられている。

十一

竹原威滋氏は論者が以上に紹介したよりも更に多くの類話を加え「異界訪問譚における山の精霊たち——世界の（瘤取り鬼）をめぐって——」（『説話——異界としての山』所収[*22]）という論考を著しているが、その末尾に次の記事がある。貴重と思うので、これを引用してやはりこの稿の結びとする。

最後に、この説話の原点ともいえる古代ギリシアのエピダウロスにあるアスクレピオス神殿の碑文に刻まれた説話を紹介して筆を擱く。

テッサリアのパンダロスは額に痣があった。そこでギリシア神話の医神として知られるアスクレピオスの神殿に行き、その神域内の宿房で眠った。夢のお告げの通り包帯を取ると、痣は消えていた。そこでお礼にお金を捧げようと思い、パンダロスは自分の奴隷を神殿に遣わした。ところがその奴隷も額に痣があったので、主人から預かったお金を隠して、夢に現れた医神に「神が痣を消して下さるなら神像を捧げる」と誓った。奴隷が包帯を取ると、自分の痣は消えておらず、おまけに主人の痣も額に付いていた。[*23]

注

＊1 The Gifts of the Little People. Dwarfs take hump from hunchback and place it on another man.

＊2 江戸末期の国学者・考証家（一七八四—一八五六）。字は節信。号は筠庭《いんてい》・筠居・静斎・静園・静静舎など。

＊3 『嬉遊笑覧』下巻六四三ページに拠る。

＊4 本文では省略したが、このあと次のような評語が続く。
評云患失之患得之是求無益于得也。今読み下しを試みる。「評して云わく。之を失うを患い、之を得るを患う、是得るを益無きに求むるなり」〔一得一失をあくせく思い患うのはつまらぬことだ、との大意か〕。

＊5 唐の高級官僚。清河県の人。開元年間（七一三—七四一）の初め魏州の刺史、のち桂州都督に左遷されている。

＊6 『中国古典文学全集』三二巻「歴代随筆集」解説（五六五ページ）に拠る。

＊7 中島悦次校注『宇治拾遺物語』解説、三七五ページ

＊8 たとえば第七巻の五「長谷《はせ》寺参籠《でらさんろう》ノ男預レ利生《おとこりしょうにあずかる》」（『今昔物語』本朝仏法部巻第十六第二十七「長谷にまゐりし男、観音の助けによりて富を得たりし語」）では、郷士フューン島の口承昔話を物語（「火打箱」など）に仕立てたデンマークの大作家ハンス・クリスチャン・アンデルセン並みの語りの妙が楽しめる。

このような「本になった昔話（記載民話）」Buchmärchen と「創作昔話」Kunstmärchen の間をたゆたう傑作の類例をヨーロッパに求めれば、ヴェネツィア人ジョヴァン・フランチェスコ・ストラパローラの『楽しき夜夜』Giovan Francesco Straparola: *Le piacevoli notti* や、ナポリ人ジャンバッティスタ・バジーレの『お話の白眉』、別名『ペンタメローネ（五日物語）』Giambattista Basile: *Lo Cunto de li Cunti* または *Pentamerone*、フランスのシャルル・ペローの『過ぎし昔の物語、あるいはお伽話、ならびに教訓』Charles Perrault: *Les Histoires ou Contes du temps passé, avec des Moralitéz*〔現代の綴りでは moralités〕、別名『鵞鳥おばさんのお伽話』*Contes de ma mère l'Oye*〔現代の綴りでは oie〕、ドイツのイエナ生まれでヴァイマルの住人ヨーハン・カール・アウグスト・

ムゼーウスの『ドイツ人の民話』Johann Karl August Musäus: *Volksmärchen der Deutschen* だが、これらが世に出たのはそれぞれ漸く十六世紀、十七世紀、十八世紀である。なお、最後のものは本邦未訳だったが、約四割の邦訳が二〇〇三年に出版された。詳しくは左記を見られたい。
J・K・A・ムゼーウス著・鈴木滿訳『リューベツァールの物語――ドイツ人の民話』国書刊行会、二〇〇三年初版
*9 佐藤謙三校注『今昔物語集』本朝仏法部上巻、四〇一―四〇三ページ
*10 岩淵匡編『醒睡笑　静嘉堂文庫蔵　本文編（改訂版）』
〔イ〕七ページ四行―一三行
〔ロ〕二三八ページ一九行―二三九ページ九行
〔ハ〕一四四ページ一〇行―一四行
*11 「目の上の瘤［＝たん瘤］」『日本国語大辞典』（小学館）（第十二巻）の記述によれば、

目の上の＝瘤［＝たん瘤］自分よりも力が上で、何かと目ざわり・邪魔になるもののたとえ。また、単に邪魔なものをいう場合もある。

として、出典を挙げている。そのうちで最も古い年代のものは、

●玉塵抄（1563）五四「目の上のこぶをとってのけたと云たやうなことぞ」

とのこと。
*12 関山和夫著『安楽庵策伝――咄の系譜』の数箇所の教えによる。この書はかつて論者の蒙を啓いてくれた。

＊13　関敬吾著『日本昔話大成』第四巻、本格昔話三、二五八―二七二ページ「瘤取り」

＊14　崔仁鶴編著『朝鮮昔話百選』一九八―二〇〇ページ

＊15　トケピ「なまりではトカピともいう。日本の鬼に全く似たものだとはいえないが、妖《あやか》しの小鬼に似ている。トケピの正体は、昔話に登場する場合は小鬼の姿をして、貧しい者を富ませ強欲を懲らしめなどするが、世間話では、ほうきが人間に化けたり、火のかたまりが女性に化けたりしたものに人間が化かされた場合も、トケピに惚れたという」（崔仁鶴編著『朝鮮昔話百選』一三一ページ　注1）。

＊16　Bolte, Johannes / Polívka, Georg: *Anmerkungen zu den Kinder- und Hausmärchen der Brüder Grimm.* Bd.III S.324ff.

＊17　「こぶとりじい」斉藤君子編訳『シベリア民話集』二二七ページ

＊18　トーマス・パーネル Thomas Parnell（一六七九―一七一八）。アイルランドの詩人、エッセイスト。アレクサンダー・ポープ Alexander Pope の友人。十八世紀の代表的文人。

＊19　ロビン・グッドフェロウ　悪戯好きでブラウニー Brownie に似た妖精。パック Puck またはホブゴブリン Hobgoblin とも呼ばれる。シェイクスピアの『真夏の夜の夢』の主役の一人。パックは、悪ふざけ、変身、夜旅する者を迷わせる、ミルクを酸敗させてしまう、若い娘たちを怖がらせる、もったいぶった老婦人がたをつまずかせてひっくりかえす、といったのが自慢の芸。アイルランドのプーカ pooka, puca は同類の家に住みつく妖精。以上、大意を The New Encyclopaedia Britanica. V.9 に拠る。

＊20　ナウェイギ Naweigi（一三八三―一四五五）。未詳。

＊21　Nr.27 Die beiden Buckligen und die Katzen. 出典は以下の通り。Lox, Harlinda. Herausgegeben und übersetzt von. *Flämische Märchen.* Märchen der Weltliteratur.

＊22　竹原威滋「異界訪問譚における山の精霊たち――世界の〈瘤取り鬼〉をめぐって――」（『説話――異界としての山』所収。二三八―二六七ページ）

＊23　Liungman, Waldemar: *Die schwedischen Volksmärchen. Herkunft und Geschichte.* S.120.

参考文献

邦文（邦訳を含む）

岩淵匡編『醒睡笑　静嘉堂文庫蔵　本文編（改訂版）』笠間書院、平成十二年改訂版第一刷
金田鬼一訳『完訳　グリム童話集』全五巻、岩波書店、一九八一年第一刷
喜多村信節著『嬉遊笑覧』日本随筆大成編集部編、緑園書房、昭和三十三年
斉藤君子編訳『シベリア民話集』岩波文庫、一九八八年第一刷、一九九七年第三刷
佐藤謙三校注『今昔物語集』本朝仏法部上巻、角川文庫、昭和六十一年、十八版
関敬吾著『日本昔話大成』（全十二巻のうち）第四巻、本格昔話三、角川書店、昭和五十三年初版
関山和夫著『安楽庵策伝――咄の系譜』青蛙房、昭和四十二年初版
孫晋泰著『朝鮮の民話』民俗民芸双書七、岩崎美術社、一九六八年
竹原威滋著「異界訪問譚における山の精霊たち――世界の〈瘤取り鬼〉をめぐって――」（説話・伝承学会編『説話――異界としての山』翰林書房、一九九七年第一刷　所収）
橘成季撰『古今著聞集』有朋堂文庫、大正七年
崔仁鶴《チェインハク》編著『朝鮮昔話百選』日本放送出版協会、昭和四十九年第一刷
中島悦次校注『宇治拾遺物語』角川文庫、昭和三十五年初版、平成五年三十刷
日本国語大辞典第二版編集委員会／小学館国語辞典編集部『日本国語大辞典』第十二巻、小学館、二〇〇二年
松枝茂夫（訳者代表）訳「歴代随筆集」（『中国古典文学全集』三十二巻）平凡社、昭和三十七年再版
諸橋轍次『大漢和辞典　縮写版』巻八、大修館書店、昭和四十二年第一刷

欧文

Aarne, Antti/ Thompson, Stith: *The Types of the Folktale.* FFC184. Helsinki 1964.

Bolte, Johannes/ Polívka, Georg: *Anmerkungen zu den Kinder- und Hausmärchen der Brüder Grimm.* 5 Bde. Georg Olms. Hildesheim 1963.

Grimm, Jacob und Wilhelm: *Kinder- und Hausmärchen der Brüder Grimm.* Wissenschaftliche Buchgesellschaft. Darmstadt 1967.

Lox, Harlinda. Herausgegeben und übersetzt von. *Flämische Märchen.* Märchen der Weltliteratur. Eugen Dietrichs Verlag. München 1999.

The New Encyclopaedia Britanica. V.9

陶宗儀撰『輟耕録《てっこうろく》』から
落語「ちきり伊勢屋」まで

一

十四世紀の中国（元末明初）の人陶宗儀が撰した『輟耕録』[*1]（〔津逮《しんたい》秘書〕版）第八巻にこんな話がある。

まず原文〔旧漢字は新漢字にしてある〕を記載する。字の配列は原文通り。

飛雲渡

飛雲渡風浪甚悪毎有覆舟之患有一少年子放縦不
羈嘗以所生年月日時就日者問平生富貧寿夭有
告曰汝之寿莫能踰三旬及偏叩他日者言亦多同
於是意謂非久於人世乃不娶妻不事生産作業毎
以軽財仗義為志嘗俟船渡傍見一丫鬟女子徘徊
悲戚若将赴水少年亟止之問曰何為軽生如此答
曰我本人家小婢主人有姻事暫借親眷珠子耳環
一双直鈔三十余定今日送還竟於中途失去寧死

耳焉敢帰少年曰我適拾得但不審果是汝物否方再三磨問顆数装束実是遂同造主人主人感謝欲贈以礼辞不受既而主人怒此婢遣嫁業梳剃者所居去渡所只尺間期歳少年与同行二十有八人将過渡道遇一婦人拝且謝視之乃失環女也因告其故於夫屈留午飯余人先登舟俄風濤大作皆葬魚腹蓋少年能救人一命而造物者亦救其一命以答之後少年以寿終渡在温之瑞安

句読点を付し、更に読み下し文にしてみる。

飛雲の渡し

飛雲の渡しは風浪甚だ悪しく、毎《つね》に舟を覆《くつがえ》すの患《わずらい》あり。一《ひとり》の少年子《しょうねんし》の放縦不羈《ほうしょうふき》なるあり。嘗《かつ》て生まるる所の年月日時をもって日者《にっしゃ》に就きて平生《へいぜい》の富貧寿夭《ふひんじゅよう》の有るを問う。告げて曰く、汝《なんじ》の寿《よわい》は三旬を踰《こ》ゆる能《あた》わず、と。及《なら》びに偏《あまね》く他の日者に叩くも言《げん》また多く是《こ》の意に同じ。謂《いわ》く、人世《じんせい》に久しく非ず、と。乃《すなわ》ち妻を娶《めと》らず、産を生み業を作《な》すを事とせず、毎に財を軽《かろ》んじ、義に仗《よ》るをもって志となす。嘗て船の渡すを俟《ま》つに、傍らに一の丫鬟《あかん》の女子の徘徊し、悲しみ戚《うれ》いて将《まさ》に水に赴かんとするを見る。少年亟《すみ》やかに之《これ》を止《とど》めて問いて曰く、なんすれぞ生を軽んずる此《かく》のごとくなりや、と。答えて曰く、我本《もと》人家の小婢《しょうひ》なり。主人に姻事ありて暫く親眷《しんけん》に珠子《しゅし》の耳環一双直鈔《あたいしょう》三十余なるを借れり。定めの今日送り還《かえ》すに竟《つい》に中途に失い去れり。寧《むし》ろ死するのみ。焉《いずくん》ぞ敢えて帰らんや、と。少年曰く、我適《たま》ま拾い得たり。但《ただ》し果して是汝《これなんじ》の物なるや否や審《つまび》らかならず、と。再三顆数装束《かすうしょうぞく》を磨問《まもん》するに方《あた》り、実《まこと》に是遂に主人に同じく作る。主人感謝し、もって礼を贈らんと欲す。辞して受けず。既にして主人怒りて此の婢を梳剃《すてい》を業とする者に嫁《とつ》が遣《し》む。居《お》る所渡しを去る所の只尺《しせき》の間《かん》なり。期歳《きさい》にして少年同行二十有八人と将《まさ》に渡しを過《よ》ぎらんとす。道に一の婦人の拝し且《か》つ謝するに遇う。之を視《み》れば乃ち環を失える女なり。その故を夫に告ぐるに因《よ》りて午飯《ごはん》に屈留《くつりゅう》す。余人先に舟に登るに、俄《にわ》かに風濤大《ふうとうおおい》に作《おこ》り皆魚腹に葬らる。蓋《けだ》し少年の能《よ》く人の一命を救い、而《しか》して物を造るは、またその一命を救いてもって之に答うるなり。後《のち》少年寿《ひさし》きをもって終わる。渡しは温の瑞安《ずいあん》に在り。

次に試訳を記す。分かりやすくするため、（ ）で筋を補い、〔 〕で注解した。

飛雲の渡し場

飛雲の渡し場は風や浪がとてもひどくて、渡し船がくつがえる事故がしょっちゅうだった。

ある若者だが、勝手気儘で拘束されるのが嫌い。かつて生まれた年・月・日・時を示して占い者に、人生において裕福か貧乏か、長生きするか早死にするか、を占ってもらったところ、あなたの命は三十を越えない、と告げられ、また、ひろく他の占い者にも訊いたが、それらの言うことは大体これと同じで、長生きはできない、とのこと。そこで妻帯をせず、商売もいとなまず、仕事にもつかず、いつも金や物を惜しまず、正しいことをしよう、と心掛けていた。

あるとき飛雲の渡し場で舟を待っていたところ、そばにひとりのあげまき〔少女・召使女の髪形〕の女がうろうろし、悲嘆にかきくれて、河に飛び込もうとするのを見かけた。若者はすみやかに止めて、どうしてそんなに命を粗末にするのか、と訊ねた。すると、「わたしはもともとあるお屋敷の女中〔「婢」

をこう訳した。奴婢は金銭で買われて所有者に隷属する。その死活進退は所有者の意のまま〕でございます。旦那さまのところにご婚礼がありまして、ご親戚から真珠の耳飾りのお値段が紙幣〔紙幣は宋・元代からある〕で（銀）三十両余りになりますのをしばらくお借りになったのです。お約束の今日私がお返しにあがる途中、なくしてしまいました。私、死んだほうがましでございます。どうしてお屋敷へ戻れましょう」との返事。若者は「ぼくはたまたま（そんなのを）拾った。でもね、おまえが失くした物かどうかはっきりしない」と言って、繰り返し詳しく珠の数やら意匠《デザイン》を訊きただし、とうとうこの女中のあるじの借りた品とまったく同じ物を造らせ（、それを女中に渡し）た。あるじは感謝して礼を出そうとしたが、若者は拒んで受けなかった。

まもなく、女中のあるじは（先の過失に）立腹して（屋敷で使わず、屋敷から出して）女中を床屋の親方と結婚させた。住んでいる所は渡し場からほんの僅かの距離。まる一年経って若者は二十八人〔寓意があるか。若者を加えれば二十九人となり、若者が命を終わることになっている三十歳直前の数に相応。数え年なら丁度三十〕の同行者といっしょにこの渡し場を渡ろうとした。すると道でひとりの婦人が拝《おじぎ》をしてしきりに礼を言うのに出会った。よくよく見るとあの真珠の耳飾りをなくした女だった。女は、夫にこのことを知らせたいので、ぜひぜひお昼ご飯をめしあがっていらしてください、と強く若者を引き止めた。そのあいだに他の者たちは先に乗船してしまったが、急に大風、大波が起こり、（舟がひっくりかえって）全員溺死してしまった。思うに、若者が人の命を救い、物を造ってやったので、その応報として自分の一命を取り留めたのだろう。若者は長生きをして生涯を終えた。

二

この渡し場は温州《うんしゅう》〔中国浙江省南部の都市〕の瑞安にある。

江戸南町奉行まで勤めた根岸肥前守鎮衛《やすもり》編むところの奇異雑談《ぞうだん》聞書き集『耳嚢《みみぶくろ》（耳袋とも）*2』全十巻各百条計一千条のうちに類話がある。巻之六末尾である。

参考文献より原文をここに転載する〔ふりがなは（現代仮名遣い）ほとんど校注者によるが、論者が附した箇所も若干ある〕。〔 〕内は論者注解。

陰徳危難を遁《のが》れし事*3

或《ある》武家両国《りょうごく》〔後述のように、隅田川に架かる両国橋のこと〕を朝通りしに、色衰へし女、欄干の辺をあちこちと徘徊《はいかい》せるさま、身を投《なげ》、入水《じゅすい》〔身投げ〕を心掛《こころがく》るやと疑《うたが》わしく、立寄て其《その》様を尋《たづね》しに、綿摘《わたつみ》〔塗桶という道具を使って綿をのばし、小袖の中入れ綿や綿帽子を作ること〕を業とせる者にて、「預りの綿を被盗《ぬすまれ》、我身の愁ひは申《もうす》に不及《およばず》、親方〔この仕事を斡旋する仲介者であろう〕に呉服所〔呉服店〕への申訳なき筋なれば、入水せんと覚悟極めし」由語りぬ。「如何程《いかほど》の価あればつぐのひなりぬる哉《や》」と尋ねしに、「我等の身の上にては急に調《ととの》ひがたし。三分《ぶ》程あればつぐのひも出来ぬべし」と云ひし故、「夫《それ》は僅《わずか》の事也。我与《あたえ》ん」とて、懐中より金三分取出し彼女子《かのおなご》に与へしに、百拝して歓び名所《などころ》など聞《きき》けれど、「我は陰徳に施《ほどこ》す也。名所をいふに不及《およばず》」とて立別れしが、年を隔《へだて》て川崎とか又は亀戸《かめいど》辺とか、其処は不聞《きかざり》しが、所用ありて渡し場へかゝりしに、彼女に与風《ふと》出会ひけるに、女は能く覚へて、過《すぎ》し両国橋の事を語り、「ひらに我許《わがもと》へ立寄給へ」と云ひしかども、「道をも急げば」と断りしが、切《せつ》にひき留めてくだんの船宿《ふなやど》へ伴ひ、「誠に入水一途《いちず》に覚悟せしを、御身《おんみ》の御影《おかげ》にて事なく綿代をもつぐのひ、ふしぎに助命せしは誠に大恩ゆへ、平日御様子に似《に》候人もやと心懸《こころがけ》尋し也。我身はみやづかへ〔ここでは単に奉公のこと〕にて綿摘し事、過し盗難に思《おもい》、暇取《いとまとり》て此《この》船宿へ片付《かたづき》ける〔嫁に来た〕に、不思議にも今日御目に懸《かか》るも奇縁とやいふべき」迚《とて》、蕎麦《そば》・酒抔《など》出し、家内打寄て饗応せしに、彼渡し場にて何か物騒《ものさわが》しき様子、其訳を尋しに「俄に早手《はやて》（普通「疾風」と書く。激しい突風）出て渡船くつがへり、或ひは溺死、不思議に命助かりしも怪我などして、大勢寄集りて介抱せる」よし。是《これ》を聞て、「誠に此船宿へ彼女の逢ふて引留《ひきとめ》ずば、我も水中のうろくず（「うろくず」は本来鱗《うろこ》・魚。ここでは魚の餌のつもりか、水の藻屑《もくず》との混同か）とならん」。天道其善に組し、陰徳陽報の先言不宣（空）（「陰徳有れば陽報有り」との昔の人のことばは「空しからず」、つまり、嘘ではない、の意）事と、人の語りぬる也。

三

さて落語である。この解題《げだい》は「佃祭《つくだまつり》」。別名はない。

落とし咄の粗筋を記すのも野暮《やぼ》の骨頂《こっちょう》だが、四代目橘屋圓喬《たちばなやえんきょう》口演の速記*4によると、まずはこんなところか。

歯痛に悩むときの呪《まじな》いは、戸隠明神《とがくしみょうじん》に願を懸け、梨を断つと、それで虫歯が直る、と枕を振って落ちの伏線とする。

主人公次郎兵衛が佃祭にでかける。佃島との交通は当時渡し船しかない。住吉大社《すみよしたいしゃ》に参詣して、飾り物などを見物しているうちに暮れ六つの鐘。渡し船はこれが最終。何艘《なんそう》かあるがその最後の舟に足を掛ける。と、引き留められる。

二十二三の人妻のなりの女が袖をつかんでいる。舟はその間に出てしまう。女は、三年前に自分が金を落として身投げしようとしたのを、助けて金を恵んでくれたのは、あなたさまだ、という。次郎兵衛には覚えがある。女の夫が船頭だというのでいつでも帰れると安心、女のうちへ伴われ、饗応を受ける。場外で騒ぎ。最後の渡し船が沈んだという。やがて女の夫が帰り、つくづく礼を述べるが、こういう場合すぐ帰りの舟は出せない、と事情を話す。そのことばに納得、夜明けまで佃島に留まり、やがて送られて帰る。

留守宅のある長屋では大騒ぎ。ここで少し足りない与太郎さんの登場あり。また、悔やみの滑稽あり。葬式の支度をしているところへ次郎兵衛が帰宅。

身投げを助けるとよいことがある、と得心した与太郎が、全財産を売り、三両の金を用意、毎日身投げを探す。二十五六の中年増《ちゅうどしま》で顔色の悪いのが、両の袂に重い物を入れ、河の方を向き、合掌して呟いているので、無理やり引き留める。しかし、これは虫歯の痛みに悩み、戸隠様に願を懸けているので、袂の中の物は、身投げのための重りとする石ころではなく、戸隠様に納める梨だった。

四

陰徳陽報というモティーフが『輟耕録』から『耳囊』を経て落語になった経緯はまだある。第十二巻の「陰徳延寿」もそれ。

まず原文〔旧漢字は新漢字にしてある〕を記載する。字の配列は原文通り。

陰徳延寿
昔真州一巨商毎歳販粥至杭時有挾姑布子之術曰
鬼眼者設肆省前言皆奇中故門常如市商方坐下
坐忽指之曰公大富人也惜乎中秋前後三日内数
不可逃商懼即戒程時八月之初舟次楊子江見江
浜一婦仰天大号商問焉答曰妾之夫作小経紀止

有本銭五十緡毎質鵞鴨過江貨売帰即計本於妾然後持贏息易柴米余貲尽付酒家率以為常今妾偶遺失所留本銭非惟飲食之計無所措亦必被箠死寧自沈商聞之嘆曰我今厄於命設令鋳金可代我無虞矣彼乃自夭其生哀哉亟贈銭一百緡婦感謝去商至家具以鬼眼之言告父母且与親戚故旧叙永訣閉戸待尽父母親故宛転寛解終弗自悟踰期無他故復之杭舟阻風偶泊向時贈銭処登岸散適此婦襁負嬰孩遇諸道迎拝且告曰自蒙恩府持援数日後乃産母子二人没歯感再生之賜者豈敢忘哉商至杭便過鬼眼所驚顧曰公中秋胡不死乃詳観形色而笑曰公陰徳所致必曾救一老陰少陽之命矣商異其術捐銭若干以報之

句読点を付し、更に読み下し文にしてみる。

陰徳寿《よわい》を延ばす

昔真州の一巨商毎歳杭《こう》に至りて販粥《はんいく》す。時に姑布子之《こふしの》術を挟《きょう》する有り。曰く、鬼眼者《きがんしゃ》、と。肆《し》を省《しょう》前に設く。言《げん》皆奇中す。故に門常に市《いち》の如し。商方《まさ》に下坐《げざ》に坐らんとするや、忽《たちま》ち之《これ》を指して曰く、公《こう》大富人なり。惜しい乎《かな》中秋《ちゅうしゅう》前後三日内の数《さだめ》にして、逃がるるべからず、と。商懼《おそ》れ即《ただ》ちに戒程《かいてい》す。時八月の初め舟《しゅう》して楊子江《ようすこう》に次《と》まる。江浜《こうひん》に一婦の天を仰ぎ大号するを見る。商、焉《いず》くんぞ、と問う。答えて曰く、妾《しょう》の夫小経紀《けいき》を作《な》し、止《ただ》本銭五十緡《びん》有り。毎《つね》に鵞鴨《がおう》の質とし、江を過《よ》ぎりて貨売し、帰れば即ち妾に計本《けいほん》し、然る後贏息《えいそく》を持ちて柴米《さいまい》に易《か》え、余貲《よし》は尽《ことごと》く酒家《しゅか》に付す。率《おおむ》ね以て常と為す。今妾偶《たまたま》留むる所の本銭を遺失せり。惟《ただ》に飲食の計の措《お》く所無きに非ずして、亦《また》必ず箠《すい》死せられん、寧《むし》ろ自ら沈まん、と。商之を聞き嘆じて曰く、我今命に厄《あや》うし。設《も》し鋳金を令《し》て代うべからば、我虞《おそ》るる無からん。彼乃《すなわ》ち自ら其生を夭するは哀《かな》しい哉《かな》、と。亟《すみ》やかに銭一百緡を贈る。婦感謝して去る。商家に至り、具《つぶ》さに鬼眼の言を父母且与親戚故旧に告げ、永訣《えいけつ》を叙《の》べ、戸を閉ざして尽くるを待つ。父母親故宛転寛解《えんてんかんかい》す。終《つい》に自《おの》ずと悟らざるに期を踰《こ》え、他無きの故に復《また》杭に之《ゆ》く。舟風に阻《はば》まる。偶向時《こうじ》の銭を贈れる処に泊し、岸に登りて散適す。此の婦嬰孩《えいがい》を襁負《きょうふ》して道諸《に》遇い、迎拝し且《か》つ告げて曰く、恩を府の持援《じえん》に蒙《こうむ》る自《よ》り、数日後乃ち産せり。母子二人没歯《ぼっし》再生を感ずるの賜《たまもの》は豈《あに》敢て忘れん哉《や》、と。商杭に至り便《すなわ》ち鬼眼の所を過《よ》ぎるに、驚き顧みて曰く、公中秋に胡《なん》ぞ死せざるや、と。乃ち詳《つまび》らかに形色を観、而《しこう》して笑いて曰く、公陰徳の致す所、必ず曾て一老陰少陽の命を救えり、と。商其術を異とし、銭若干を捐《えん》じて以て之に報う。

次に試訳を記す。分かりやすくするため、（　）で筋を補い、〔　〕で注解した。

陰徳を施したため寿命が延びた話

昔真州〔今の江蘇省儀徴県。真州府は宋代に置かれ、明代に廃された〕の大商人が毎年浙江省杭州府に商品を売りに赴いていた。当時姑布子の術〔唐代の観相者姑布子の術＝観相術〕を心得ている者があって、これを鬼眼者〔天眼通の人相見〕といった。府庁の前に占い店を構え、その占いはすべて不思議にも的中するので、店先はいつも市場のように混み合っていた。商人が〔自分も人相を観てもらおうと〕末席に座ったとたん、人相見はこの人を指さしてこう言った。「あなたは大金持ちでいらっしゃる。しかし、残念なことに中秋〔旧暦八月十五日〕前後三日以内の〔三日以内にお没《な》くなりになる〕運命でいらっしゃる。免れることはできません」、と。商人はぎょっとしてすぐに帰ることにした。時は八月の初めで商人は〔帰りの〕舟に乗って揚子江《ようすこう》に停泊した。河岸を見ると、一人の女性が天を仰ぎ、大声で泣きわめいている。商人が「どうしたのだ」、と訊くと、答えはこうだった。「私の夫はちっぽけなあきないで暮らしを立てておりまして、元手は僅かに銭五十緡〔「緡」は銭差しの縄。転じて縄で差した銭。一緡は一貫文〕でございます。これを担保《かた》に鵞鳥や鴨を仕入れ、河を渡って売りにまいり、帰って来ますと私に元手を渡します〔「計本」は元金を渡すこと〕。それから儲けで薪やら米やら〔といった生活必需品〕を買い、余りは皆酒場で飲んでしまうんですの。まあ、こんなぐあいにやってまいりました。でも、私、うっかり元手を落としてしまいました。こうなりますと暮らしの手だてがなくなっただけじゃありません。きっと私、（夫に）笞でぶたれて死んじまいますわ。それくらいなら身投げした方がいっそましなんです」、と。商人はこれを聞いて溜め息をついて言った。「私は今命が危ない。もし金を命の代償にできるなら、何も怖いことはないのになあ。この女は自分から若死にしようとしているのはかわいそうなことだ」、と。そしてすぐさま銭一百緡を贈った。女は感謝して去った。商人は帰宅すると、人相見のことばを詳しく父母や親戚、友人に告げ、長の別れを述べ、家に閉じ籠もって死ぬのを待った。父母、親戚、友人ははらはらしながら、気持ちを慰めてやろうとした。結局知らぬうちに期限が過ぎても命に別状無かったので、また杭州にでかけた。舟が向かい風に遭い、偶然この前銭を贈ってやった場所に停泊した。上陸して気晴らしにぶらぶらしていると、あの女性が赤ん坊を紐でおぶっているのに道ででくわした。女は拝《おじぎ》をしてこう言うのである。「旦那《だんな》さまにお助けを蒙るというご恩を受けましてから、何日か経ちまして私お産をいたしました。母子《おやこ》二人一生涯再生のお恵みを忘れはいたしませぬ」、と。商人は杭州に着くと、人相見のもとに立ち寄った。人相見は相手を見て「おや、あなたは中秋にお没《な》くなりになったのではないのか」、とびっくりし、顔形・顔色をとっくりと観、それから笑って「あなたは陰徳を施してきっと一人の大人の女性と子どもの男性〔老少・陰陽で対になる。これで一人の大人の男性の人命に相当するというわけか〕の命をお救いになったのでしょう」、と言った。商人は占いの術がすばらしいと思い、銭をいくらか出して、その謝礼とした。

五

これが、青木鷺水《ろすい》の浮世草子『古今堪忍記《かんにんき》』[*5]（宝永五年）巻第一の三「寿命を買堪忍　堺の道順人相を見し事」としてこのように翻案される。[*6]

以下の粗筋は、右の「陰徳延寿」との共通点、すなわち、後者が前者の翻案であることを実証する項目を主として記した。原文に振り仮名はほとんどないが、読みやすくするため論者がいくらか付した。また、原文の漢字・仮名遣いはそのまま踏襲した。（　）内は論者の補足、〔　〕内は論者の注解である。

京の豪商の一人三宅某が毎年の倣《なら》いで長崎に舶載された唐物《とうぶつ》〔中国からの輸入品、薬種、織物、鼈甲《べっこう》などで、これを販売すれば巨利を博すことができた〕の配分を受けるため持ち船で長崎へ。

途中堺の町に立ち寄り、名高い占い師道順《どうじゅん》――「見通しの占《うらない》とて四方に名高く、唐の姑布子が術を暗《そらん》じけるよし」――に人相を観てもらう。道順はこう言う。「貨殖の事は富貴身に溢《あふれ》て、福相世にならぶかたなし、只おしむべきは命なり、今年八月に入《いり》て、三日の内外を過ごさず」と。

三宅の供の者たち、また、その通報で仔細を知った留守宅の父母・妻は、京へ戻るよう勧めるが、三宅は下りの船旅を続ける。〔芸予諸島に面する備後国の船泊まりである〕能地《のうじ》〔現在広島県三原市幸崎《さいざき》町《ちょう》能地〕・忠海《ただのうみ》〔現在広島県竹原市忠海町〕のあたりにさしかかると、天候が思わしくないということになって、船は忠海の津で一夜を明かすことになる。

「三宅も気のばしに忠海の船場にあがらんとする所」〔三宅も船旅に疲れたので、のんびりしようと、忠海の船着場に上陸しようとした時〕、廿七八ばかりの女が浜辺で身投げをしようとする様子なのを見掛け、事情を訊ねる。

女はこう告げる。

わらはが夫は纔《わづか》なるあき人にて、柳籠裏《こり》〔柳行李。行李柳《こりやなぎ》の若枝の皮をはぎ、乾燥させ、麻糸で編んで作った行李。衣類などを入れるのに用いる。やなぎごり〕を仕込《しこ》みて大坂に運び、その利足を以て妻子をやしなひ侍るなり、それもやうやう元債《もとで》として二百目程の銀〔江戸時代上方は銀本位制。この時代はまだ銀五十匁が金一両か。のち六十匁が金一両となる。しかしいずれにせよ金銀銭の相場は変動したから、これはほんの目安に過ぎない〕にて柳を買《かひ》、手づから籠裏につくりて是を売尽《うりつく》し、大坂より帰りつる時は、元債を算用して先《まづ》わらはに渡し、其残る利足を以て米薪を買て、また大坂に通ひ来《きた》る迄《まで》の謀《はかりごと》をなし、其上に残るものは、皆これを酒債《さかだい》とする事、定《さだま》りて例とす、今朝はわらはが夫、いつものごとく柳を買に出《い》でさふらへば、明日ならで帰らず、わらは誤りて此留主《このるす》の内に、彼《かの》元債二百匁の銀を盗《ぬすま》れさふらふ、然るうへは只けふよりして、食物の種を断《たつ》のみにあらず、我《わが》夫また気短にて死生をしらず、定《さだめ》て我を此事によりて打殺さるべし、迚《とて》も死ぬべくば〔どっちみち死ぬのであれば〕、我その怒《いかり》を見るに堪《たへ》ねば、みづから身を投《なげ》て死せんにはしかじと、おもひきりて侍《さふら》ふ。

三宅はわが身をかえりみて、まことに気の毒に思い、金十両を女に恵み、翌日は船出し、長崎につく。あきないはいつもより好調だったが、やがて八月の初めになる。父母・妻・友人に手紙などしたためる。京からも三宅の身の上を案じて使いの者が来る。こうして今にも死ぬかと思っていたが、数日過ぎてもすこやかなまま。道順のことばは嘘だった、と悟り、心嬉しく京へ帰ろうと船を戻す。

やがて忠海の沖まで来ると、小舟が追ってきて、合図をする。乗りこんで来たのは金をやった女で、一人の子を連れている。そして、「旦那のかかる事にて、御たすけありしより、日を経て此子をまふけ侍《はべ》り〔何日か経ちましてからこの子を生みました〕」と言い、事情を知った両親の用意したお礼です、と備後表《びんごおもて》〔名産の藺草《いぐさ》で編んだ敷物〕十枚を差し出して帰る。

船が大坂近くまで戻ると、道順が何を言うか聞きたい、と堺に上陸、道順のもとに行く。すると「道順よこ手を打《う》て《ち》」〔道順は感服のあまり思わずぱんと両手を打ち合わせ〕、「君は奇代《きだい》の人〔めったにない方〕なり、何として此秋死給はざりけるや、もし人の命など助《たすけ》給へる事なしや、ふしぎに寿命の相を得て帰り給へり」と言う。三宅はびっくりして備後国忠海での事を語り、道順の観相術のすばらしいことを知った。

六

『耳嚢』巻之一にある「相学奇談の事」[*7]は長文なので、粗筋を記すに留める。

なお、「陰徳陽報」をモティーフとした話は『耳嚢』にはまだある。たとえば、「陰徳陽報疑ひ無き事」（巻之四）参照。

江戸麴町の豊かな商人に仕える手代《てだい》が、評判の高い人相見に占ってもらいにでかけた。すると、人相見は、「あなたの生涯のことなど見てもしかたがない。気の毒だが来年六月には必ず死ぬでしょう」、と告げた。手代はがっかりして、主人に暇《いとま》を乞う。主人は忠実な奉公人のことゆえ引き留めるが、聞き入れられない。そこでさらに、かねて与えようと考えていた金を渡そうとするが、それも不要、と言われる。男は僧形になり、小さい家を借り、托鉢などして死期を待つ。

両国橋で若い女が身投げをしようとするのに出会い、これを留め、わけを尋ねる。女は越後国高田の裕福な百姓の娘。親の許さぬ男と恋仲になり、故郷を出奔、江戸に来て、五六年貧乏暮らしをしていたが、相手は病死、溜まった家賃などさまざまな借金の返済を督促されて、このうえは死ぬしかない、と話す。僧形になっている元手代は、主人に事情を話して、必要な金五両ほどをもらい、女の借金を返し、かつ、女に人をつけて親元へ送り返してやる。親元は娘を許し、大層喜ぶ。

六月になるが、元手代の男は死なない。人相見に騙された、と悟り、主人に一部始終を打ち明ける。主人も怒って、男と同道し、人相見のところに行く。人相見は男をつくづく見、人の命か物の命を助けたであろう、と告げる。主人も男も驚き、両国橋での人助けの話をする。人相見は、慈悲心のおかげで人相が変わった、このうえは命に別状ない、と感心する。

主人は、元手代を還俗《げんぞく》させ、越後へ送り返した女をまた江戸へ呼び寄せ、二人を夫婦にした。

七

落語の「ちきり伊勢屋」*8は長丁場の噺《はなし》で、大真《しんう》打ちでないとできない。これを簡にして要を得、しかもおもしろさをいくらかでも感じさせる粗筋に直すことは、論者のてわざではやはりできない。左の記事でお茶を濁しておく。

「ちきり（千切）」というのは紋所の名称だが、これは大筋に関係ない。「ちきり伊勢屋」は先代が一代で産を成した江戸麹町五丁目の大店《おおだな》〔質屋のようである。何万両という身代《しんだい》〕。ここの若い当主伝次郎がこの噺の主人公。両親は早く没くなっている。

伝次郎は、忠実な番頭藤兵衛の勧めで、二十一の時縁談のことにつき占ってもらいに、同じ麹町平河町の名高い人相見白井左近《しらいさこん》のもとに赴く。左近は、とっくり観相をして、溜め息をつく。あなたには死相が現れているので、結婚どころではない、来年二月二十五日正九刻《しょうここのつ》〔ちょうど正午〕に必ず死ぬ、とのこと。先代、つまり若主人の父親がきわめてあこぎな商売をして富裕になったので、その報いが子孫に祟っているのだ、との占いなのである。もう諦めて、この世では善行に励み、父親の罪滅ぼしをするしかない、と言われる。

伝次郎は悄然として帰宅、番頭に委細を打ち明ける。左近の勧めもあるので、困っている人たちにせっせと施しをする。あるとき、赤坂で四十前後の女と十六七のその娘が金がもとで自殺をしようとしているのに遭遇、百両を恵んで助ける。一方自分も湯水のように金を遣って、道楽を始める。

死ぬといわれた期日の朝が来る。生きているうちに盛大な葬式をおこない、自分から棺桶に入って寺へ運ばせる。しかし、昼の九つを過ぎても死なない。財産は全て遣いつくしている。後悔しながらぶらぶら暮らし。

ある日あてどもなく歩いていると、江戸と品川の境、高輪の大木戸《おおきど》に出る。みすぼらしく街頭で占い渡世をしている白井左近を見かけ、おまえの占いは嘘だった、と抗議をする。左近は、自分も死相を観《み》た、と公儀のお咎めを受け、江戸お構い〔追放〕の身となった、と答える。それから、もう一度人相を観、死相は全く無い、八十以上は生きる長命の相に変わっている、あなたはだれかの命を助けただろう、と言う。
主人公は、左近が、この方向へ行けば運が開ける、と占った品川の宿《しゅく》の方角へ行く。昔の友だちでこれも落魄しているのに逢い、その男の住む長屋へ転がり込んで、二人で貧乏暮らしを始める。家主の薦めで駕籠屋になる。かつて贔屓にした幇間《たいこもち》を偶然駕籠に載せたところから、この男からいくらかの金と羽織など金目になりそうな衣類を強引にもらい受け、金に替えようと、近くの質屋に行く。質屋の番頭は、客の身なりなどを見て、いかがわしい品物と思い、質入れを承知しない。
仕方なく店を出ると、女中に呼び返される。奥へ案内されたところ、女主人が美しい娘を連れて挨拶に出、いつぞや命を救ってくださったちきり伊勢屋の伝次郎さまでは、と言う。あの時の母子で、その後豊かな暮らしができるようになっており、娘もまだ未婚。よろしければ、どうか娘の婿になってください、との申し出。伝次郎はこれを受けて、大きな質屋の主人になり、屋号もちきり伊勢屋とし、めでたく栄えた。

以上、文人が、聞き書き、あるいは口承を材源として記した文章から、二転三転してまたしても口承文芸となるまでの経緯を纏めた。物語が、口承から文献に、文献からまた文献に、そして更に口承に変転して行く例を、専門のメルヒェンではない分野で具体的に検証してみたかったのである。

注

＊1　陶宗儀（?―一三六九）元末明初の学者。字は九成。浙江《せっこう》の人。至元年間（一三三五―一三四〇）戦乱を避けて華亭に移る。その書屋を南村草堂という。教育に従事するかたわら、自ら畑を耕した。耕作の際にも筆硯

を携え、畑のそばの樹下に甓《へき》（敷き瓦）を置き、何か思いつくと耕作を中止して筆を走らせ、書き付けたもの（一説に、木の葉に書いた、という）を甓に投じた。こうして成った一書が『南村輟耕録』である。「輟」は「止める」の意。

＊2　根岸鎮衛《やすもり》（一七三七―一八一五）。徳川幕府に仕えた有能な官吏。累進して江戸南町奉行、禄千石で終わる。奇談雑談を集めることを好み、膨大な聞き書きを集成した。題して『耳嚢』という。これは生前外部には秘して出さなかった。文化十二年没。享年七十九歳。

＊3　長谷川強校注『耳嚢』中、三八一―三八二ページ

＊4　暉峻康隆／興津要／榎本滋民編『口演速記明治大正落語全集』第三巻、二七三―二八二ページ

＊5　青木鷺水（一六五八―一七三三）通称次右衛門。また、白梅園、歌仙堂、三省斎とも号す。信徳門下（一説に立圃門下）の俳諧・雑俳の点者。元禄後期・宝永年間は浮世草子の述作も多い。享保十八年没。享年七十六歳。宝永五年（一七〇八）開版の『古今堪忍記』全七巻は忍耐を説く教訓であるが、町人の子女を目標とし、分かりやすく小説体にした、と序文にある。

＊6　長谷川強解説による。『耳嚢』上、四三一ページ参照。

＊7　長谷川強校注『耳嚢』上、八四―八八ページ

＊8　飯島友治・東京大学落語研究会ＯＢ会編『圓生全集』第三巻、下一九五―二七三ページ

参考文献

邦文
青木鷺水「古今堪忍記」、早川純三郎編『徳川文芸類聚』第二　教訓小説、国書刊行会、大正三年所収
飯島友治・東京大学落語研究会ＯＢ会編『圓生全集』、青蛙房、昭和四十二年

暉峻康隆／興津要／榎本滋民編『口演速記明治大正落語全集』、講談社、昭和五十五―五十六年
日本国語大辞典第二版編集委員会／小学館国語辞典編集部『日本国語大辞典　第二版』小学館、二〇〇二年
長谷川強校注『耳囊』、岩波文庫、一九九七年第七刷

漢文

漢語大詞典編輯委員会／漢語大詞典編纂処編纂『漢語大詞典』、漢語大詞典出版社、一九九三年
陶宗儀『輟耕録』（「百部叢書」所収〔津逮秘書〕版）

中国清代の一説話とローマ文学の一挿話の似寄りについて

——『子不語』所収の小話「風流具」と『黄金の驢馬』の挿話「粉屋の女房と情人の話」——

一

清朝の名士袁枚《えんばい》（袁枚《ユエンメイ》）、号して随園[*1]の著書に、「随園戯編」と韜晦して異事奇談を書き綴った『子不《しふ》語《ご》』がある。言うまでもなく、『論語』の「子不語怪力乱神」（子は怪力乱神を語らず）から取ったタイトルだが、それ自体諧謔であるように、内容もまことにくだけたもの。とは申せ、洒脱《しゃだつ》と形容するにはいささか高雅さに欠けるかと思う。女色男色をあつかった記事も少なくない。同じく清代の所産である蒲松齢《ほしょうれい》の『聊斎志異《りょうさいしい》』にもこうしたテーマの話は散見するが、表現は前者より穏当と感じられる。『子不語』はのちに『新斉諧《しんせいかい》』と改題された。「斉諧」は異聞奇譚集の代名詞である。『荘子《そうじ》』に「斉諧者志怪者也」（斉諧は怪を志《しる》す者なり）とあるため、元人名だった斉諧が後年このように用いられて、実際『斉諧』という書が編まれた、と『唐書芸文志』にあるとのこと。原典は湮滅《いんめつ》したが、書名と一部の内容は『太平広記』に転載されているので、今に残っている。そこで、袁随園も、六朝宋《りくちょうそう》の東陽无疑《むぎ》撰『斉諧記』、および、同じく六朝梁《りょう》の呉均撰『続斉諧記』の顰《ひそみ》に倣い、改題したものである。論者の手元に『新斉諧』全二十四巻、『続新斉諧』全十巻がある。活字本ではあるが、中国紙、中国装幀（糸綴じ）で、句読点は一切無い。『子不語』を改題した理由は、元代の人の説部に同じ題名のものがあるのを発見したからだそうだし、翻訳には、邑楽《おうら》愼一氏によるもの（長崎書店、昭和十六年）がある、とのことだが[*2]、入手できないままである。中国古典文学全集第二十巻に今村与志雄氏の訳で四十一話が収められているが、ここで論者が扱った「風流具」はそれには入っていない。

以下に原漢文[*3]を掲げる。ただし、旧漢字は新漢字に改めた。

風流具

長安蔣生戸部員外某第三子也風流自喜偶歩海岱門見車上婦美初窺之婦不介意乃随其車而尾之婦有慍色蔣尾不已婦転嗔為笑以手招蔣蔣喜出意外愈往追車婦亦回頭顧盼若有情蔣神魂迷蕩不知両足之蹣跚也行七八里至一大宅車中婦入蔣痴立門外不敢近又不忍去徘徊間有小婢出手招蔣且指示宅傍小門蔣依婢往乃溷圊所也婢低語少待蔣忍臭穢屏息良久日漸落小婢出引入歴厨竈数重到庁院甚唐皇上垂朱簾両僮倚簾立蔣窃喜以為入洞天仙子府矣重整冠払拭眉目径上庁庁南大炕上坐一丈夫麻黒大鬍箕踞両腿毛如刺蝟倚隠囊怒喝曰爾何人来此何為蔣驚駭身戦不覚屈膝未及対聞環珮声車中婦出於室鬍者抱坐膝上指謂生曰此吾愛姫名珠団果然美也汝愛之原有眼力第物各有主汝竟想喫天龍肉耶何痴妄乃爾言畢故意将婦人交唇摩乳以夸示之生窘急叩頭求去鬍者曰有興而来不可敗興而去問何姓父何官生以実告鬍者笑曰而愈妄矣而翁吾同部友也為人子姪而欲汚其伯父之妾可乎顧左右取大杖吾将為吾友訓子一僮持棗木棍長丈余一僮直前按其項仆地褌剝下双臀呈矣生哀号甚惨婦人走下榻跽而請曰奴乞爺開恩奴見渠臀比奴臀更柔白以杖撃之渠不能当以龍陽待之渠尚能受鬍者叱曰渠我同寅児也不可無礼婦又請曰凡人上廟買物必挟買物之具渠挟何具以来請験之鬍者喝験両僮手摩其陰報曰細如小蚕皮未脱稜鬍者搔其面曰羞羞挾此悪具而欲唐突人婦尤可悪擲小刀与両僮曰渠愛風流為修正其風流之具僮持小刀握生陰将削其皮生愈惶急涕雨下婦両頰亦発赤又下榻請曰爺太悪謔使奴大慚

奴想喫餑餑有五斗麦未磨毛驢又病不如著渠代驢磨麪贖罪鬍者問願否生連声応諾婦人擁鬍者高臥両僮負麦及磨石至命生於窗外磨麦両僮以鞭駆之東方大白炕上呼云昨蔣郎苦矣賜餑餑一個開狗洞放帰生出大病一月

句読点を付し、振り仮名を振り、読み下し文にしてみる。

風流の具

長安《ちょうあん》の蔣生《しょうせい》は戸部員外某《こぶいんがいぼう》の第三子なり。風流《ふうりゅう》自《おのずか》ら喜ぶ。偶《たま》ま海岱門《かいたいもん》に歩み、車上に婦《ふ》の美なるを見る。初め之《これ》を窺《うかが》うに、婦意に介さず。乃《すなわ》ち其の車に随いて之を尾《び》す。婦慍色《うんしょく》有り。蔣尾《び》して已《や》〔原文巳〕まず。婦嗔《いか》りを転じて笑いとなし、手を以て蔣を招く。蔣喜び意外に出で、愈《いよいよ》往きて車を追うに、婦亦頭《またこうべ》を回《めぐ》らして顧眄《こへん》し、情《じょう》有るごとし。蔣神魂迷蕩《しんこんめいとう》、両足の蹣跚《まんさん》たるを知らず。行くこと七八里《しちはちり》にして一大宅に至る。車中の婦入《い》る。蔣痴《ち》として門外に立ち、敢えて近づかざれども、又去るに忍びずして、徘徊《はいかい》す。間《かん》有りて小婢の出でて手に蔣を招き、且つ宅傍《たくぼう》の小門を指示す。蔣婢に依《したが》い往けば、乃ち溷圊所《こんせいしょ》なり。婢少しく待てと低語《ていご》す。蔣臭穢《しゅうあい》を忍び、屏息《へいそく》すること良久《しばらく》にして、日漸《ようや》く落つ。小婢出でて引きて入り、厨《くりや》の竈《かまど》数重《すうちょう》なるを歴《へ》て、庁院《ちょういん》に到る。甚《はなは》だ唐皇《とうこう》。上《かみ》に朱簾《しゅれん》を垂れ、両僮簾《りょうどう》に倚《よ》りて立つ。蔣窃《ひそ》かに喜び、以為《おもえ》らく洞天仙子《どうてんせんし》の府に入れり、と。重ねて冠《かんむり》を整え、眉目《びもく》を払拭《ふっしょく》して、庁に径上《けいじょう》す。庁南の大炕上《こうじょう》に坐せる一丈夫《じょうふ》、黒く大いなる鬍《ひげ》を摩《ま》〔原文麻〕して箕踞《ききょ》したるが、両腿《し》の毛は刺蝟《い》のごとく、隠嚢《いんのう》に倚《よ》り、怒喝《どかつ》して曰く、爾何人《なんじなんぴと》にして此《ここ》に何為《なんす》れぞ来れるや、と。蔣驚駭して身戦《おのの》き、覚えずして膝を屈し、未だ対《こた》うるに及ばざるに、環珮《かんぱい》の声を聞く。車中の婦の室に出ずるなり。鬍者膝上《こしゃしつじょう》に抱坐し、生を指謂《しい》して曰く、此れ吾が愛姫《あいき》にして、名は珠団。果然《かぜん》美なり。汝《なんじ》の之を愛する、原《も》と眼《がん》力有り。第《もっと》も物各主《おのおのしゅ》有り。汝竟《つい》に天龍《てんりゅう》の肉を喫せんと想うや。何すれぞ痴妄《ちもう》なる乃爾《や》、と。言畢《げんおわ》るや故意に婦人を将《ひ》き、唇《くちびる》を交え乳を摩《ま》し、以て之を夸示《こじ》す。生窘急《こんきゅう》し、叩頭《こうとう》して去らんことを求む。鬍者曰く、興《きょう》有りて来れるに、興を敗《やぶ》りて去るべからず、と。何《いず》れの姓にして父の何れの官なるやを問う。生実を以て告ぐ。鬍者笑いて曰く、而《し》して愈妄《もう》なり。而して翁《おう》は吾が同部《どうぶ》の友なり。人の子姪《してつ》として其の伯父《はくふ》の妾《しょう》を汚さんと欲す。可ならん乎《か》、と。左右を顧み、大杖《たいじょう》を取れ、吾れ将《まさ》に吾が友の為に子を訓《おし》えん、と。一僮棗木《そうぼく》の棍《こん》の長丈余《たけじょうよ》なるを持ち、一僮直前して其の項《うなじ》を按じ、地に仆《たお》す。褌剝下《こんはっか》して双臀《そうでん》呈せり。生哀号《あいごう》すること甚だ惨なり。婦人榻《とう》より走下《そうか》し、跽《き》して請いて曰く、奴爺《やっこや》の開恩を乞う。奴渠《かれ》の臀《しり》を見るに、奴の臀に比して更に柔白《じょうはく》なり。杖を以て之を撃たば、渠当たる能《あた》わず。龍陽《りゅうよう》を以て之を待たば渠尚《なお》受くる能わん、と。鬍者叱《しっ》して曰く、渠我が同寅《どういん》の児なり。礼無かるべからず、と。婦又請《い》いて曰く、凡《およ》そ人の廟《びょう》（ママ）に上りて物を買うに必ず買物の具を挟《きょう》す。渠何《いか》なる具を挟して以て来れるや、請う、之を験《けみ》せん、と。鬍者、験せよ、と喝《かっ》す。両僮其の陰《いん》を手摩《しゅま》し、報じて曰く、細《さい》なること小蚕《しょうさん》のごとく、皮未だ稜《いっ》を脱せず、と。鬍者其の面《おもて》を搔きて曰く、此の悪具を挟して人の婦を唐突《とうとつ》せんと欲するは羞羞《しゅうしゅう》たり。尤《もっと》も悪むべし、と。小刀《しょうとう》を擲《な》げ、両僮に与《あた》えて曰く、渠風流を愛す。為に其の風流の具を修正せよ、と。僮小刀を持ち生の陰を握りて、将に其の皮を削らんとす。生愈惶《おそ》れ、急涕雨下《きゅうていうか》す。婦両頰亦発《ほっ》赤《せき》し、又榻を下りて請いて曰く、爺太《はなは》だ悪謔、奴をして大いに慚《は》じいらしむ。奴餑餑《ほっほつ》を喫せんと想う。五斗の麦の未だ磨さざる有り。毛驢《もうろ》又病む。如《し》かず、渠を著《し》て驢に代わりて麺《こな》を磨さしめ、罪を贖《あがな》わしめんには、と。鬍者、願うや否や、と問う。生連声して応諾す。婦人鬍者を擁《よう》して高臥《こうが》し、両僮麦及び磨《ま》石《せき》を負いて至り、生に命じて窗外《そうがい》に麦を磨さしむ。両僮鞭を以て之を駆る。東方大いに白む。炕上より呼びて云わく、昨《さく》蔣郎苦しめり。餑餑一個を賜い、狗洞《くどう》を開きて放ち帰せ、と。生出ず。大いに病むこと一月《ひとつき》。

なにせ内容が内容なので、ごく通俗的な訳を試みる。

色事の道具

長安の人間で蔣という男、戸部省〔中央官庁である六部《りくぶ》のひとつで、全国の戸籍・租税のことをつかさどった〕員外郎《いんがいろう》〔各部署の次官〕某の三男で色事が道楽。

ある日のこと、海岱門のあたりをぶらついていると、ふと目に付いたのが車上の美人。初めこちらが様子を窺うのを女が気にしない様子なので、車を追って跡をつける。あちらはむっとした表情になったが、蔣は尾行を止めない。すると、女は怒っていたのを気を変えてにっこり笑い、おいでおいでと手招きをした。蔣は、こいつは思いがけない、とほくほく喜び、せっせと追いかける。あちらはまたまたちらりと振り返り、どうもその気がありそうなあんばい。蔣さん、魂も蕩《とろ》けんばかり、両の足つきがしどろなのにも気づかない。

こうして七八里〔五、六キロ〕も行くと、着いたのは広大な屋敷。車に乗っていた女が中に入る。蔣の坊やはばかっつらをして門外にぼんやり。近づく勇気も起こらないが、そうかといってむざむざ引き返すのも心残りで、そのへんをうろついている。と、しばらくしてちょろりと出てきた若い女中が蔣を手招きして、屋敷の塀の小さな潜《くぐ》り戸を指差すではないか。で、蔣が女中について行くと、なんと厠《かわや》のわきに出た。「あのうね、ここですこうしお待ちくださいましよ」と女の子が囁く。蔣のやつ、臭くって穢いのを我慢して息を殺していたが、これがかなりの間である。

ようやくのこと日が暮れる。すると小女《こおんな》が出て来て手を引き、こちらへ、と連れ込み、竈がいくつも並んでいる台所を通って、行き着いたのが大広間。突拍子もなく大きな部屋で、上手に朱塗りの簾《すだれ》が垂れ、ふたりのしもべが両脇に突っ立っている。若旦那は内心わくわく、こりゃあ仙人の洞府に来たのじゃあないか、とうれしがり、帽子をきちんとかぶり直し、顔を拭って中に入った。

広間の南側に大きな炕《カン》〔座臥に用いる牀《しょう》、すなわち台の下に火気を通して暖房する装置〕があり、その上に座っているのがひとりの大男。もじゃもじゃの黒い顎鬚《あごひげ》を撫でしごきながら、股を開いて足を投げ出している。その両腿に生えている毛ときたら針鼠のよう、隠嚢《ふぐり》をだらりと広げ、かっと口を開いて、「だれだあ、きさまあ。ここへ何しに来おった」、とどなりつける。蔣の坊やのびっくりしたことといったらない。ぶるぶるっと震え上がって、思わず知らず膝をついてしまい、返事もできないでいると、装身具のりんりんと擦れ合う音がして、例の車の女がそこへ出て来た。髭むじゃは女を膝の上に抱き上げると、若旦那に指をつきつけ、「こいつあおれさまの可愛いやつでな。名前は珠団《たま》というのだ。どうだ、美しかろう。きさまがこれに惚れたのは、まあ眼があるわけだが、ただし、物にはどれにも持ち主がある わ。げすの分際で天人に想いをかけるとはなあ。あのここな大ばかやろうめ」。

言い終わると、ことさら女を引きつけ、くちづけをしたり、胸を撫で回したり、大いに見せつける。若旦那は身の置き所もなく、頭を床に打ちつけて、どうか帰らせてくださいまし、と嘆願するのに、髭むじゃ、「いいことがあるだろうってせっかく来たものを、がっかりして帰ることあなかろう」、となぶり、姓は何という、父親はどこの役人だ、と詰問する。坊やがありのままにお答え申し上げると、髭殿は破顔一笑、

「おまえ、いよいよすっとこどっこいだわい。おまえの親父とおれは同じ戸部に籍を置く朋輩同士。申さば兄弟分の間柄じゃや。してみれば甥に当たるくせに、伯父上の妾《めかけ》を狙うとは」、としもべたちを振り返り、「太い杖を持ってこい。おれさま、朋友のためにひとつせがれめをしつけてやろう」。

しもべのひとりが一丈〔約三メートル〕余りもあろう棗《なつめ》の木の棍棒をかまえると、もう片方のしもべがつつと近寄り、少年のうなじを押さえつけ、床に引き倒す。袴《ずぼん》が捲くり落とされ、尻が剝き出しとい

うていたらく。蒋さん、お許し、お許し、と声も嗄《か》れんばかり、いや、その惨めなことといったらない。するとし、女が腰掛けから走り下り、ひざまずいて主人に頼むよう、

「旦那さま、どうぞお願い。わたし、このひとのお尻を見ましたら、わたくしのよりもっとぽちゃぽちゃとして白うございます。杖でぶったらとうていこらえられますまい。それより若衆《わかしゅ》〔男色の相手〕としてお使いになったほうが、かえってこのひと我慢すると思いますわ」。

髭が叱って、「やつはおれの兄弟分のせがれ。そういう失礼は許されん」と言うと、またねだるには、「ふつうお鄽《みせ》〔原文廟。これでは意味不通なので、鄽の誤りと考えてみた〕に入ってお買い物をするときには、そのためのお道具を持って行くものですけど、このひとのお道具はどうなんでしょう。ですから、拝見したいものだわ」。髭もじゃが、「調べろ」とどなる。ふたりのしもべが手で蒋の隠しどころを探って報告するには、「細くて、ちっぽけな蚕《かいこ》くらい、そのうえ皮かむり〔包茎〕でございます」。

髭殿、あきれ返って手で顔をこすり、「こんな粗末な道具でひとさまの女をものにしようとはなんてえ恥ずかしいことだ。いや、しかし、けしからんわい」。小刀《こがたな》をふたりのしもべに投げてやり、「こやつ、色事が道楽。だから、色事の道具を修繕してやれい」、と言いつける。しもべたちが小刀を手に取り、若旦那の隠しどころを握って、包皮を切り取ろうとすると、坊やはいよいよ怖がり、流れる涙はさながら雨のよう。

女はぽっと頬を赤らめ、またまた腰掛けを下りて頼むには、

「旦那さまったら悪ふざけがお好きで、わたくし、恥ずかしくってしかたありません。わたくし、あの、こないだっから餑餑《ボーボー》〔饅頭〕が食べたいんです。麦が五斗ありますが、まだ粉に挽いておりませんの。驢馬が病気なんです。いかがでございましょう。このひとに驢馬の代わりに麦を粉に挽かせて、こんどのことの罰になさいましては」。

髭殿が、「どうだ、きさま、やるか、やらぬか」、と訊くと、坊やは、はいはい、と二つ返辞。女が髭むじゃに抱きついてしっぽりお床入りをすると、ふたりのしもべは麦と碾《ひ》き臼を担いできて、若旦那に、窓の外で麦を挽け、と命令する。しもべたち、鞭をふるって督励するうち、東の空がほのぼのと白んできた。すると、炕の上から、「蔣の坊や、ゆうべは苦労したろうて。さあ、やっに餑餑ひとつ恵んでやって、犬潜《いぬくぐ》りから放り出せ」、とのお言葉が下る。

若旦那は帰って来はしたものの、一箇月というもの、病みついてしまったということだ。

二

泉鏡花は、卑猥に過ぎると感じた部分を削り、あるいは、和らげ、さらに彼一流の筆を加えて、この話を紹介している。「麦搗《むぎつき》」(明治四十三年十二月)[*4]なる小品がそれ。ちなみに鏡花の小品で中国種のものには、「術三則《じゅつさんそく》」、「聞きたるまま」、「花間《かかん》の文字」、「妙齢」、「畫《え》の裡《うち》」、「鑑定」、「人参」、「唐模様」、「みつ柏」がある。このうち「人参」は、「麦搗」と同じく『子不語』巻二十三「騙人参」と「偸靴」が材源で、この二つの話は「風流具」のすぐあとに出てくる。いったいに鏡花は生来大のお話好き、自分で語るのも得意で、早口のうえ声が小さいくせに座談の名手だったそうだが、読書量もただならぬものだったようである。膨大な江戸随筆の奇談異聞、はたまた、江戸期の怪談集の数数を好んで読んでいたことは、そこここで分かるから、まして、こうした海外の書にはさぞかし魅了されたことだろう。

さて、中国の文人の編、あるいは、撰になるこうした物語集には、警世・風刺を意図として文人自身が創作したもの、あるいは古今の文献を渉猟して採録し直したものが少なくなかろう。ただし、近代以降の口承文芸研究者のように、巷間の語り部的人人を訪ねて、その蓄えている民話・説話を記録する、といったフィールド・ワークを、中国の書斎人士がやったとは想像できない。しかし、ここで材料の提供者として看過できない層がある。すなわち、収録者である文人・学者の友人、知己、親族、幕友《ばくゆう》〔私設顧問〕、家僕などである。文人が江湖に広く名を知られていればいるほど、これを慕って多数の人がその戸を敲《たた》いたから、交友範囲は今日より遥かに博大だったかも知れない。もちろん、これらの者は、それまで読んだ書物からしかるべきものをそのまま、あるいは訛伝した形で語ったり、世情の風聞、語り伝えをも口頭、筆記、双方で提供したことであろう。

ヤーコプとヴィルヘルムのグリム兄弟も知友やら語り部〔たとえばドロテーア・フィーマン〕やらから、同様の手法でメルヒェンを集め、これらに大方は加筆・削除・言い換えなどの編集を施し、一部はそのまま、初版第一部（一八一二年）・同第二部（一八一五年）に始まり、やがて、決定版（第七版。一八五七年）では二百編〔同番号一五一番が二編あるので、実数は二百一編〕の『子どもと家庭のための昔話集』（ＫＨＭ）として出版した。ふたりは質実な学徒であって、交際範囲はそれなりのもの〔学者、文学者同士のサークル〕、在住したのは、もともと政治的に統一されず、諸小邦が分立していたドイツの、さらにはナポレオンに侵略され、やがてその弟のひとりジェローム・ボナパルトを王とするフランス帝国の傀儡《かいらい》的存在ヴェストファリア王国に吸収された一地方である。しかし、それだけの業績を挙げた。

であれば、大中央集権国家を形成していたことの多い中国の中央、ないし中央に次ぐ大都市に住む現役または引退の高官、すなわち知識階級に縦横の連携を持つ教養人が、その気になればどれほど多くの話を収集することができたことだろうか。こうした人士の交友圏内には、たとえば、行政官として広大な帝国の諸地方・諸辺境を治め、多くの奇異な習俗を間接直接に検分し、それを記録している者、あるいはその幕友や家臣、大商人として内外の交易路とそこに住む諸民族の文化に通じている者、僧侶として実際にインドやチベットその他の地を踏んだ者、あるいはそれらの土地から中国へやって来た者、また同じく僧侶として膨大な説話を含む仏典を読んでいる者、僧侶ないし道教の道士として諸県・諸州郡を行脚・遍歴して修行のかたわら見聞を広めた者、外征軍や治安軍に随行してさまざまの体験をした者、大都市の内政・警察関係の官僚、もしくはその幕友、家臣、家僕として、世故・下情に通じた下役たちから日日夥しい巷間の情報を受け取っていた者などが、すべて、あるいは必ずや存在したことであろう。中国の文人の故事異聞の汎博な収集作業が具体的にどのようにしておこなわれたか、ぜひ知りたいものである。というのは、中国のそうした説話集成には、大いに隔たった時間・空間を超え、他の地、他の時代にあるのと同じモティーフの話、つまり類話がしばしば見出されるからである。鏡花もこうしたことに気づき、次のような比較対照を試みている。もとより研究のためではなく、いかにも鏡花好みの気の利いた一席話にとどまったのは当然ではあるが。「知ったふり」（明治四十年三月―四月）という雑記[*5]がそれで、先に挙げた六朝梁の呉均撰『続斉諧記』を出典とする「陽羨書生」を披露して、仏典『旧雑譬喩経《ぞうひゆきょう》』[*6]所収の一喩話、および、中東の一大説話集『千一夜物語』の大枠冒頭のエピソードとの類似を論じている。ただし、「陽羨書生」のテキストは何を基にしたのか記していないし、鵞鳥の籠を担って山路を行く途中、幻術を目の当たりにした「許彦」という男の名を「許彦相」と誤記したほか、故意か誤読か、筋の歪曲がある。そこで、ここに原典を挙げ、詳細に書き直してみることにする。

三

「陽羨書生」の原文を次に掲げる。『続斉諧記』はすでに失われているので、『太平広記』に拠った。[*7]なお、旧漢字は新漢字に改めた。句点はすでにテキストに付されているものを踏襲した。

陽羨書生

東晋陽羨許彦。於綏安山行。遇一書生。年十七八。臥路側云。脚痛。求寄彦鵞籠中。彦以為戯言。書生便入籠。籠亦不更広。書生亦不更小。宛然与双鵞並坐。鵞亦不驚。彦負籠而去。都不覚重。前息樹下。書生乃出籠。謂彦曰。欲為君薄設。彦曰。甚善。乃於口中吐一銅盤奩子。奩子中具諸饌殺。海陸珍羞方丈。其器皿皆是銅物。気味芳美。世所罕見。酒数行。乃謂彦曰。向将一婦人自随。今欲暫要之。彦曰。甚善。又於口中吐一女子。年可十五六。衣服綺麗。容貌絶倫。共坐宴。俄而書生酔臥。此女謂彦曰。雖与書生結妻。而実懐外心。向亦窃将一男子同来。書生既眠。暫喚之。願君勿言。彦曰。甚善。女人於口中吐出一男子。年可二十三四。亦穎悟可愛。仍与彦叙寒温。書生臥欲覚。女子吐一錦行障。書生仍留女子共臥。男子謂彦曰。此女子雖有情。心亦不尽向。復窃将女人同行。今欲暫見之。願君勿泄言。彦曰。善。男子又於口中吐一女子。年二十許。共讌酌戯調甚久。聞書生動声。男曰。二人眠已覚。因取所吐女子。還内口中。須臾書生処女子乃出。謂彦曰。書生欲起。更呑向男子。独対彦坐。書生然後彦曰。暫眠遂久。君独坐当悒悒耶。日已晩。便与君別。還復呑此女子。諸銅器悉内口中。留大銅盤。可広二尺余。与彦別曰。無以藉君。与君相憶。後大元中。彦為蘭台令史。以盤餉侍中張散。散看其題云。是漢永平三年所作也。出続斉諧記。

読点をも補って読み下し文にする。振り仮名も付す。

陽羨《ようせん》の書生《しょせい》

東晋《とうしん》の陽羨の許彦《きょげん》、綏安山《すいあんざん》を行く。一書生に遇う。年十七八。路側《ろそく》に臥《が》して云《い》わく。脚《あし》痛めり、と。彦の鵞籠中《がろうちゅう》に寄らんことを求む。彦以て戯言と為す。書生便《すなわ》ち籠に入る。籠亦《また》更に広がらず。書生亦更に小たらず。宛然《えんぜん》として双鵞《そうが》と並び坐す。鵞亦驚かず。彦籠を負いて去《い》く。都《すべ》て重きことを覚えず。前《すす》みて樹下に息《いこ》う。書生乃《すなわ》ち籠を出ず。彦に謂《い》いて曰く。君の為に薄く設けんと欲す。彦曰く。甚《はなは》だ善し、と。乃ち口中より一銅盤奩子《れんし》を吐く。奩子中諸《もろ》ろの饌殽《せんこう》を具う。海陸の珍羞方丈《ちんしゅうほうじょう》なり。其の器皿《きべい》皆是れ銅物。気味《きみ》芳美。世罕《まれ》に見る所なり。酒数行《すうこう》。乃ち彦に謂いて曰く。向《さき》に一婦人の自ら随うを将《ともな》う。今暫く之を要さんと欲す。彦曰く。甚だ善し、と。又口中より一女子を吐く。年十五六可《ばか》り。衣服綺麗。容貌絶倫なり。共に宴に坐す。俄かにして書生酔いて臥す。此の女彦に謂いて曰く。書生と結妻《けっさい》すると雖《いえど》も、実は外心《がいしん》を懐《いだ》けり。向《さき》に亦窃《ひそ》かに一男子《なんし》の同じく来れるを将う。書生既に眠れり。暫く之を喚《よ》ばん。君に願う、言う勿《なか》れ、と。彦曰く。甚だ善し、と。女人口中より一男子を吐出す。年二十三四可り。亦穎悟《えいご》にして愛すべし。仍《よっ》て彦と寒温《かんおん》を叙す。書生臥して覚めんと欲す。女子一錦行障《きんぎょうしょう》を吐く。書生仍《より》て女子を留めて共に臥す。男子彦に謂いて曰く。此の女子情有りと雖《いえど》も、心亦尽《ことごと》くは向かず。復《また》窃かに女人の同じく行くを将う。今暫く之を見んと欲す。君に願う、言を泄《も》らす勿れ、と。彦曰く。善し、と。男子又口中より一女子を吐く。年二十許《ばか》り。共に讌酌《えんしゃく》し戯調《ぎちょう》甚だ久し。書生の動声《どうせい》を聞く。男曰く。二人の眠り已《すで》（原文巳）に覚めり、と。因りて吐く所の女子を取り、還《また》口中に内《おさ》む。須臾《しゅゆ》にして書生の処《お》る女子乃ち出ず。彦に謂いて曰く。書生起きんと欲す、と。更に向の男子を呑み、独り彦に対《むか》いて坐す。書生然《しか》る後彦に曰く。暫く眠らんとして遂に久し。君独り坐し当《まさ》に悒悒《ゆうゆう》たるべき耶《や》。日已《すで》（原文巳）に晩《おそ》し。便《すなわ》ち君と別れん、と。還復《またふたた》び此の女子を呑み、諸銅器 悉《ことごと》く口中に内め、大銅盤を留む。広きこと二尺余可り。彦に与えて別るるに曰く。以て君に藉《か》す無し。君に与えて相い憶《おぼ》えん、と。後大元中《たいげんちゅう》、彦蘭台令史《らんだいれいし》たり。盤を以て侍中《じちゅう》張散に餉《おく》る。散其の題を看《み》て云わく。是れ漢の永平三年に作る所なり、と。続斉諧記《せいかいき》に出ず。

意訳[*8]を試みる。〔　〕内は論者の補遺・解説。

陽羨県の書生

東晋（三一七―四二〇）の時代、陽羨県〔現江蘇《こうそ》省宜興県の南にあった〕の許彦《きょげん》が綏安山《すいあんざん》〔この名の山は未詳。綏安という名の県は存在した。諸橋轍次『大漢和辞典』によれば「南朝宋、置く。江蘇省宜興県の西南」とある〕を歩いていたところ、ひとりの書生に出会った。年のころ十七八。路傍に横たわって言うことには、「脚が痛いのです」と。彦が担いでいる鵞鳥の籠に乗せて欲しい、とのこと。彦は冗談だと思ったが、書生はさっさと籠に入ってしまった。籠は一向広くなったわけではない。書生も一向小さくなったわけではない。ほんとに二羽の鵞鳥と並んで座っているようなあんばい。鵞鳥も一向驚く気配がない。彦は籠を背負って出かけたが、まるきり重さを感じない。かなり歩いて樹の下で休息した。そこで書生は籠から出て来て、彦に向かって言うことには、「軽く一杯さしあげたいのですが」と。彦は、「そいつはまことにけっこう」と返事。すると書生は口の中から一つの銅の盆と奩子《くしげ》〔箱〕を吐き出した。奩子の中にはさまざまな食べ物や酒の肴が入っている。山海の珍味、大ご馳走である。その器や皿はすべて銅でできている。ご馳走はなんとも香りよく美味。めったに世間でお目にかかれない代物である。酒が幾めぐりかすると、書生は彦に向かってこう言った。「以前ひとりの女を道連れにしましてね。今ちょいとその女をここへ出したいと思うんですが」。彦は、「そいつはまことにけっこう」と返事。すると書生はまた口の中からひとりの女を吐き出した。年のころ十五六ほど。衣装はきらびやかで、顔かたちの美しいといったらない。これがいっしょになって宴席に座る。としばらくすると急に書生が酔い潰れて寝てしまった。するとこの女が彦にこう言う。「わたし、書生の妻になりましたけれど、実は他に好きなひとがいるんですの。以前こっそりひとりの男のひとを連れて、いっしょに来ました。書生はもう眠ってしまいました。ちょっとあのひとを呼びたいんです。お願い、お話しにならないでね」と。彦は、「そいつはまことにけっこう」と返事。女は口の中からひとりの男を吐き出す。年のころ二十三四ばかり。

いかにも利口そうな好男子。そこで彦に時候の挨拶をする。すると寝ていた書生が目覚めようという気配。女は錦の行障《ついたて》を吐き出す。書生は女を連れて共寝をする。と、男が彦に言うには、「この女、情は深いんですけど、ぼく、心から惚れているわけじゃないんです。ぼく、やっぱりこっそり女を連れて歩いているんです。今ちょいと会いたいと思うんです。お願いです、しゃべらないでくださいね」と。彦は、「けっこう」と返事。男はまた口の中からひとりの女を吐き出す。年のころ二十ばかり。酒を差しつ差されつ、随分長いこといちゃいちゃしている。すると書生が動く物音が聞こえる。男、「二人とももう目を覚ましたようです」と言い、自分が吐いた女を取って、また口の中に入れる。と、すぐに書生が連れ歩いている女が〔ついたての中から〕出て来て、彦に、「書生が起きようとしています」と言い、それからあの男を呑み、独り彦と向かい合って座る。さてそれから書生が彦に言うよう、「ちょいとうたたねをしようと思ったのに、結局随分寝てしまいました。あなたは独りっきりにされて、さぞおもしろくなかったことでしょう。もう日暮れです。お別れしなくてはなりません」と。またこの女を呑み、さまざまの銅器をすべて口の中に入れ、あの大きな銅の盆だけを残した。直径およそ二尺余りである。彦と別れるに及んで、「あなたにさしあげる物とてありません。これをせめて思い出のよすがにしてください」と言った。後大元《たいげん》年間（三七六―三九六）、彦は蘭台令史《らんだいれいし》〔宮中の図書を掌《つかさど》る秘書官〕になった。この盆を侍中〔皇帝の近侍。高官〕の張散への献上品にしたところ、張散は盆に記された銘を読んでこう言った。「これは、漢代の永平三年（六〇）に作った、とあるね」と。出典は『続斉諧記』である。

『旧雑譬喩経』は原典が得られない。『法苑珠林《ほうおんじゅりん》』〔できれば一百巻本〕か大正新脩《しんしゅう》大蔵経《だいぞうきょう》を見なければならないのだが。せんかたなく鏡花から孫引きをする。〔 〕内は論者の補遺・解説および纏め。

〔ある国王のお妃だが、大奥に秘し隠されて外出をしたことがない。そこで、繰りかえし実子の太子に頼み、王から国内巡行の許可を得てもらう。太子はみずから母の乗る車を御して宮殿を出る。奉迎の群臣がぬかずくと、母后は車の帳《とばり》を開き、白い手を外に出し、これを見せる。そこで、太子は詠嘆してたちどころに車を返してしまう。母后は怨んで、わたしはただ手を帳の外に出しただけではありませんか、と言う。太子は、「わたしの母上さえかくのごときだ。まして他の女はどんなかいうまでもない」、と思い知ったしだい〕。

「即ち国を捨てて去って山に入って遊観す。道の辺《ほとり》、一樹あり。下に清泉あり。一人《いちにん》の梵志《ぼんし》と相見る。ともに樹に上《のぼ》って遊び、水に入って浴す。浴已《や》んで飲食す。梵志璽時《そのとき》に術を為し、一《いっ》の壺《つぼ》を吐いて出《いだ》す。壺中《こちゅう》に女と屏処《へいしょ》の室《しつ》あり。梵志両《ふたつ》ながら取って寝《い》ねぬ。女人頃刻《しばらく》して復一壺《またいっこ》を吐く。壺中に男あり。復《ま》た共に臥しぬ。臥し已《や》んで壺を呑む。須臾《しゅす》の頃《けい》、梵志起きて復た婦《おんな》を内にして壺中に封じ、杖を持して去《さ》んぬ」*9〔原文では振り仮名がすべてに付いているが、ここでは必要箇所にとどめた〕。

〔太子は帰国すると、父王に上奏、群臣を召し、梵志を招いて食事を供した。梵志はひとりでやって来ると、前に三つの食膳が出されている。梵志が驚いて、自分は独りきりです、と言うと、太子は、女を出していっしょに食事せよ、と命ずる。梵志がしかたなく女を出す。すると、太子は女に向かい、夫を出していっしょに食事せよ、と命ずる。女はしかたなく男を出していっしょに食べる。食べ終わるといなくなった〕。

鏡花が「梵志」としているのは、インドの最高カースト〔四大カーストは、ブラフマン（聖職者）、クシャトリア（王、戦士）、ヴァイシャ（商人）、シュードラ（農民）。実際にはこれがまた夥しく細分化され、異なるカースト間の通婚等は禁忌となる〕であるブラフマン、つまり婆羅門《ばらもん》である。

『千一夜物語』は膨大な枠物語式〔一つの話の中にまた話があり、しばしばその話の中にも話がある、という中近東、インドの物語形式〕構成である。その一番外側の大枠、つまり、なぜ、シャーリアールがシャーラザードに次次に話をさせ続けたか、は物語冒頭で述べられる。これが、先に掲げた二つの説話とモティーフが同一なのである。

粗筋を記すとすればこんなものか。


兄弟の王《シャー》がいた。兄はシャーリアール、弟はシャーザマーン。シャーザマーンはある時兄王に久久に会うために宮廷をあとにする。しかし、忘れ物をしたのでひそかに立ち返ると、なんと、妃が男性奴隷の一人に抱かれていた。激怒して両人を処刑してから、兄王のもとに到着したものの、シャーザマーンは女人のあだし心をくよくよ考え、怏怏《おうおう》として楽しまない。

ところが、兄王が独り狩猟に出た留守、兄王の妃がその侍女たちともども男性奴隷たちと淫行をはたらくのを目撃、自分が味わされたよりもひどい兄王の災禍に却って心楽しくなった。

鬱鬱としていた弟の様子が明るくなったのに気づいた兄シャーリアールは、問いただしたあげく事の顚末を知って、人生も王位もはかないうえにもはかないと痛感、兄弟二人だけで王宮をあとにして流浪の旅に出る。

さまよい歩いている途中、海辺の草原に湧き出る泉のかたわらにある一本の樹の下にやすらう。すると海中から巨大な魔神《エフリート》が出現したので、驚いて樹上に登って隠れる。魔神は頭に載せていた櫃《ひつ》の中からひとりの美しい乙女を出し、やがて彼女の膝を枕に眠ってしまう。

乙女は樹上の男たちに気づき、二人とも下に降りて自分とみそかごとをするよう強制する〔言う通りにしないと魔神に讒言《ざんげん》する、と脅して〕。その言葉によれば、この少女は、これまでに魔神の目をかすめて五百七十人の男と交わった、とのことで、その証拠として関係した男たちから得た五百七十の印章を見せる。事が終ったあと、乙女は兄弟の王たちからも印章を受け取り、さらにこう語る。

「実は、この魔神はわたくしを、婚礼の晩に攫《さら》って、箱の中に入れ、その箱を櫃の中に入れ、櫃に七つの錠をかけ、そしてわたくしを、波の打ち合い乱れ合う荒海の底へ沈めました。けれども、わたくしたち女が何かを望む時には、どんなものもそれに打ち勝つことはできないということを、魔神は少しも知らなかったのです。（後略）」[*10]。

兄弟の王は、神と人間の間の存在である強大な魔神でさえ、女性の手練手管にあやつられるので、人間たる自分たちが裏切られるのはぜひもないこと、と自らを慰めることができて、それぞれの王都にもどる。シャーリアールは、不義を働いた王妃以下の女たちの頸を刎《は》ねさせる。そして、妻を娶《めと》っても、浮気をする暇がないうちに殺せば間男《まおとこ》はされない、と、以後毎夜一人の処女と臥しては、朝になるとこれを殺すことを日課とする。こうして三年が経ち、大臣の娘シャーラザードが、新妻として、そして、翌朝のみせしめの犠牲として、王の御前に召される番となる。

女性の本性は罪深いとする右の説話は、男性の立場に立っての決め付けで、男性である論者から見ても、はなはだしく勝手すぎるようだ。『旧雑譬喩経』はというと、程度はいささか軽いがこれに次ぐ。ひとり「陽羨書生」は男女のことに公平といえば公平である。あるいは、いかにも文人風に綾取《あやと》りを掛け、男性たちも女性たちも同じように浮気な性《さが》を持っている、と諷している。語り手が男性であろう〔女性である可能性はまずなかろう〕事に思いをいたせば、中国の読書人たるものはなかなかの存在で、机上の学問ばかりでなく、人生の機微に通じている、と感服する。

この三話の舞台はいずれも一本の樹木の下に設定されている。これは鏡花も指摘している。この物語が伝播によって広められたことを示唆しているのかどうか。

四

では、(一)で紹介した「風流具」に話をもどそう。鏡花の真似をして東西の比較を試みる。

ここに扱われているモティーフは、ローマ文学の『黄金の驢馬』[*11]に収められている挿話《エピソード》のひとつと共通している。

『黄金の驢馬』、あるいは、『黄金の驢馬の話』という通称で古来伝わって来た『変身譚』は、ローマ文学中唯一の完全な形で残されている小説である。

作者とされるルキウス(?)・アプレイウスは、紀元二世紀、ほぼ一二三年頃、ローマ帝国のアフリカ州〔地中海沿岸の北アフリカ。カルタゴがローマに滅ぼされたあと、ローマの支配下に属した〕・ヌミディアの豊かな町マダウロスに生まれた。アフリカ州の首都カルタゴで少年時の教育を、ギリシャのアテネで青年時の教育を受け、さらに帝国の中心ローマに滞在、のち、今日のトリポリに当たるオイアの町で、友人の母親である随分年上の富裕で美貌の未亡人と結婚、やがてカルタゴで有力な市民として尊敬されて暮らした。五賢帝の一人マルクス・アウレリウスの治世の末頃没した。管財人(弁護士)にしてイシス女神の祭司[*12]であった。

『黄金の驢馬』の粗筋はこのようなものである。

青年ルキウスは所用で魔法・幻術の中心地といわれたギリシャのテッサリア地方の町ヒュパテーにお

もむく。友人の紹介で地元の財産家で金貸しミロオの家に泊まる。ミロオの妻パンフィレエは魔法使い。ルキウスは可愛い女中のフォーティスと懇ろになり、女主人の秘術を垣間見る。パンフィレエは塗膏《ぬりあぶら》を裸身に塗って木菟《みみずく》となり、戸外へ飛んで行く。ルキウスはフォーティスにせがみ、自分も木菟に化けようとする。しかし、フォーティスの間違いで、驢馬に変身してしまう。もっとも薔薇の花を食べれば、すぐ元の体にもどるのだが。しかし、薔薇を食べる機会がないまま、驢馬のルキウスはおおかたは過酷な流転の暮らしに投げ込まれてしまう。最後の飼い主のもとから逃げ出し、イシス女神の恵み深い摂理によりようやく救済され、人間となる。

　そして結局はローマで管財人となり、イシス女神の夫君たるオシリス大神の秘儀にもあずかり、幸せな晩年を送る。


　語り手自ら冒頭で告げるように、これはミレートス風の物語である。呉茂一氏によれば[*13]ミレートス風の物語とは、「民間説話の集成の類とも見ていい」、「恋愛、それもかなりに卑俗というか、猥雑というか、尋常ではない愛憎の諸相を写した小話の集まり」で、「この種の小話を取りまとめてはじめて世に問うたのは、ミレートスの人アリステイデースで」、「紀元前百年頃」のこと。「いわゆる『ミレートス物語』“Milesiaca”」がこれ。やがて、「前一世紀の末方にシセンナ Cornelius Sisenna によってラテン語に訳され、ローマで広く愛読された」。従って、「このような話型は『黄金の驢馬』の多くの挿話に影響を与え、また、これと並んでラテン小説のいまひとつの代表、ペトローニウスの『サティリコン』の挿話にもこの類が見られる」とのこと。

　なるほど、皇帝ネロ時代の元老院議官で、その優れた審美的感覚のため「雅趣の審判者」arbiter elegantiae と呼ばれ、ペトロニウス・アルビーター Petronius arbiter（審判者のペトロニウス）の異名のあるガイウス・ペトロニウス（?—六六）の作と言われる『サテュリコン』の中で、語り手エンコルピウスの年長の知人エウモルポスが、貞淑このうえないという評判の女性でも、たやすくあだし男に心を動かすものだ、として物語る「エペソスの未亡人」[*14]は、こんな話である。

小アジアの大商業都市エペソスに貞淑で有名な女性がいた。夫に先立たれると悲嘆のあまり、地下埋葬所に安置された屍の傍らで飲食もせず日夜泣き崩れていた。この時、その近くで数人の盗賊が磔《はりつけ》の刑に処され、屍骸を埋葬しようとして取り下ろす者などないように、十字架のそばで一人の兵士が見張りをしていた。兵士は泣き声に惹かれて埋葬所に下り、女性をなだめすかし、飲食をさせる。やがて、青年兵士は夫人を口説き落とし、三晩もともに過ごす。その間に磔刑《たっけい》に遭った盗賊のひとりの両親が死体を取り下ろし、埋葬してしまう。兵士は朝になって十字架の一つに屍骸がないのを発見、処罰されるのを恐れ、恋人に事情を説明、判決を待たずに自殺するつもりだ、と告げる。女は情人を庇護するため、夫の屍を柩から出して、十字架にとりつける。

これと似た話が中国にある。ただし、こちらは老獪な夫が妻の貞実ぶりを験そうと策を弄するもの。

夫の死後も婦道を貫く、と誓う美しい妻を残して荘子《そうし》が死ぬ。その直後、ひとりの貴公子が老僕を供に連れてやってくる。夫の知り合いだ、と言うので、未亡人がもてなしているうち、恋に陥り、これと婚礼をおこなう。いざ、お床入りとなった時、貴公子が急病になる。老僕は、これが若主人の持病で、薬には生きている人間の脳が必要、もっとも、死人の脳でも死後四十九日以内であれば乾からびていないので用いうる、と語る。未亡人は、荘子が没してから二十日余りしか経っていない、棺を壊して取り出しましょう、と答え、自分から斧を探し、屋敷裏のあばら家に放置しておいた棺の蓋を切り割る。すると、夫の屍骸がむくむく起き上がる。貴公子も老僕も夫の幻術の所産だったのである。妻は縊死《いし》する。荘子はその屍骸を壊れた棺の中に放りこみ、瓦盆《ほとぎ》〔湯や水を入れる素焼きの瓶〕を楽器とし、これを叩いて、歌を唄う。*15

明の馮夢龍《ふうぼうりゅう》の『警世通言《けいせいつうげん》』第二巻「荘子休鼓盆成大道」（荘子盆《ほとぎ》を鼓《こ》すを休《や》めて大道を成す）のざっとの筋がこれだが、内容は『荘子《そうじ》』外篇至楽第十八にある「荘子妻死」とは何の関係もない。ただタイトルをそこに見える文言から借りたにすぎない。

ちなみにグリム兄弟の『子どもと家庭のための昔話集』の三八番「奥様狐のご婚礼」のその一もこれと軌《き》を一《いつ》にする。これはこんなお話である。

尻尾が九本ある古狐。妻がどうも貞節でない、と考え、試して見ることにする。死んだふりをして、ぴくりとも動かない。奥方は部屋に閉じこもる。女中の猫はお料理。古狐が死んだことが知れ渡ると、求婚者たちが名乗り出る。最初は尻尾一本の若い狐。猫が奥様に知らせに行く。奥様狐は、求婚者が綺麗な九本の尻尾を持っているか、と猫に訊ねる。そして、尻尾が一本しかない、と聞くと、謝絶する。こうして、二本、三本、四本と求婚者の尻尾は段段に増える。最後に九本尻尾の狐がやって来ると、奥方は大喜びで猫にこう返事をする。

さあさ、ご門もお部屋の戸も開けて、
年寄り狐の旦那様をおっぽり出してちょうだいな。

けれども婚礼が行なわれることになった途端、古狐の旦那様はむくむく動き出し、家中の召使を散散に打ちのめして、奥様狐共共屋敷から追い出してしまう。

さて『黄金の驢馬』に組み込まれている挿話のうち、特筆大書すべきものとしては、婚礼の晩に盗賊の山塞へ攫《さら》われて来た美しい少女カリテーに、悲嘆して止まないのを慰めようと山塞の老婆が物語る「クピード（愛神）とプシュケ（心）」の話がある（巻の四―五）。これは怪物（動物）婿型[*16]の異類婚をモティーフとしたものだが、ここでは言及しない。

「風流具」と同じモティーフの挿話は巻の九「粉屋の女房と情人の話[*17]」である。粗筋はこんなもの。

驢馬のルキウスは競売にかけられ、ある村の粉屋に買い取られる。粉挽き場は広大で、たくさんの駄馬が石臼につけられ、円を描いてぐるぐるその廻りを回り、粉を挽いている。奴隷たちも大勢いて、足に枷《かせ》をかけられ、鞭痕も無残な背中にぼろをまとって仕事をしている。

粉屋は正直で実直な男だが、妻は悪女で、残酷なことこのうえなく、また、ひどく淫らであり、ひとりの少年と密通している。夫の留守中部屋に引き込んでいるのである。ルキウスは他の駄獣に増して虐待され、酷使されているので、かねてから女に復讐したいと考えている。

ある日の夕べ、夫が隣人の染物屋のところで夕食をご馳走になるというので、これ幸いと考えた女は、うまい食事を調えたうえ、情人を連れ込む。美少年である。「見ると男といってもほんの少年らしく、まだ髯もなく、すべすべした頬が人目を引くように輝いて、まだもって色好みな男そのものを楽しませるに足りるほどでした。」[*18]とはルキウスの観察。ところが、案に相違して、夫が早早と帰宅してしまうので、女は少年を木製の箕《み》［これはどうやら家の外に置かれていたようである］の下に押し込む。

夫は、染物屋の饗応もそこそこに引き上げて来た理由を語る。染物屋の女房は間男《まおとこ》を引き込んでおり、亭主たちが浴場から夕食に帰って来た折も、共臥《ともね》していた。慌てた女房は、布地を脱色するために中で硫黄を燻蒸する柳細工の籠に隠す。ところが、強い硫黄の臭気のため、間男はくしゃみを連発、染物屋に発見されてしまったのである。粉屋は激怒して男を殺そうとする染物屋をなだめすかし、硫黄の毒気のため半死半生になっている男を外の路地に捨てさせ、自分は帰宅した、というしだい。

粉屋の妻は、自分の貞淑さを誇示し、染物屋の女房を罵倒する。そして、夫に早く寝るよう勧める。しかし亭主は夕食半ばで引き上げたので、食事を出すよう要求、女房がせんかたなく出した食膳に向かう。

ルキウスは外で聞き耳を立て、主人に同情している。折も折、駄獣の飼育係の老人が動物たちをひとまとめにして、水飼い場に連れて行く時刻になり、ルキウスも庭を通る。そしてこの絶好の機会を利用、箕の縁からはみだしていた少年の指先をこっぴどく踏んづける。悲鳴を上げた少年は箕の下から這い出して、衆目に触れてしまう。

粉屋は大して驚きもせず、格別怒りもせずに、少年に向かって、おまえはほれぼれする美少年だ、家内といっしょに、おまえを分け合ってもいい、と思う、と。そして、少年を寝室に連れて入り、妻は他の部屋に押し込めておき、自分は少年と臥《ね》て、「思う存分侮辱された結婚の仕返しをして胸を晴らしたのでした。」[*19]

翌朝になると粉屋は、腕力のすぐれた二人の奴隷を呼び出し、少年を天井に吊り下げ、鞭でしたたかにその尻を叩かせて仕置きをする。おまえはまだほんの子どものくせに、女をたぶらかして、密《みそ》か男《お》を気取るのは早い、と教訓をたれながら。やがて外へ放り出された少年は、「思いもかけず一命をとりとめたとはいえ、白い尻を夜を日についでさんざんにいたぶられ、泣き面をして逃げ帰りました。それから粉屋の亭主は、妻に三行半《みくだりはん》（離縁状）を渡して、直ちに自分の家から追い出してしまったのです。」[*20]

この話を「風流具」と比較すると、同一のキイ・ワードが浮かび上がる。

(1) 密通を企む好色な少年
(2) 驢馬
(3) 粉を挽く
(4) 衆道《しゅどう》（龍陽《だんしょく》。少年愛）
(5) 二人のしもべ・奴隷
(6) 杖・鞭で尻を叩く

なるほど、キイ・ワードの組合わせは随分と両話では異なっている。両話の女性像も根本的に違っている。「風流具」のテーマは、パトロンに貞実である粋なご婦人が、パトロンと心を合わせ、無礼なプレイ・ボーイに対してちょっと悪洒落の過ぎた懲戒をおこなう、というもの。

しかし、まだ一人前の男でもないくせに、女好きで、不義密通を企む遊冶郎《ゆうやろう》と、それに対する懲らしめ、というモティーフとして観れば、キイ・ワードはすべて共通していて、双方の類似はただならぬことになる。

民間伝承の小話を多く取り入れた古代ローマ文学の一挿話と、清代中国の一流知識人の編んだ異聞奇譚集の一説話を繋ぐものは何なのか。書物による伝播なのか、口承による伝播なのか。双方相俟《あいま》っての伝播なのか。インドあたりに源流があったのか。天山南路、天山北路など長大な中央アジア経由の隊商路で東西に伝播したのか。『黄金の驢馬』の挿話のもととなった小話が中国まで広められたのか。ティグリス、ユフラテスの河口からインド亜大陸を回って南中国までを結ぶ遥かな海上の道が説話の流通経路だったのか。いくら憶測しても結論は出そうもないので、これで筆を措《お》くことにする。

注

＊1　姓は袁、名は枚、字は子才、号は簡斉。のちに号して随園老人という。清の高級官吏・文人。浙江省《せっこうしょう》杭州《こうしゅう》府銭塘《せんとう》県の人。康熙《こうき》帝（聖祖）の治世五十五年（一七一六）に生まれ、嘉慶《かけい》帝（仁宗）の二年（一七九七）に没する。享年八十二歳。乾隆《けんりゅう》帝（高宗）の四年（一七三九）進士〔官吏登用試験である科挙の最終試験合格者〕及第。知県〔日本で言えば郡の長〕を歴任したが、早く官界から退く。四十歳以降、かねて南京の城西小倉山の一部に景勝の地を購い、随園と命名していた荘園に、邸宅を営んで悠悠自適した。道理に通じ、不羈《ふき》なひととなりで、また、大いに客を好んだ。文人・詩人として令名を馳せ〔『小倉山房集』・『随園詩話』などあり〕、広く弟子を受入れ、とりわけ女性の弟子が多かった。四方のしかるべき人士は、江南に来ると、必ず随園を訪れ、詩文を投じた。さらに、食通としても一世を風靡し、美味とその調理法を記した『随園食単』は極めておもしろい。青木正児《まさる》訳『随園食単』（六月社、昭和三十三年）がある。以上は、上掲訳巻頭「袁随園の生涯」、＊2に挙げた解説、および、『中国歴代人名大事典』（上海古籍出版社、一九九九年）をもとに要約した。

＊2　この記述は共に、飯塚朗・今村与志雄訳『剪燈新話・剪燈余話・閲微草堂筆記・子不語』（中国古典文学全集巻二十）、三五一ページ、解説（今村与志雄）に拠る。

＊3　袁随園著『随園三十六種』三十三『新斉諧』巻二十三「風流具」に拠る。

＊4　泉鏡太郎著『鏡花全集』巻二十七、九五―一〇二ページ

＊5　『鏡花全集』巻二十八、三九一―三九九ページ

＊6　呉の康僧会訳。譬喩因縁を挙げて善悪業報の道理を説き示したもの。六十余の喩を含む。
＊7　李昉（宋）撰『太平広記五百巻』八七五ページ　幻術類
＊8　論者の解釈である。なお、論者が参照しえた邦訳には、「腹の中の恋人」（中国古典文学全集第六巻『六朝・唐・宋小説集』六一ページ）がある。
＊9　『鏡花全集』巻二十八、三九七ページ
＊10　豊島与志雄／佐藤正彰／渡辺一夫訳『千一夜物語』（一）。これはフランスのマルドリュス版に基づく翻訳。
＊11　アプレイウス著・呉茂一訳『黄金の驢馬』（泉井久之助代表訳『ローマ文学集』五―一四〇ページ）
＊12　前掲書三六一―三六五ページ。呉茂一解説、および、Meyers Lexikon 7.Auflage (Bibliographische Institut, Leipzig 1924) に拠る。
＊13　前注と同じものに拠る。
＊14　ペトロニウス著・岩崎良三訳「サテュリコン」（呉茂一訳者代表『古代文学集』二七九―三六三ページ）中三三九―三四〇ページ
＊15　『新評警世通言』に拠る。
＊16　ＡＴ四二五。
＊17　アプレイウス著・呉茂一訳『黄金の驢馬』一〇二―一〇八ページ
＊18　前掲書一〇五ページ
＊19　前掲書一〇七ページ
＊20　前掲書一〇八ページ

邦文（邦訳を含む）

アプレイウス著・呉茂一訳『黄金の驢馬』（泉井久之助代表訳『ローマ文学集』世界文学大系六七所収）、筑摩書房、昭和四十一年

飯塚朗・今村与志雄訳『剪燈新話・剪燈余話・閲微草堂筆記・子不語』（中国古典文学全集巻二十）、平凡社、昭和三十三年

泉鏡太郎著『鏡花全集』、岩波書店、昭和十七年第一刷、昭和五十一年第二刷

袁随園著『随園三十六種』三十三『新斉諧』巻二十三「風流具」、上海図書集成印書局、光緒十有八（一八九二）年

袁随園著・青木正児訳『随園食単』六月社、昭和三十三年刊

『新評警世通言』上海古籍出版社、一九九二年

豊島与志雄・佐藤正彰・渡辺一夫訳『千一夜物語』（一）岩波書店、昭和二十六年

ペトロニウス著・岩崎良三訳『サテュリコン』（呉茂一訳者代表『古代文学集』世界文学大系六四所収）、筑摩書房、昭和三十六年

漢文

李昉（宋）撰『太平広記五百巻』名人筆記叢書、精製全一冊、新興書局、中華民国五十一（一九六二年）初版、八七五ページ、幻術類

欧文

Grimm, Jacob und Wilhelm. Gesammelt durch.: *Kinder- und Hausmärchen.* Vollständige Ausgabe. Wissenschaftliche Buchgesellschaft. Darmstadt 1967.

アンデルセン「小《こ》クラウスと大《おお》クラウス」から
民話「馬喰《ばくろうや》八十《そ》八《はち》」まで

一

一八三五年四月九日出版の『即興詩人』の成功でようやく故国デンマークの文壇に地歩を占め、国際的名声をも獲得したハンス・クリスチャン・アンデルセン〔デンマーク風発音にできるだけ似た表記とするなら、「アヌルセン」となろうか〕が、『即興詩人』に遅れること僅か一箇月の五月八日、当時のヨーロッパの文学的流行に従い、かねてから書き綴っておいたメルヒェンを取り纏めて上梓した時、彼の知己・友人、さては例によって喧《かまびす》しき批評家たちは、このナイーヴで小心翼翼たる詩人の満足するような反応を示してくれなかった。

私に好意を持っていた人たちも、せっかく私が最近の『即興詩人』で、この男もなにか立派なことをやるかも知れないという期待を人人にあたえたのに、急にまたこんな「子供くさいこと」に逆戻りしてしまったことを残念がるのだった。童話のようなものを書いて大切な時間を浪費するのは惜しいと、戒める批評家もいた。それやこれやで、私は童話を書くのを止めてしまった。[*1]

しかし実は、このささやかな十六折版《セクストデキモ》で僅か六十一ページしかない小冊子が、かのアラディン型出世譚小説である『即興詩人』に「いやまして偉大な、いやまして永続する名声をアンデルセンにあたえることになる」[*2]。これなん、『子どもに話して聞かせるお話（第一冊）』に他ならない。収録されたのは、「火打ち箱」、「小クラウスと大クラウス」、「えんどう豆の上に寝たお姫様」、「小さいイーダの花」の四編である。最後のものは純然たる創作だが、あとの三編は、作者が子どもの頃、「糸紡ぎ部屋のなかや、ホップ摘みの際に」[*3]聞いたデンマークの昔話をもとにして、「自分の流儀でそれらの話を語り、必要と思われる場合には多少の変更を加え、画面で色が褪せている箇所は、空想の力で新鮮さを取り戻させた」[*4]、いわゆる再話である。

二

このうち「小クラウスと大クラウス」について考えて見る。三編の再話された民話の原話については、作者自身が、「デンマーク起源のもので、民衆から発生しているように思われ、外国で同じものを見出したことがない」[*5]と明言している。従って「小クラウスと大クラウス」はグリム兄弟の一八一九年版（すなわち第二版）『子どもと家庭のための昔話集』に収録されている類話六一番「水呑み百姓」を材料としたものではない。ＫＨＭの最初の完全なデンマーク語への翻訳は一八二一年に早くも出版されていたのだが……。

もっとも、アンデルセンが「外国で同じものを見出したことがない」と言っても、この類話は広くヨーロッパに広がっているし、古くから存在した。

ＡＴ一五三五「金持ちの百姓と貧乏な百姓（ウニボス）」The Rich and the Poor Peasant (Unibos) がそれであり、その粗筋はこのようなもの。[*6]〔　〕内は論者の補遺である。

金持ちの百姓が貧乏な百姓の馬を殺す。何でも見通す馬の皮と姦通する坊さん。金持ちの百姓は自分の馬と自分の妻を殺してしまう。羊を求めて水に飛び込む。

I・見張りの番人が罰を受ける。(a)金で一杯だ、と偽り称された櫃、あるいは、(b)本物の牝牛だ、と偽り称された木製の牝牛、が盗まれるのをうっかり見過ごした見張りの番人から［弁済のため］金が取り立てられる。

II・偽の金。石灰（あるいは灰）が、黄金と偽わって、売られたり、他の品と交換されたりする。

III・魔力を持つ牝牛の皮。(a)まやかしだが、魔力を持つ、というふれこみの牝牛の皮（馬の皮、鳥の皮［「鳥の皮」bird-skin と原文にあるが奇妙。鳥の皮ではごそごそ音はするまい。生きている鴉を啼かせるというモティーフはある］）が、姦通を働いている女、あるいは、その夫に売られる、あるいは、(b)密《みそ》か男《お》が潜んでいる櫃と交換される。(c)密か男は解放してもらうために金を払う。(d)金は別のやりかたで発見される。

IV・致命的な模倣。(a)騙《トリックスター》し屋が、自分の馬の皮のお蔭でせしめた代金のことを告げると、彼の対抗者は、その皮を売るために自分の持ち馬を全部殺してしまう。あるいは、灰を売って大金を手に入れようと自分の家を燃やす。(b)トリックスターは、横笛《フルート》（提琴《フィドル》、小刀、棍棒）を用いて、死んだふりをしている女を蘇生させる。彼の対抗者はその道具を買い、それを使って惨憺たることをしでかしてしまう。

V・致命的な欺瞞。(a)トリックスターは、羊飼いと入れ替わることによって袋（櫃）から抜け出す。(b)彼の対抗者は同じやりかたで羊を手に入れようと思い、羊を求めて海底へ潜る。

「小クラウスと大クラウス」とデンマークの民話との関係について述べている論文にはデンマーク人ゲ

オー・クリステンセンの「デンマークおよび諸外国の昔話」[*7]と、ドイツ人フリードリヒ・フォン・デア・ライエンの「小クラウスと大クラウス」[*8]がある。その前者の諸説をアンデルセン研究者鈴木徹郎氏は次のように紹介している。

「小クラウスと大クラウス」はデンマーク民話の「大きな兄さんと小さな兄さん」を典拠としていることが歴然としている、という。

ただし、民話の中で小さな兄さんが自分の命を助けるために、祖母とベッドを交換するところでは、祖母はまだ死んでいないし、「教会の書記[*9]の顔を見ると胸くそが悪くなる」奇妙な病気があることを農夫が小クラウスに言うくだりでは、ひどくエロチックな、激越な表現で書記をののしっている。この二点はアンデルセンでは変わっている。[*10]

「大きな兄さんと小さな兄さん」の原名は 'Store Bror og Lille Bror' であろう。十九世紀デンマークの著名な民間伝承研究家スヴェン・グルンヴィの手書き索引にある一一二番がそれだ、とヨハンネス・ボルテ／ゲオルク・ポリーフカ『KHM注釈』[*11]にあるが、索引なるものは未見である。手元のオイゲン・ディーデリクス社の「世界の民話」叢書の「デンマークの民話」にも類話らしきものは見当たらない。ただし、同叢書の「ノルウェーの民話」には極めて内容が似ている、と思われる話がある。デンマークとは北欧文化圏の親類同士のノルウェーの民話のこと、これを当座の身代わりに立てても不適当ではなかろう。四〇番「大ペーターと小ペーター」がそれである。以下に粗筋を記す。

昔むかし兄弟がいた。二人ともペーターという名前だったので、兄は大ペーター、弟は小ペーターと呼ばれていた。兄は父親から農場を受け継ぎ、金持ちの妻を娶《めと》るが、弟は部屋住みの身で、母親の隠居扶持で養われている。成年になって遺産の分け前を貰うが、どんちゃん騒ぎで遣い果たしてしまい、再び母親の元で暮らす。僅かに残った一頭の仔牛に兄の牧場で草を喰わせたため、怒った兄に仔牛を殺されてしまう。そこで小ペーターはいたしかたなくその皮を袋に詰め込んで売りにでかけるが、どこでも相手にされないまま、行き暮れてとある百姓家に一夜の宿りを求める。

その家のおかみさんは、亭主が留守だから、と、にべもなく泊めることを断る。ペーターが立派な部屋の窓から中を覗くと、教区の坊さんがおり、おかみさんは彼をビールとブランデー、それから乳脂入りの粥の大皿でもてなしている。この飲み食いの真っ最中、家の主人のお百姓が帰って来る。おかみさんは御馳走をしまいこみ、坊さんを大きな箱の中に隠す。その顚末を小ペーターは外から逐一見てしまう。親切な主人のお百姓に、泊めてやろう、と言ってもらったペーターは、主人と差し向かいの質素な食卓で、足元の仔牛の皮を踏んづける。そして、いぶかったお百姓の質問に応え、中に占い師がいる、と言い、ストーヴのそばの腰掛の下に乳脂入りの粥が、穴蔵の階段にビールとブランデーがあることを暴露する。

占い師を譲って欲しい、とせがむお百姓から、代価として例の大きな箱を受取った小ペーターは、宿をあとにしてしばらくすると、急流に架かった橋の上で立ち止まり、つまらない取引をして後悔した、と聞こえよがしにぼやき、箱を投げ込むふりをする。狼狽した坊さんは、箱の中から声を掛け、身分を名乗り、金・銀の時計を添えて八百ターラー〔銀貨〕を小ペーターにやり、命を助けて貰う。子牛の皮一枚を八百ターラーで売って来た、と弟に聞かされた大ペーターは、自分の牛たちを全部殺して皮を剝ぎ、それを持って町に出かけて売り歩くが、人人に相手にされず、騙されたことを悟る。

帰宅したものの、むしゃくしゃしてならない大ペーターは、夜になったら弟を殺してやる、と誓う。

それを小ペーターはすっかり立ち聴きする。そして、母親と一つ寝台に入って〔親子、兄弟、姉妹が寝台を共にするのは近代に至るまでヨーロッパでは珍しいことではなかった〕から、自分は寒くて堪らない、壁際の方が暖かいから、寝場所を替わって欲しい、と母親に頼む。その後まもなく斧を持って入って来た大ペーターは、弟だとばかり信じて、母親の首を打ち落としてしまう。

翌朝小ペーターは兄に向かって、彼が殺したのは自分たちの母親であることを告げ、何も言わないでいる代償に八百ターラーせしめる。それから、死骸に首をくっつけ、荷馬車に載せて、市《いち》にでかける。市に着くと、母親を座らせ、林檎売りをよそおわせる。一人の船乗りがやって来て林檎を買おうとするが、林檎売りの老婆が一向返事をしないのに苛立って、びんたを喰らわせる。すると首が落ちる。様子を窺っていた小ペーターは船乗りを脅かし、八百ターラーで示談にする。

市で老婆の値がよくて、母親の死骸が八百ターラーで売れた、と弟から聞いた大ペーターは、年取った姑を殺し、市に持って行き、監獄に入れられそうになって、ほうほうの体で逃げ帰る。

かんかんに腹を立てた大ペーターは、小ペーターを袋に入れ、川の中に沈めようとするが、途中忘れたことがあって、袋を道端に置いて引き返す。小ペーターが「天国へ。パラダイスへ」と袋の中で繰り返し怒鳴っていると、通りがかりの羊の群を連れた男がこれに興味を持ち、中に入っていれば天国に行ける、という小ペーターの言い分を信用、代わりに袋に入る。やがて戻って来た大ペーターは、袋を川へ運んで行って投げ込む。

その帰り途、弟が羊の群を追って来るのに出会った大ペーターは、羊たちは水の中で授かった、と言われて、またしても欲を出す。そして妻に自分を袋に入れさせ、橋の上から水中に投げ込ませる。妻はしばらく待っていたが、夫がなかなか戻って来ないので、羊の群を集めるのに手間取っているのだ、と考え、自分もあとを追って飛び込んでしまう。

こうして小ペーターはだれもかれも厄介払いしてしまい、家屋敷や馬ども、家具調度の数数を相続し、お金もたっぷりありますから、牛を何頭も買いましたとさ、というのが締め括りである。

これは有名なアスビョルンセンとモーの共編に成る『北欧民話集』の第二版（一八五二年刊）に五三番として収められたものだが、一八五二年というと、アンデルセンの「小クラウスと大クラウス」の初版に遅れること僅か十七年だから、本になった後者が、また一旦民間に戻って口承化され、それが再び採録された可能性はごく小さいのではあるまいか。

この話自体が多分二つの類話を合成したもののようだが、より後代に出版された『北欧の昔話』には全部で二十五の類話が登録されている、という。[*12] 従って、アンデルセンに素材を提供したとされる「大きな兄さんと小さな兄さん」とも細部において相違があろう。しかしそれでも、そのデンマークはフューン島〔アンデルセンが生まれた町オーデンセはこの島にある〕の民話は、大略次のようなものである、と類推しても無理ではない、と思う。

クラウスという名の兄弟。金持ちの兄は大クラウス、貧しい弟は小クラウス。後者は祖母と一緒に暮らしている。弟が、兄に借りた馬たちを自分の持ち物であるかのように言い触らすのに腹を立てた兄が、たった一頭の弟の馬を殺す。馬の皮を売りに行く途中、ある百姓家に泊めて貰う小クラウス。馬の皮を何でも見通しの占い師と偽り、教区の僧侶と密通しているお百姓の女房の隠した御馳走、酒のありかを主人に告げる。お百姓に馬の皮を売る。僧侶の入っている箱を持ち出す。橋の上での脅迫。僧侶から身代金を取る。大クラウスに、馬の皮が高く売れた、と嘘をつく。大クラウスは自分の持ち馬を全て殺して皮を剝ぐ。騙されたことを知り、弟を殺す、と誓う。これを知った小クラウスは祖母と寝台を交換。

祖母は大クラウスに斧で首を切られて殺される。〔小クラウスは朝になって大クラウスを脅し、口止め料を取る?〕。祖母の死骸を種に酒屋の主人を欺き、金を貰う。老婆の死骸が高く売れた、と兄に偽る。大クラウスが自分の姑〔多分〕を殺して、町へ売りに行く。またしても騙されたのに気づき、小クラウスを袋に入れ、川に投げ込もうとする大クラウス。小クラウスは羊飼いに嘘をついて、これと入れ替わる。大クラウス、それとも知らず袋を川へ。羊群を連れた小クラウスに出会い、川に投げ込んで貰う。その妻もやはりあとを追う。小クラウスは兄の全財産を手に入れる。〔大クラウスの妻が死ないとしたら、小クラウスは未亡人となった嫂《あによめ》と結婚するという形で兄の全財産を手に入れる?〕。

このような物語だとすれば、アンデルセンが再話に際して施した改変、および、その効果（↓）は次の六項目か。ただし、最後の項目は原話のものでもよい。

①タイトルで小クラウスを先にした。↓これで実質的主人公が明示される。
②百姓家の主人には、教区の坊さんの顔が大嫌い、という変な癖がある、という設定。↓お百姓の女房が実はこの坊さんと密通しているのだ、ということは、これで子どもたちに気づかれずじまいになる。女房が坊さんを隠す理由が子どもたちに納得されるわけ。一方、大人はすべて、ははあ成る程、と合点するので、こちらにも話の筋はちゃんと通る。
③小クラウスの祖母は、大クラウスに斧で殴られる前に自然死している。小クラウスが自分の寝台に死骸を横たえるのは、自分の残した温かみで生き返って欲しい、という優しい気持ちから。↓小クラウスが、自分が狙われているのを知って、寝場所を替わるという、近代の倫理から言えば極めて粗野で無神

経なプロットが、このことで回避され、しかも意味は繋がる。それから、大クラウスも〔気持ちはとにかく〕事実上の殺人者にならずに済んだのである。
④祖母は首を打ち落とされるのではなく、額に穴を開けられたに留まる。↓これで残酷さが緩和された〔とアンデルセンは考えたのであろう。しかし、このような作為は昔話の単純なるがゆえに平面的な描写と背馳するのであって、却って写実的になり、逆効果となった〕。
⑤死んだ祖母が意地悪な人物だったことにした。↓大クラウスに斧で傷つけられても、小クラウスに死骸を詐欺の道具として用いられても、聴き手はさほど同情しないで済む。
⑥小クラウスを袋に入れて川に沈めに行く途中、大クラウスが教会に寄る。↓酷い殺人者との印象が大分薄らぐ。

三

ゲオー・ブランデス[*13]は「人間として、童話詩人としてのH・C・アンデルセン」の中で次のように述べている。

現在では、あらゆる大人の思い出の中に、また、どの子どもの唇にも宿るアンデルセン童話集の初版本が、当時、どのような批評をこうむったかということを知ると、実に慄然とする。一八三六年の「ダンノーラ」[*14]には、アンデルセンも知っている批評家が、このような書評を寄せた。

子どもに読み物を与えようとする者は、(せめて、ひそかにでも)ただ子どもらを楽しませようというだけよりも、高い目的をもつべきである。

また曰く。

そのような方法では、子どもらに、自然及び人間について、有益な知識をもたらすことは、絶対にできなくて、せいぜい、一、二の行儀作法を教えるぐらいが、せきの山なのは、自明の理である。

そしてさらにこのような疑義を表明。

そのようなことぐらいで得られる利点は、想像力をばかげた思いで充満させることによって、植えつけられる弊害の中に、ひとたまりもなく埋もれてしまうのではなかろうか。[*15]

「ダンノーラ」の書評は「小クラウスと大クラウス」について、更にこう非難している。

夫の留守の間に教区の書記〔これは前述のごとく「教区の坊さん」でよろしかろう、と思う〕と食卓に向かい合っている農夫のかみさんの話を聞いて貞節観念が強まるとも思わないであろう。(中略)また、まるで牡牛の頭をぶちのめすように大クラウスが祖母を殺したり〔正確には死体損傷である〕、小クラウスが大クラウスを殺すのを聞いて、人命尊重の気持ちが強くなるとも考えないであろう。[*16]

四

ヴァイマル生まれでヴァイマル大公国図書館上級司書で終わった文学史家、特に昔話と伝説の研究に従事したラインホルト・ケーラーは、この手のトリックスター（騙し屋、詐欺師、ペテン師）が活躍する民話を「狡《ずる》と騙され」List und Leichtigkeit と適切に名づけているが、ヨーロッパにおいては十世紀にまで遡及しうる。ロートリンゲンか、ネーデルラントか、それともフランスかの、名前不詳のある聖職者が、短い押韻二行連句で書いた「ウニボス」というラテン語の詩がそれ。その粗筋を以下に記す。〔　〕内は論者の補足である。

あるお百姓だが、一頭以上の牛が持てたためしがない、という不幸な巡り合わせに陥っていた。二頭購うと、一頭が斃《たお》れるのである。そこでこの御仁は、ウニボス（ヒトツベコ）[*17] なる綽名で呼ばれていた。あるときのこと彼は、死んでしまった牛の皮を町へ売りにでかけ、その途中森の中で〔あの緊急の用件で〕しゃがみこんだものである。で、〔用足しが済んだので〕後ろに手を回したところ、そこに金がぎっしり詰まった三つの壺が隠されているのを見つけた。うちへ戻ったウニボスは、金がいくらあるか量るため、村長《むらおさ》 praepositus のところへ下働きの少年を使いにやって、枡を貸してください、と言わせた。〔枡の底に貨幣がくっつく細工でもしておいたのであろう〕詮索好きな村長が、〔ウニボスの家へでかけ〕この夥しい金を目にして、泥棒をやらかしたな、と百姓を責め立てると、こちらは、町で牛の皮を売った、その代金でがす、と答える。そこで村長は、自分の差配人 villae major や村の坊さんと相談、一同思い切って飼い牛を屠殺、その皮を売ることにした。ところが。市《いち》では彼らの言い値が鼻であしらわれ、一文にもならなかったので、皆は、ウニボスに必ずこの仕返しをするぞ、と誓った。一方後者は、かみさんに豚の血を塗りたくっておいて、死んだふりをさせた。例の三人がやって来て、女が殺されているのでびっくり仰天すると、ウニボスは、また息を吹き返させる術を心得ているだで、と告げ、柳の枝でこしらえた笛を吹く。すると、〔かねての手筈通り〕女房は起き上がり、体を洗ったが、そうしてみると前より美しく思われた。三人組はウニボスからその笛を買い受け、三人のうちだれが真っ先に年取った女を殺し、それからまた甦らせて若くするか、てんでに争う。結局まず坊さんが自分のところのお婆さん presbyterissa を殺し、後の二人もこれに倣う。が、いくら笛を吹いても、女たちは目を覚まさない。かんかんになった三人は騙し屋をぶち殺そうとするが、またしても、

ウニボスどんの抜け目無さ、
賠償金をたっぷりと
差し上げまする、と法螺《ほら》吹いて、
怒れる三人《みたり》を宥めたり

という次第。

かねてお百姓は飼っている牝馬の尻に金を突っ込んでおいたのだが、この時馬がそれをひったのである。相手方はこの奇跡を目の当たりにして、恨みつらみを忘れてしまい、金をひる馬を十五ポンドで購った。しかしやがてこの騙くらかしも底が割れると、男たちは今度こそは、とウニボスをひっ捕まえ、殺され方だけを選ばせてやる、と言い渡す。で、その言い分通りお百姓は縛られて樽の中に入れられ、海に投げ込まれることになる。その寸前ウニボスは三人の相手に向かい、おいらのしたことを許してくだせえ、そいから財布に十二プフェニヒあるだから、これで神様のために一杯やっておくんなせえ、と頼ん

だものである。三人が〔樽のもとを離れて〕居酒屋で酒を酌み交わしている間に、一人の豚飼いが豚の群を追って通りかかり、ウニボスが樽の中でぶうぶうがなっているのを耳にし、仔細を訊きただす。こちらは答えて、どうしても村長になりたくないもんだで、こうして樽の中に閉じ込められたんだわさ、と豚飼いに語る。そんなご大層な地位に就きたくて堪らなくなった豚飼いは、樽を開いてウニボスと入れ替わり、ほろ酔いで戻って来た連中に海の中へ放り込まれてしまう。三日後、三人は、豚の群を駆り立てて来るウニボスにばたりでくわし、水の底には数え切れない豚が放牧されている、と聞かされ、そんな財産を是非とも手に入れよう、と海にどぶんと飛び込んで、二度と帰って来なかったげな。[*18]

ＫＨＭの詳細な注釈者ボルテ／ポリーフカは、類話であるＫＨＭ六一番「水呑み百姓」の注に右の話を記し、更に次の三例を挙げている。

イタリアのジョヴァンニ・セルカンピの小説『良き行いについて』では、ミラノ地方の貧乏な百姓の小倅《こせがれ》ピンカルオーロが、驢馬に死なれ、皮を剥いで町で売るが、その驢馬の腐肉の上に止まった鴉を捕まえ、それを持ってあてども無い旅に出る。日が暮れてある一軒家の戸を敲《たた》くと、その家のおかみさんは、亭主のバルトロが帰って来るまで外で待っているように、と言う。やがて帰宅した主《あるじ》は、ピンカルオーロに向かって、妻の出した貧弱な夜食を一緒に食べるように、と親切に勧め、それから寝床を示す。けれども若者は、先刻女がこっそり仕度しているのを覗き見した素晴らしい御馳走が忘れられず、鴉をぎゅっとつねって大きな声で鳴かせ、いったい何だね、とのバルトロの問いに答えて、この鴉は櫃の中にあるチキン・パイと、粉入れの箱にある去勢雄鶏《ケイポン》と葡萄酒を欲しがっているのだ、と告げる。主はびっくりして寝台から起き上がり、御馳走を発見、若者と共にたっぷりしてやり、この占い鴉を五百グルデン〔中世では金貨。十七世紀半ば以降は銀貨〕に牡牛何頭かをつけて買い取る。もっとも、主はこの買い物を後悔しなかった。その後間もなく鴉は、同じようにして〔ピンカルオーロが告げるわけだが〕妻が引き入れていた密通の相手が隠れている場所を暴露してくれたからである。

しかし、このあとセルカンピは、物語の筋を「六人男世界を股にかける」[*19]型へと逸らしてしまう。

一五〇〇年頃イタリアで成立した韻文『百姓カンプリアーノの物語』、および、十五―十六世紀のヴェネツィアの文人ジョヴァンニ・フランチェスコ・ストラパローラの『司祭スカルパチフィコの物語』(『楽しき夜夜《レ・ピアチェヴォーリ・ノッティ》』第一夜第三話)では、主人公のティル・オイレンシュピーゲル的性格が躍如としている。ただし、彼はウニボスのように富裕な村人たちをこけにするのではなく、かつて自分を欺いたあきんどたちに仕返しをするのである。カンプリアーノがこの連中に売りつけるのは、黄金をひる驢馬、使い走りの役を果たす兎、火がなくてもおのずと煮える鍋、それから死んだ女を甦らせる喇叭《らっぱ》である。ストラパローラにおいては、兎の代わりに牝山羊、喇叭の代わりに風笛《ふうてき》の二つだけになっている。どちらの場合も、袋に入れられた主人公が、自分の代わりに身分のある乙女と結婚させてあげよう、と言って、牧人と入れ替わるところは同じである。

これらに較べると、ドイツのヴァレンティン・シューマンが一五五九年に著した『夜の草紙』に登場するアウクスブルク〔バイエルンの都市〕の在に住むアインヒルン〔直訳すればヒトツノウミソ〕[*20]のやらかすことはウニボスのそれにより似ている。アインヒルン〔その綽名の由来は説明されていない〕は、近所の者に壊された竈《かまど》の破片を袋に詰め、宿屋のおかみに預ける。おかみはそのかけらを金粉と思い込み、こっそり銅貨と掏り替える。村の百姓たちはこのたなぼたの取引の話を聞かされ、我もわれもと自分のうちの竈を叩き壊すが、勿論破片は一文にもならないので、怒ってアインヒルンの牝牛を殺す。アインヒルンは牛の皮を携えて町へでかけ、それを種にしてあるおっちょこちょいの女から高額の代償を巻き上げる。で、またぞろ、百姓たちは自分たちの牝牛を殺し、皮を市に持って行って笑いものにされ、かんかんになってアインヒルンの家に乗り込むが、そこには彼の老母しか見つからなかったので、彼女を殴り殺してしまう。するとアインヒルンはその亡骸《なきがら》を路上に座らせておき、それを轢いてしまった馬車の御者から挽き馬を脅し取ったうえ、自分の敵たちを嘲弄して法外に立腹させる〔つまり、老婆の死骸が高く売れる、と言い触らして、村人たちに彼らの老母を殺させるわけ〕。そこで村人たちは彼を袋に押し込み、町を流れるレヒ川の橋から投げ入れようとするが、その前にミサを聴聞しに行く。その間アインヒルンは大声で、金細工師〔中世ヨーロッパにおいて金細工師は金融業者を兼ねており、おしなべて裕福であった〕なんぞにゃなりたかねえ、とどなり続け、通りすがりの豚飼いがその気にさせられ、彼の身代わりになる。結末はウニボスと同様。

オイゲン・ディーデリクス社の「世界の民話」叢書では「トルコの民話」五九番「ずる」《ケーセ》*21がこの話型に当たる。粗筋は次の通り。

主人公の貧乏人は、世間知らずの息子に悪ふざけをして、売り物の驢馬を台無しにさせたホッジャたち〔旦那衆〕をだまくらかして復讐を遂げる。まず、ホッジャたちの目の前で、驢馬の尻から金貨を取り出す。旦那衆は欲を出して、この驢馬を大金を出して買うが、金貨を手に入れるどころか、驢馬さえ餓死させてしまう。怒って主人公を殺しにでかける。主人公はあらかじめ捕まえておいた兎を袋から出し、彼らの前で何か囁いて逃がす。訊かれると、妻のもとへ、お客があるから、食べ物の準備をしておくように、と使いにやったのだ、と答える。そしてホッジャたちと同行して帰宅する。迎えた妻の胸に血の詰まった袋をこっそり結びつけておき、兎の使いをやったのに、言うことを聞かず、もてなしの仕度をしていなかった、となじり、小刀で首を切る〔ふりをして、血の袋を切る〕。そして、呼子《よびこ》を吹く。妻は生き返る。ホッジャたちは、この甦りの呼子を大金を出して購い、次次と妻の首を切る。しかし呼子を吹いても妻たちはもちろん生き返らない。かんかんに腹を立てたホッジャたちは主人公を捕らえて袋に入れ、川に放り込もうとする。しかし、花嫁行列がやって来たので、袋を置いて見物に出かける。その間主人公は「わしゃ、娶《めと》らんぞ」と袋の中で叫び続ける。通りすがりの羊飼いがわけを訊くと、皆が自分のところへ嫁を連れて来る最中なのだが、その気がないのだ、と答える。羊飼いは、なんともったいない、と言い、身代わりになる。「わしゃ、もらうだぞ」と叫び続ける袋を川に投げ込んだホッジャたちは、羊の群を追う主人公に遇う。そして、川の中からこれだけ集めて来た、まだまだ一杯いる、という主人公のことばを真に受けて、三人とも川に飛び込んで溺れ死んでしまうのである。

これらの物語〔これは笑い話に分類される〕で活躍する人物は、一見愚直だが、実は極めて奸智に長けており、ほしいままに他人を欺き、遂には死に到らしめる。被害に遭う連中は、なるほど欲張りで人を信じ易く、ある場合には確かに主人公の恨みを買うような行為をも働いているが、これほどまでにひどい仕打ちを受ける謂《い》われはない。しかし、近代の倫理感覚では律しきれない、反道徳的ではなく、前道徳的といった表現が多分適切であろう昔日の粗野で逞しい民衆精神に大いに受けるものがあり、その哄笑を買ったのである。何しろ、類話は世界各地・各民族に伝承されているのだ。アフリカ諸民族の動物民話では、特に兎がこの役を務めるのが目を惹く。それから思いつくのが、日本昔話「カチカチ山」

の兎である。あれは敵討ちの形式を取ってはいるが、狸をしたたかに翻弄し、最後に破滅させる兎には、トリックスター像が髣髴とする。なお、人間のトリックスターでは、大分県の「吉四六《きっちょむ》」話や、熊本県球磨《くま》地方や八代《やつしろ》地方の「彦一《ひこいち》」話の主人公がこれである。これらの話は頓知話、笑話に分類されているし、中にはただの無害な法螺や大嘘を種としたものもあるが、本質的には狡知溢れる男の悪戯話なのである。ヨーロッパ中世の説話「ティル・オイレンシュピーゲル」や、「ライネケ狐」で、主人公としてトリックスターが横行闊歩しているのは言うまでも無い。トリックスターは、単なる法螺吹き、小悪党、詐欺師であるに留まらない。停滞する既成秩序の破壊者で、新たな物の観方を示唆する貴重な存在なのである。古代社会にあっては、王、聖職者、戦士と共に、活力ある集団を維持・形成する上に無くてはならないもう一本の机の脚である「道化」だった。

S・トンプソンはその著『民間説話』第二部第二章（十一）Bにおいて、この話型を詳述している。AT一五三五「金持ちの百姓と貧乏な百姓」と、AT一五三九「利口者とお人好し」の二つに区別しうるが、両者の構成要素は語り手によりしばしば混同される、とのこと。

五

明治二十四年（一八九一）初頭、博文館は「少年文学」と銘打って、一連の叢書の発刊を開始した。木村小舟《しょうしゅう》の『改訂増補少年文学史　明治編』によれば「茲《ここ》に於《おい》てか我《わが》少年文学界には俄然《がぜん》一大衝動を惹起し、さながら黎明《れいめい》の光さし初《そ》めて、残星立《たち》どころに光芒《こうぼう》を収むるの観があった」[*22]〔振り仮名は論者〕というから、まことに画期的な企画だったのである。その第一編は漣山人《さざなみさんじん》、すなわち巌谷《いわや》小波《さざなみ》の創作『こがね丸』で、著者は弱冠二十一歳だったが、父親を嚙み殺された犬が、仇の虎を見事にやっつける顚末を、馬琴調の読み本の持つこちたき勿体ぶりや説教臭は気《け》も無く、さらさらっと軽妙に書き切ったそのおもしろさは、既にこの時から彼の本領を十分に発揮していた。ラドヤード・キップリングの『ジャングル・ブック』（一八九四）の大枠、狼少年モーグリが虎のシャカンを退治する、あの痛快さ、朗らかさと共通するものがある。文体が古めかしかろうと、筋立てが仇討ちものだろうと、一向に瑕疵《かし》にはなっておらず、確かに近代日本における良質の児童文学の嚆矢であり、御伽草子以来久しく打ち絶えていた伝統の瑞瑞《みずみず》しい復活であった。

第二編は尾崎紅葉の『二人《ににん》むく助』で、明治二十四年三月二十三日出版。巌谷小波の親友であり、「我楽多文庫《がらくた》」で仲間でもある、硯友社の棟梁紅葉山人尾崎徳太郎が、アンデルセンの「小クラウスと大クラウス」を翻案したもの。推測に過ぎないが英語からの重訳であろう。[*23] ドイツ語に堪能な巌谷小波にドイツ語版から下訳をしてもらって、これに手を入れた、ということは考えなくともよかろう、と思う。[*24] ちなみに、アンデルセンの作品が日本に紹介されたのは、これより先明治二十一年十二月十九日、在一居士《ざいいちこじ》河野政喜がフランス語からの重訳で、『裸の王様』を『諷世奇談　王様の新衣装』として春祥堂から出版したのが最初である。明治二十四年といえば紅葉は二十四歳。それ以前に活字となったものは既に三十編を超え、中でも明治二十二年一月刊の『二人比丘尼色懺悔《ににんびくにいろざんげ》』は吉岡書店発売の「新著百種」の第一編として書かれ、彼の文名を確定した。それほどの年少気鋭な小説上手に博文館は大いに期待するところあったはずである。なにしろ、同社の「少年文学」出版に当たっての趣意書にも、「少年文学を発行し、載するところは皆な当代文壇の大家に乞うて、愉快にして且つ勧懲〔すなわち勧善懲悪〕的なる物語を以てす」とある。

ところがこれは今日の目から見ても成功作ではない。紅葉の流麗な才筆と気の利いた描写力が却って逆効果となり、原話の軽快なメリハリとテンポはどこへやら、泥絵の具を塗りたくった田舎芝居の書割というていたらく。太い線ではあるが、巧みなタッチで描かれた元の話の運びをそのまま移せばよいものを、プラス・アルファの必要がある、と心得て、ひたすら書き込みに励んだので、読者は随所で少なからぬ抵抗を覚え、加えてグロテスクな残酷情景にげんなりしてしまう。尤もこれは民話の再話に際してしばしば犯される過誤である。

以下に一例のみだが、原作と、紅葉の書き込みが施された翻案とを対比して掲げる。

（アンデルセン）

「なるほど、そいつはほんとに、いいもうけをしたな。」と大クラウスは言いました。そして、急いで家に帰ると、斧を持ち出して、さっそく、自分の年とったおばあさんを打ち殺してしまいました。[25]

（紅葉）

大棕助之《おほむくすけこれ》を聴《き》くより、馬《うま》にて懲《こ》りし譎詐《いつはり》とも心着《こころつ》かず、欲《よく》ゆゑ何《なん》の分別《ぶんべつ》もなく、背戸《せど》へ廻《まは》りて大斧《まさかり》を担出《かつぎだ》し、先頃《さきごろし》四頭《とう》の馬《うま》を殺《ころ》せしに刃《は》や鈍《なま》りたらむ、もし切味悪《きれあぢあし》くして母《はゝ》を苦《くる》しめむは不孝《ふかう》なるべしと、変《かは》りたる孝心《かうしん》を発《おこ》して、井端《ゐのはた》へ砥石《といし》を持行《もちゆ》き、大肌《おほはだ》ぬぎになりてえつさこらさと研立《とぎた》つる物音《ものおと》に母親《はゝおや》立《たち》出《い》で、棕助何《むくすけなに》するぞ。用《よう》なきにさるものを砥《と》ぎすませ、向《むかふ》不見《みず》な事《こと》せまいぞと諭《さと》せば、母人《はゝびと》、金儲《かねまうけ》が向《むか》不見《ふみず》か、黙《だま》つておゐやれ、痛《いた》くない様《やう》にすつぱり殺《やつ》て進《しん》ずるわ。すつぱり殺《やつ》て進《しん》ずるとは？　此方《こなた》を！　私《わし》を？　人殺《ひところ》し、不孝《ふかう》ものゝ、親殺《おやころ》しと叫《さけ》びて遁出《にげいだ》すを、百両《ひやくりやう》の損毛《そんまう》遁《のが》さじものをと飛懸《とびか》かつて引仆《ひきたふ》し、電光《でんくわう》のごとく閃《ひら》めかす大斧《まさかり》の一撃《いちげき》に、敢《あへ》なく呼吸《いき》は絶《た》えにけり。[26]

前者、アンデルセンにおいては、単純・平明な民話の精神をよくぞ体現したものと感嘆するほど、大クラウスは全く立体性を具有せず、人格の奥行きも精神活動もなく、殺人はさながらキャベツでも収穫するかのようにまことにあっさりと片付けられる。従ってここには血飛沫《ちしぶき》も、悲鳴も、苦痛も存在しない。殺人を見聞したことのない子どもたちには負の影響はまずあるまい。幼いときから社会性に富んでおり、加えて、極めて繊細・聡明な児童なら別ではあろうが。

後者、これはことごとく紅葉の加筆なのだが、さながら爛熟期の歌舞伎、それも鶴屋南北《つるやなんぼく》あたりの世話物かなんぞのどろどろと陰惨な一幕を連想させる。物凄さを軽減しようとしてか、紅葉が弄する軽口、「もし切味悪くして母を苦しめむは不幸なるべしと、変りたる〔妙ちきりんな〕孝心を発して」などはブラック・ユーモアにもならず、却って話に無用な現実味を帯びさせている。また、母親に、愚か者の倅へのいかにも人の親らしい意見をさせてしっかりした個性を付与し、挙句の果て、必死に逃げ惑わせるに及んでは、まことに写実的で、すれからしの大人といえども、このなまじリズミカルな名文に目を覆わざるを得ない。まして、いたいけない子どもにおいてをや。武内桂舟[*27]筆と思われる具象的な挿絵も更にそうした効果を強めている。なお、挿絵で小椋助は不快な悪相で表されている。

『二人むく助』の末尾には、アンデルセンの原作にはない教訓が添えてある。曰く、

善人《ぜんにん》なりとも愚鈍《うつけ》は亡《ほろ》び、悪人《あくにん》ながら智者《ちしゃ》は栄《さか》ゆる世《よ》の例《ためし》。合点《がてん》が参《まゐ》らば御学《おんまな》び候《さふら》へ、どなたもく。

この教訓は道学者流のそれとは正反対、ぴりりと小味が利いていて、紅葉の真骨頂とも謂いつべしだから、論者はあながちの蛇足とは思わない。しかし、当時の世間一般のこの物語への反発は、話の本筋のみならず、こうした締め括りによって、更に強められた模様である。

続橋達雄は『児童文学の誕生』でこう述べている。

当時この作品は教育者から反感を買ったばかりでなく、〔尾崎紅葉と同じ〕硯友社同人の広津柳浪まで、「天下之を難じて少年に読ましむるを許さず」と新聞紙上に極論した、と『明治文壇史』で〔江見〕水蔭は伝えている。[*28]

では、「小クラウスと大クラウス」が忠実な翻訳で日本に紹介されたのであったら、世間は喝采してくれただろうか。どういたしまして。我が国の大方の批評家は、半世紀前の「ダンノーラ」と同様の攻撃[*29]を浴びせるか、せいぜいで啞然として沈黙を守るかで、褒辞を呈することはまずなかったであろう、と存ずる。たとえば、明治時代の少年文学を広く展望し得る知識と感性の持ち主で、自身雑誌「少年世界」の編集者を長く勤めた木村小舟のような人物でさえ『二人むく助』を次のように難じている。振り仮名は論者。

例のアンダアセンの翻案にして、其の文学的価値の高下は兎《と》も角《かく》も、これが一貫せる思想に至りては、優勝劣敗を基礎とし、為めに我が国民道徳に背馳せる点多々あり。[*30]

要するに『二人むく助』の悪評はその本質、つまり、主人公がトリックスターであることから発しているのであって、論者の不満のように、紅葉が無用な加筆をほしいままにして、原作の軽やかで平明・素朴な持ち味を台無しにしたためではない。

『二人むく助』の粗筋は以下のごとし。

二人ながら椋助[*31]という名の百姓がいた。四頭の馬を持っている方は大《おお》椋助、一頭しか持っていない方は小《こ》椋助と呼ばれている。小椋助はいつも大椋助に馬もろとも雇われて働いているが、村の鎮守の祭で村中が休んでいる時、大椋助の四頭を借り、自分の馬共五頭を追い立てて、五頭全部が自分の所有物だ、と行き逢う人ごとに言い触らす。聴きつけた大椋助がいくらたしなめても、またぞろ法螺を吹いてしまう。

怒った大椋助に自分の馬を殺された小椋助は、しかたなく馬の皮を剝いで町で売ろうと出かけるが、大雨に遭遇、とある家に一夜の宿を頼む。夫が留守なので泊めるわけには行かない、とそこの女房にすげなく断られた小椋助は、外の枯れ草の山の上に寝転んで、欄間から家の中の様子を覗き見する。女房は隣村のおだれ〔「お何」というのと同じ〕という飲み仲間の女と酒を酌み交わしている。やがて亭主が不意に戻って来る。小椋助はその許しを得て家に入る。女房が出した夕食の菜は南瓜《かぼちゃ》の煮付けだけ。小椋助は、袋の中の馬の皮を知恵駒大明神なる守護神だ、と偽り、ご託宣なるものを亭主に聞かせる。竈の下に玉子焼きと鮪の味噌漬けと塩鰯〔いかにも明治時代の田舎の御馳走らしい〕、荒神《こうじん》棚〔竈神である荒神を祀る神棚〕に五合徳利入りの酒、箒を懸ける釘に蛸の脚がある〔茹で蛸は縄で括って売りもし、運びもしたので、釘にぶらさげることができるわけ〕、という具合。これらの御馳走を飲み食いするうち、興に入った主《あるじ》が、化け物を見たい、と所望する。小椋助は、主の大嫌いなおだれなる女によく似た化け物が戸棚の葛籠《つづら》の内にいる、と告げる。結局、主が懇望するまま、馬の皮を二百両で売る。

翌朝、化け物を川に流してやる、と主に断って、中に潜んだおだれごと葛籠を担ぎ出した小椋助は、大川に架かる橋の欄干から投げ込もうとする。命乞いをする女から五十両を受け取る。

小椋助から、町では馬の皮一枚で二百五十両になる、と聞かされた大椋助は、自分の四頭の馬を斧で切り殺し、皮を剝いで町へ売りに行くが、散散にばかにされて帰って来る。

一方、老母が卒中で死んだので、小椋助がその亡骸《なきがら》を部屋に臥かせて置くと、大椋助が乱入、小椋助が寝ていると思い込んで、死骸の頭に斧で切りつけ、し済ましたり、と立ち去る。

小椋助は、遺体を生きているように扮装させ、馬の背に載せて、富裕な酒店に出かける。酒店の主人は、小椋助に頼まれ、馬の上の老婆に再三酒を勧めるが、一向反応が無いのでかっとし、眉間に酒の入った茶碗をぶつける。死骸が馬から落ちる。母親を殺してしまったな、と小椋助になじられた酒店の主人は、百両出して示談にしてもらう。

小椋助から、老婆の死骸が町で百両に売れる、と欺かれた大椋助は、自分の母親を斧で殺し、言われた通り町の薬屋へ売りに行くが、狂人扱いされて、慌てて帰宅する。

大椋助は、小椋助を袋に入れて川へ沈めに出かける途中、寺で説法を聴聞。その間に小椋助は通りすがりの裕福な老人を、極楽浄土へ行ける、と騙し、これと入れ替わり、老人の突いていた珊瑚の杖と唐《から》錦《にしき》の頭巾を手に入れる。

龍宮でこんな宝を授かって来た、と偽る小椋助の言葉を真に受けた大椋助は、自分から袋に入り、小椋助に頼んで川に投げ込んでもらう。

これで分かるように、紅葉は筋そのものにはほとんど変更を施していない。しかし、ただ一箇所本質的に改めた箇所がある。小椋助が泊まる家の女房が、亭主の留守に家に引き入れ、御馳走を食べ、酒盛りをして楽しむ相手は、男性ではなく、少し年上の隣村の女性である。さすが、仇し男との姦通という設定は遠慮したわけで、これはまことに無理からぬこと。けれども大一座《おおいちざ》ならともかくも、女二人きりでの酒盛りというのはいささか不自然、とのそしりを免れまい。人によっては却ってなにやら妖しげな雰囲気を感じてしまうかも知れない。

六

関敬吾著『日本昔話大成』第十巻「笑話三」で夙《つと》に指摘されていることだが、和歌山県那賀郡の民話「大むく助と小むく助」は、細部に至るまで紅葉の『二人むく助』に酷似している。御伽草子の「鉢かづき」が民話の「鉢かつぎ」となったように、書物の形で広く流布した物語が、再び民間に吸収され、口伝えによる伝承、つまり口承文芸になった例であることは論を俟《ま》たない。関敬吾氏はこう結論している。

この笑話は青森から南西諸島に及んでいるが、現在知られている例は七例に過ぎない。このうち、青森では大袋と小袋、群馬ではオオムス・コムス、和歌山では紅葉と同じく大むく助と小むく助といい、紅葉にしたがったものであろう。この笑話は個々のモティーフは別としても、残念ながら全体として、日本の笑話として比較研究の対象とはなりえない。*32

「大むく助と小むく助」とはおおよそこんな話である。

大むく助は金持ちで、肥えた馬が四頭もおり、小むく助は貧乏で、痩せ馬が一頭しかいない。二人のむく助が川原で馬に草を喰わせていると、小むく助の馬が大むく助の馬を一頭嚙み殺してしまったので、大むく助は小むく助の馬を殺す。

小むく助は仕方なく、馬の皮を町へ売りに出かける。巻いた皮の中に何かがらがら鳴る物を入れて置く〔語り手は、馬の生皮がごわごわしていて、巻いたのを押せばぎゅうぎゅう鳴るのを知らなかったのであろう〕。夕立に遭い、ある家の軒先で雨宿りし、中でその家の女房がよその男に御馳走しているのを見る。家の主《あるじ》が野良から戻ると、茄子の漬物で夕食が出される。そこへ、小むく助が入って行って、この皮はなんでもよく占う皮だ、と称し、戸棚にすしや魚があることを告げる。結局馬の皮を主に二百五十円で売る。女房も「さっき入れてあるおいさん〔「おじさん」の訛〕をいわれるかと思ってないしょで」五十円くれる。

町で痩せ馬の皮が三百円で売れた、と小むく助から聞いた大むく助は、自分の馬を二頭〔耕作用に一頭は残して置いたのだから、この語り手はものが分かっている、と言えよう〕殺し、皮を売りに行くが無駄足。怒って小むく助の家に乱入、「おば」〔伯母・叔母ではあるまい。祖母？ 老母？ 姑？〕を殺してしまう。

小むく助は死んだおばを馬の背に縛りつけ、町へ向かう。途中茶店で休み、女中に、馬に乗っているおばにも茶をやってくれ、と頼む。おばは耳が遠い、と言われた女中が、大声を出しても反応がないので、揺さぶると、おばは馬から落ちる。茶店では示談金として五百円出す。

おばの死骸が五百円になった、との小むく助の嘘を信じた大むく助は、自分のおばに相談すると、どうにでもしてよい、との返事だったので、斧で殺す。町へ売りに行き、散散叱られて帰宅。

大むく助は、小むく助を殺そう、と袋に入れて川を目指す。途中、寺で女たちが念仏を唱えているので、袋を下ろして自分も唱えに行く〔紀州は浄土真宗の信仰がまことに篤い土地〕。その間に小むく助は、通りすがりの金持ちの老婆を、この袋に入っていると龍宮〔「極楽浄土」としていないのは、そのようなやりかたで浄土には行けない、と確信している門徒が語り手でもあり、聴き手でもあったから、と思われる〕に行ける、と騙し、衣装も交換して、これと入れ替わる。

袋を川に放り込んで帰った大むく助が座っていると、立派な身なりの小むく助が、龍宮の乙姫に着物と手拭いと「さんごじゃ」〔珊瑚樹〕の杖を貰った、とやって来たので、大むく助は自分から袋に入り、小むく助に川へ投げ込ませる。

ところが、興味深いことながら、この民話には『二人むく助』と本質的に異なるところが二つあるのが目に付く。

一つはタイトルである。関氏はこう記している。「青森では大袋と小袋、群馬ではオオムス・コムス、和歌山では紅葉と同じく大むく助と小むく助といい、紅葉にしたがったものであろう」〔傍点論者〕と。しかし、アンデルセンでは「小クラウスと大クラウス」Lille Claus og Store Claus であって、大・小の順ではなく、実際の主人公を先にしている。ところが、彼が素材とした、とされるデンマークのフューン島の民話は「大きな兄さんと小さな兄さん」Store Bror og Lille Bror、ノルウェーの類話は「大ペーターと小ペーター」Der große und der kleine Peter（ドイツ語で間に合わせて恐縮だが）で、これは大・小の順である。紅葉では『二人むく助』だから、大・小いずれが先か不明。民話では本来大・小の順が自然だから、実際の主人公を重んじて先に記すような文学的配慮などはない。これが紅葉を仲介とした日本への流入民話において、少なくとも青森、群馬、和歌山では、元の北欧の呼称順に戻っているのはおもしろい。民衆の感覚であろう。

次にもっと大きな問題。小むく助が一夜の宿を求める家の女房が、亭主の留守を幸い引き入れるのは、飲み友だちの女性などではなく、「よそのおいさん」なのである。聴き手が幼い子どもなら、なんとなく、そんな人をうちへ呼んじゃいけないんだ、と感じる程度であろう。ませた児童や大人にとっては、これが姦通相手であることは自明である。

このことをどう解釈したらよかろう。この箇所は紅葉の改変を無視してアンデルセンの原作にほぼ戻っているのである。民話の優れた語り手は、その健全な感覚を働かせて、無用の、あるいは誤った介入・

編集がなされた話の筋を元の正常な形に戻すことが往往にしてある。ヴァルター・アンダーゾーンは、細かい差異を有するたくさんの類話が、共通不変の中心テーマをめぐって揺れ動くので、相違点が剝落し、全体としての物語は、長い時を経ても原形の正しさを保ち続ける、と想定、民話の「自己訂正の法則」Das Gesetz der Selbstberichtigung を提唱し、認められた。[*33] 前記の事例はその格好のサンプルと考えられるのではないか。確かにこの場合は、多くの類話は存在せず、一人の語り手が一つの話に接触したに過ぎなかったかも知れない。しかし、この語り手が豊かな口承文芸財産を他の語り手たちとともに共有しているなら、民話らしからぬ変改を怪しみ、これを正常な祖形《ウアフォルム》 Urform に戻してのけることも可能だったであろう。民話に慣れたしかるべき聴衆の存在も、民話の本質的な誤伝を許しにくいに違いない。

七

佐々木喜善《きぜん》[*34]著『聴耳草紙《ききみみぞうし》』に第三九番として採録されている「馬喰八十八」についても、紅葉の『二人むく助』と余りにも似通っていることが、関敬吾氏を初めとして少なからぬ人人に夙に注目されている。「大むく助」と「小むく助」と同様のことがこの民話についても言えるのだろうか。

この話は次のようなものである。

八十八という貧しい馬喰はたった一頭の馬しか持っていない。隣の長者どんには四十八頭もいる。ある時長者どんの持ち馬全てを借りた八十八は、四十九頭目の瘦せ馬だけが長者のだ、と馬市で人人に言い触らし、怒った長者に斧で自分の馬を殺されてしまう。

仕方なく死んだ馬の皮を剝いで町へ売りに出かけた八十八は、大雪に遭い、原中の一軒家の縁先で休むうち、そこの女房が間男を引き入れて酒盛りをしているのを戸の隙穴から覗き見する。やがて主人が戻る。女房は慌てて男や御馳走を隠す。八十八も声を掛けて泊めて貰う。八卦《はっけ》置き〔占い者〕だ、と名乗った八十八は、馬の皮を揉んでそれを嗅ぎ、奥座敷に酒肴、台所の箒掛けに蛸の脚があり、戸棚の中の葛籠のうちに化け物が隠れている、と告げる。化け物を処理する代償に百五十両、馬の皮〔嗅ぎ皮という〕の代金として百両を主人から受け取る。

その家を後にした八十八は、大川に架かった橋の上から葛籠を投げ込むふりをして、泣いて命乞いをする中の間男から百五十両せしめる。

馬の皮一枚がこれだけに売れた、との八十八の嘘を真に受けた長者は、四十八頭の馬を悉く殺し、町へ出かけて、一枚三百両に負けた、と売り歩く。やがて騙されたことに気付き、斧を振りかざして八十八の家に暴れ込む。

それより先、八十八の老母が死ぬ。死骸をどうしようか、と思案していたところへ、長者が乱入して来たので、その前に八十八が死骸を投げ出すと、目が眩んでいる長者は、死骸の腹を斬り割ってしまう。八十八に、老母を殺した、と責められた長者は三百両出して内聞にして貰う。

八十八は母親の死骸を馬に載せて村を出発、峠の茶屋で休む。土地の遊び人たちが四五人連れで酒を飲んでいる。その酒を奪って飲む。怒ったやくざ者が鉄瓶《てつびん》を投げ付ける。八十八が身をかわすと、鉄瓶が馬上の老母に当たり、老母は馬から落ちる。八十八はやくざ者たちから五十両強請《ゆす》り取り、死骸は自分の家の柿の木の下に埋める。

峠の茶屋で人肝買い〔江戸時代、人間の胆嚢＝人胆《じんたん》がその薬効のため高価で売り買いされたのは事実である〕に死骸を五十両で売って来た、お宅の祖母《ばあ》様も殺して売った方が得だ、と八十八に言われて、その気になった長者は、祖母を斧で殺し、茶屋まで運び、またしてもかんかんになって戻る。

長者は下男たちに、八十八を大川に沈めて来い、と命じる。布団ぐるみ縛られた八十八は、川の土手まで担がれて来た時、最近自分の蓄えた大金を家の柿の木の下に埋めてあるが、それを皆にやる、と言う。耳寄りの話とばかり、下男たちは八十八を置いて、一人残らず引き返してしまう。そこへ目腐れ〔トラコーマなどの目の炎症〕の牛方《うしかた》〔牛を用いての運送業者〕が魚の荷を付けてやって来る。これを見かけた〔布団包みの中から外が見えるのは妙だが〕八十八は、「目腐れ眼《まなぐ》の御用心御用心」と言っている。どうしてそんなことをしている、と牛方に訊かれた八十八は、このようにしていれば目腐れが簡単に治る、と巫女《いたこ》に教えられた、と答える。羨ましくなった牛方は八十八と入れ替わる。やがて、大枚の金と思いきや老婆の死骸を掘り出して立腹した下男たちが引き返して来て、布団包みを川の淵に沈める。

下男たちが長者に復命していると、八十八が魚の荷を積んだ牛を引っ張ってやって来る。そして、淵の底の立派な館の綺麗な女性に牛と魚を貰った、もっとそこにいればどんなに素晴らしい宝物がもらえたか分からない、と告げる。欲を出した長者は、淵へ出かけ、八十八に突き落とされる。

八十八は、龍宮に行って二度と帰らない長者の言い置きだ、と称して、長者の妻と家屋敷を自分の所有とする。[*35]

この東北の民話「馬喰八十八」が紅葉の『二人むく助』とは無関係な伝承ではないか、という可能性は、次の十二項目に亘る共通点の存在により否定されよう。

①主人公は馬一頭しか持たず、副主人公は豊かな馬持ちである。
②主人公がもてなされる家での経緯は、その家の女房が引き入れているのが、『二人むく助』では飲み仲間の年上の女性、「馬喰八十八」では間男となっている一点を除き、極めて類似している。特に、茹で蛸の脚が箒を掛ける場所にぶら下げられていること、家の主《あるじ》に内緒で女房が引き込んだ者が戸棚の中の葛

籠のうちに潜んでいること、この細部二点が完全に同一であることは強調して置きたい。
③馬の皮を揉んでの占い。
④隠された酒肴。
⑤主人公は家の主に馬の皮を売る。
⑥主人公は葛籠に潜んだ者から身代金を受け取る。
⑦副主人公が、主人公の嘘を真に受け、自分の持ち馬を殺して皮を売りに行き、騙されたことを知って立腹、主人公を斧で殺そうと、その家に乱入する。
⑧そして既に死んでいる主人公の老母を斧で切る。
⑨主人公は母親の死骸を利用、これを誤って殺したと思い込んだ者から示談金を取る。
⑩副主人公が主人公の嘘を真に受け、自分の家の老女を殺してその死骸を売りに行き、騙されたと知って立腹、主人公を川に沈めようとする。
⑪主人公は通りすがりの人を騙し、これと入れ替わり、その人の所有物をせしめる。
⑫龍宮で良い物を貰った、と主人公から聞いた副主人公は、自分から言い出して、主人公によって川に沈められる。

『二人むく助』との相違点は次の四項目である。

①主人公と、彼に騙される長者は、同じ名前ではない。
②主人公が立ち寄った家の女房が亭主に内緒で引き入れているのは、飲み仲間の女性ではなく、間男。
③主人公が川に投げ込まれようとした時、身代わりに仕立てるのは、家畜を連れた男。

④主人公は、騙した相手を滅ぼしてしまうばかりでなく、その妻と財産も手に入れる。

右の四項目のうち、②③④はいずれも先に（二）で紹介したノルウェーの民話「大ペーターと小ペーター」と基本的に一致する。特に④は、主人公のやり口がとことんまで徹底しているので、前倫理的とでも表現すべき粗野で雑駁、かつ明朗な民衆の感覚に適合していて、いっそ痛快である。更に「大ペーターと小ペーター」が、アンデルセンが幼少時に聞いたという故郷フューン島の民話と変わりない、と仮定できれば、壮大なイコール関係が成立する。つまり、日本の東北地方で語られていた民話「馬喰八十八」は、最初の語り手（たち）がそれに依拠したと思われる紅葉の翻案物語『二人むく助』はおろか、紅葉が素材としたアンデルセンの物語「小クラウスと大クラウス」をも飛び越え、その下敷きとされたデンマークの民話と一致する、という式である。東北のある優れた民話の語り手（たち）が、紅葉の『二人むく助』を読んだか、あるいは、この方が可能性がより大きいかも知れないが、聞いたかして、一代でか、それとも二代かかってか、フォン・デア・ライエンのいわゆる「物語共同体」[*36] Erzählgemeinschaft内で語りに語るうちに、紅葉の翻案時の冗漫でさかしらな書き込みがすっかり払拭され、訂正され、補完され、いかにも民話らしい骨太な物語に生まれ変わった、と論者は想定する。W・アンダーゾーンの言う民話の自己訂正の法則が遺憾なく働いた、と考えられよう。

八

けれども、『二人むく助』のひとつのモティーフとして日本に移入される前に、トリックスターが水に沈められようとするが、通りすがりの者を身代わりにして窮地を脱し、最終的に成功者となる話型の民話が日本に伝承されていたことは確実と思われる。『日本昔話大成』第十巻笑話三の六一八番「俵薬師《たわらやくし》」

がそれである。

「俵薬師」の代表として前掲書で紹介されている青森県弘前市で採録された話の粗筋は以下のようである。

①嘘五郎という男が、大金持ちのところに下男として奉公する。嘘ばかりつく。旦那は、この下男に恥をかかせよう、と難題を出すことを思いつく。

②二匹で十里ある魚を買って来い、と命じられた嘘五郎は、釣をしている少年に教えられ、ゴリ〔ハゼ科の川魚。ヨシノボリ〕、つまり「五里」を二匹持って帰る。

③「なんだば」〔何だね〕という物を買って来い、と命じられた嘘五郎は、老人に教えられ、竿に黒い物を巻きつけて主家の前に立てる。それを見て怪訝《けげん》に思った旦那は、嘘五郎に向かって、そこに立っているのはなんだば、と言ってしまう。

④二回燃える焚き物を取って来い、と命じられた嘘五郎は、また別の老人に教えられ、笹を背負って帰る。笹は先に葉が、後から茎が燃えるから、二回燃えることになる、というわけ。

⑤旦那は鳩が大好物。嘘五郎は山に登り、松の木の根方に噛み潰した米を撒いて鳩の糞のように見せかけ、梢には巣の拵え物を置く。旦那を誘うと、旦那は喜んで同行し、松の木に登る。嘘五郎は頃合を見計らって、旦那の腰に結び付けておいた細引きを引っ張り、旦那を木から転がし落とす。気絶している旦那を山に残し、旦那は財産を皆やる、と言って死んだ、と旦那の家の者に告げる。親戚中総出で山に行って、旦那を連れ帰る。

⑥怒った旦那は、箱〔類話では俵〕に嘘五郎を入れて釘付けにし、海に投げ込ませようとする。金を溜めていた、と嘘五郎に言われて欲を出した箱の担ぎ手は、箱を海辺に置いたままで立ち返る。嘘五郎は

箱の中で、「目の用心、目の用心」とどなっている。そこへ魚の荷をどっさり付けた馬二頭を曳いた男がやって来る。箱の中に入っていたら病気の目が治った、と言う嘘五郎の言葉を真に受けて、蓋を取って、代わりに箱に入る。嘘五郎は箱を釘付けにし、海へ流してしまう。

⑦龍宮で魚と馬を貰って来た、と嘘五郎に聞いた旦那は、自分も箱に入って、海に投げ込ませる。

⑧嘘五郎は旦那の跡を取る〔これは、旦那の財産ばかりでなく、その妻をも自分の所有にした、と考えられる。少なからぬ類話でそう語られている〕。

教訓はこうである。

そんだはんで嘘へば、まんず、どごまで嘘しても、その嘘しきへればりっぱねなるって〔そういうわけで嘘というものは、どんな嘘だって、嘘を徹底させれば立派な者になるんだってさ[*37]〕。

この話の主人公の特性にはいたずら者（⑤）と詐欺師（⑥以下）が混じっているが、これはそのままトリックスター、とりわけアフリカなどの民話に見られるそれに相当する。しかし、②③④は頓知問答であるにも関わらず、主人公はなんら知恵を出してはいない。全てたまたま遭遇した相手に教えられている。ここでは嘘つきというより、狂言の太郎冠者《たろうかじゃ》にしばしばふられるような役割、単純な間抜けに過ぎない。

この話と『二人むく助』の関係はどう考えたらよいのか。

関敬吾氏はこう述べている。

「馬の皮占《かわうら》」(「馬喰八十八」の話型)の分布は地域としては南西諸島から青森に及ぶその類は十指にみたない。これに反して「俵薬師」はほとんど全国に分布し、その記録されたのは五十に近い。この話の中には「俵薬師目の養生」という唱えことばがあるが、このことばは十七世紀末の文献にも見えているほどで、これがはたしてアンデルセンの紹介以後にこれほど広く分布したかどうか。われわれにとっては興味ある分布である。[*38]

論者なりの思案はこうである。

「俵薬師」と『二人むく助』との共通エピソードは、嘘をついた主人公が水に沈められそうになるが、通りすがりの者を騙して身代わりにする、という一点に過ぎない。「俵薬師」の主人公の嘘は、類話を見ても、『二人むく助』のそれとは全く異なる。「俵薬師」には『二人むく助』にはない、〈類話によれば、旦那の遺言と称して〉旦那の妻と財産を我が物にする、という極め付きの締め括りが備わっている。従って、少なくとも弘前市採録の「俵薬師」と『二人むく助』、つまり、紅葉による『小クラウスと大クラウス』の翻案とは無関係である。通りすがりの者が眼病を患っているのにつけ込んで、「眼病が治る」と騙して入れ替わる、これが、優れた語り手によって『二人むく助』のあのエピソードに採り入れられ、「龍宮に行ける」、あるいは「極楽に行ける」と交換されて「馬喰八十八」になり、いよいよ日本の民話の風貌を帯びたのであろう。

注

*1　アンデルセン、ハンス・クリスチャン著、大畑末吉訳『我が生涯の物語』、二〇四ページ

＊2　ニールセン、エアリング著・鈴木滿訳『アンデルセン』、九九ページ

＊3　日本児童文学学会編『アンデルセン研究』、三三七ページ、アンデルセン著・林穣二訳「『童話と物語』のための自註　一」

＊4　前掲書、三三四ページ、アンデルセン著、林穣二訳「一八三七年版童話集の序文」

＊5　前掲書

＊6　Aarne, Antti / Thompson, Stith: *The Types of the Folktale.* に拠る。

＊7　原タイトル不明。雑誌「デンマーク研究」Danske Studie. 1906. 一六三ページ所載、とのこと。

＊8　雑誌「文学界」Orbis Litterarum, København 1956. 四〇七—四一六ページ所載、とのこと。

＊9　論者は、「教区の坊さん」でよい、と思うが……。

＊10　鈴木徹郎著『ハンス・クリスチャン・アンデルセン　その虚像と実像』三一八—三一九ページ

＊11　Bolte, Johannes / Polívka, Georg: *Anmerkungen zu den Kinder- und Hausmärchen der Brüder Grimm.* Bd.II. S.11f.

＊12　『ノルウェーの民話』注、三二六ページ

＊13　一八四二年デンマークの首都コペンハーゲンに生まれる。ユダヤ系。同時代のヨーロッパ最大の文学研究者・批評家。『十九世紀文学思潮』は特に名著とされる。

＊14　デンマーク最高裁判所長官J・N・ヒュースト Høst が一八三六年に発行した評論誌。

＊15　日本児童文学会編『アンデルセン研究』、三〇九ページ、ゲオー・ブランデス著、鈴木徹郎訳「人間として、童話詩人としてのH・C・アンデルセン」

＊16　前掲書

＊17　unibos=unus（一）＋bos（牡牛、牛）。ラテン語。「べこ」はわが国東北で牛を指すので、仮にかかる訳語を当ててみた。

＊18　Bolte/ Polívka: *Anmerkungen zu den Kinder- und Hausmärchen der Brüder Grimm.* Bd. II. S.6f.

＊19　たとえば、KHM Nr.71. Sechse kommen durch die ganze Welt.

＊20　Einhirn＝ein（一）＋Hirn（脳）。ドイツ語。

＊21　Spies, Otto. Herausgegeben und übertragen von.: *Türkische Volksmärchen.* S.292ff. 〈Nr.59 Der Köse〉
鈴木満訳「中近東の民話」（「世界の民話」第一期第八巻）第三一番「ずる《ケーセ》」

＊22　木村小舟『改訂増補少年文学史　明治編』上巻、二二〇ページ

＊23　アンデルセンに初めての国際的名声をもたらしてくれた『即興詩人』（一八三四年刊）は、「同年中に独訳され、一八三八年スウェーデン語版、一八四四年ロシア語版、英語版、米語版、一八四六年オランダ語版、一八四七年フランス語版、一八五七年チェコ語版、ポーランド語版がでた……」（E・ニールセン著・鈴木満訳『アンデルセン』九九ページ）。そして、「彼のメルヒェンと物語 Eventyr og Historier は年年世界の国国で新刊がでる」（前掲書二二一ページ）。また、一八四七年にアンデルセンは、「オランダ、イギリス、スコットランドへでかけた。このとき彼はディケンズと親しくなったばかりでなく、著作の英語での出版について有利な契約を結んだ」（前掲書一〇六―一〇七ページ）。従って彼の長編小説や紀行文学はともあれ、メルヒェンと物語の英語版は十九世紀の半ば以降ありふれた存在だった、と考えられる。

紅葉自身端書きに「あんだあせんが物かたりを補訳するとて」と記しており、細かい点まで原文を辿っている。

＊24　尾崎紅葉『浮木《うきぎ》丸《まる》』は、初め『三《み》すじの髪』の題で一八九三年（明治二十六年）一月一日から一月三十一日まで「読売新聞」に連載（全二十三回）されたが、新聞連載だけあって別に児童を対象としたものではない。さながら講釈本を読むようである。各所に筋とは関係ない筆が入り、ちゃらっぽこな無駄が多い。これはこれでおもしろいが、実は種はKHM二九番の「黄金の毛が三本生えている悪魔」Der Teufel mit den drei goldenen Haaren である。グリムのメルヒェンに親しんでいた友人巌谷小波に粗筋を聞いて、それを素材に自由自在に筆を舞わした、翻案ともいえない作品か、と推測する。『二人むく助』とは一読して構成が異なることが分かる。

＊25　大畑末吉訳『完訳アンデルセン童話集』1、三六ページ

＊26　『紅葉全集』第二巻、四一三ページ

＊27　大蘇芳年に師事。初め年甫と称して浮世絵に活躍。巌谷小波『こがね丸』の挿絵で一躍認められる。硯友社同人。

＊28　続橋達雄著『児童文学の誕生　明治の幼少年雑誌を中心に』一六三ページ

＊29　〔三〕参照

＊30　木村小舟著『少年文学史　明治編』別巻、一七四ページ以降

＊31　物語の中ではこの漢字が用いられている。「椋鳥」〔田舎者〕を連想させようとの命名か。

＊32　関敬吾著『日本昔話大成』第十巻、一〇七ページ

＊33　フリートリヒ・フォン・デア・ライエン著・山室静訳『メルヘン（昔話）』、一六一ページ

＊34　一八八六（明治十九）年岩手県上閉伊《かみへい》郡土淵村（現在遠野市）に生まれる。遠野およびその周辺に伝わる神話・伝説・昔話を、柳田國男に語り、柳田がこれを筆録し、『遠野物語』として上梓したのは有名。蒐集調査して纏めた昔話に『江刺《えさし》郡昔話』、『紫波《しわ》郡昔話』『老媼夜《ろうおうや》譚《たん》』、『聴耳草紙《ききみみぞうし》』、『農民俚《り》譚《たん》』（「和賀《わが》郡昔話」・「岩手郡昔話」・「胆沢《いざわ》郡昔話」を没後纏めて出版したもの）、研究書に『東奥異《とうおうい》聞《ぶん》』などがある。昭和八（一九三三）年仙台市で死去。

　名前「喜善」はどう読むのか。山田野理夫編・佐々木喜善著『遠野の昔話』（『農民俚譚』の内容に「鳥虫木石伝」・「遠野手帖」・「縁女綺聞」を更に追加したもの）の奥付では「喜善《きぜん》」となっている。僧侶の法名《ほうみょう》のような読みだが、だからこそ功徳になって、息災・長命に繋がる、という考え方が遠野にあった由を現地で聞いたので、論者はこれに賛同する。

＊35　佐々木喜善著『聴耳草紙』七四ページ以降、筑摩叢書二十八、一九六四年初版。こちらでは奥付の読みが「喜善《きよし》」となっている。

＊36　フリートリヒ・フォン・デア・ライエン著・山室静訳『メルヘン（昔話）』、一六二ページ
＊37　関敬吾著『日本昔話大成』第十巻、一〇九ページ以降
＊38　関敬吾著『日本昔話大成』第十巻、一二四ページ

参考文献

邦文（邦訳を含む）

アンデルセン、ハンス・クリスチャン著・大畑末吉訳『我が生涯の物語』、岩波書店、一九八〇年第四刷
大畑末吉訳『完訳アンデルセン童話集』一、岩波書店、一九八一年第二刷
尾崎紅葉著『紅葉全集』第二巻、岩波書店、一九九四年第一版
木村小舟著『少年文学史　明治編』別巻、童話春秋社、昭和十八年初版
木村小舟著『改訂増補少年文学史　明治編』上巻、童話春秋社、昭和二十四年初版
佐々木喜善著『聴耳草紙』筑摩叢書二十八、筑摩書房、一九六四年初版
佐々木喜善著・山田野理夫編『遠野の昔話』、宝文館出版、昭和六十三年初版
鈴木徹郎著『ハンス・クリスチャン・アンデルセン　その虚像と実像』、東京書籍、昭和五十四年初版
鈴木満訳「中近東の民話」（『世界の民話』第一期第八巻）、ぎょうせい、昭和五十二年初版
関敬吾著『日本昔話大成』第十巻、角川書店、昭和五十五年初版
ニールセン、エアリング著・鈴木満訳『アンデルセン』、理想社、一九八三年第一版
日本児童文学学会編『アンデルセン研究』、小峰書店、昭和五十年第二版
続橋達雄著『児童文学の誕生　明治の幼少年雑誌を中心に』、桜楓社、昭和四十七年初版
フォン・デア・ライエン、フリートリヒ著・山室静訳『メルヘン（昔話）』、民俗民芸双書五十七、岩崎美術社、

一九七六年初版

欧文

Aarne, Antti/ Thompson, Stith: *The Types of the Folktale.* A Classification and Bibliography. 〈FF Communications No.184.〉 Helsinki 1964.

Bolte, Johannes/ Polívka, Georg: *Anmerkungen zu den Kinder- und Hausmärchen der Brüder Grimm.* 5 Bde. Georg Olms Verlagsbuchhandlung. Hildesheim 1963.

Spies, Otto. Herausgegeben von.: *Türkische Volksmärchen.* Eugen Diederichs Verlag. Düsseldorf/ Köln 1974.

名前の魔力
――フランスお伽話『リクダン・リクドン』考

一

フランスの十七世紀末から十八世紀初頭にかけて、貴族階級やそれに準じる階級の教養ある女性たちが少なからず、妖精《フエ》が狂言回しに重要な役割を演ずる複雑精緻な物語の執筆に熱中した。妖精物語〔あるいは仙女物語〕は文学上のジャンルともなった。これを同時代のフランス文化の諸方面に渉《わた》る流行様式から、バロックお伽話と名付けることができよう。もっともそのうちでことさら華奢であえかな作風のものは、ロココ〔ロココはバロックよりいくらか後期のフランスの文化様式だが〕物語との形容がよりふさわしいかも知れない。

さて、貴婦人たち云云《うんぬん》とは申せ、一六九五年、手書き本の形で太陽王ルイ十四世の姪である王弟殿下御長女《マドモアゼル》に奉呈（書肆《しょし》からの出版は一六九七年）され、この種の文学作品の先鞭をつけたお伽話集『過ぎし昔の物語、あるいはお伽話、ならびに教訓』またの名『鵞鳥おばさん〔つまりマザー・グース〕のお伽話[*1]』の作者は、いまだに議論が決着しないようだが、シャルル・ペローであるにせよ、その三男ピエール・ペロー・ダルマンクールであるにせよ、はたまた両人の合作であるにせよ、いずれ男性ではある。レ・スーポールはその編訳書『フランスのお伽話[*2]』の後書で、シャルル・ペローの作にほかならぬと断じ、その理由をこう記している。

子どもたちにこういう物語を話して聞かせたのは女たちだったのだし、著者と名乗るには自分の名誉ある名が惜しまれたからである。しかし子どもたち〔本の内容を成す諸篇が成立したであろう期間、若い妻に先立たれたペローは四人の子どもを抱え、その教育に当たっていた〕は民間伝承のお話に夢中になるので、彼は文体練習としてこれらを書き下し、ついでテキストを訂正、自らの教育任務を意識して、結びに韻文の倫理的な隠れ蓑《みの》を纏《まと》わせたのだ。

しかし上層階級に属してはいても、女性《にょしょう》の身にはこうした内的制約はなかったと見える。そうした女流の書き手で著名なのは、いわゆるペローお伽話が世に出る五年前既に、民話をその小説『イポリートの物語』（一六九〇年）に織りこんだオーノア男爵夫人で、ペローお伽話が出版された一六九七年の翌年から、大部な（全四巻）『新お伽話、あるいは、当世風の妖精たち』を次々と公刊している。これに収録されている二十四篇の物語は、民話の主題をそこここで取り入れてはいるが、天馬空《てんばくう》を行くとでもいうか、題材の処理は自由自在、時代と貴族階級の好尚に引きつけている。これら本好きの「女子《おんなこ》ども」〔こうした形容は現代では大きな反発を招こうが、時代を考えて戴きたい〕を魅了した当時のフランス閨秀《けいしゅう》作家としては、他にミュラ夫人、オウヌイユ夫人、ラ・フォルス嬢、レリチエ・ド・ヴィランドン嬢などが挙げられる。

レリチエ・ド・ヴィランドン嬢はペローの姪で、自分も民話を素材に作品を書き、また、ペロー童話の成立に重要な役割を果たした、と新倉朗子氏は指摘しているが、*3 フルネームは、マリ＝ジャンヌ・レリチエ・ド・ヴィランドン（仮に直訳すれば、ヴィランドン領の相続人マリ＝ジャンヌ）（一六六四―一七三四）である。ペローお伽話と同時期の一六九五年、九六年、「ウーヴル・メレ」つまり「反古《ほご》の吹き寄せ」〔いろいろな作品から成る本〕なる幾人かの寄稿集の中で作品を出版している。この女性の著した『暗き塔とまばゆき昼。英国お伽話』に、論者にとって興味深い物語「リクダン・リクドン」が入っているので、ここに訳出する。ただし、ドイツ語訳からの重訳であるのに加え、ドイツ語訳は抄訳である。つまり、このドイツ語訳は、フェリクス・カーリンガー『富籤《とみくじ》入れ壺奇譚《きたん》。バロックお伽話』所収のもの——ウルフ・ディーデリクス編『一八〇〇年以前のフランスお伽話』[*4]——で、フランス語原典である枠物語〔ある物語が更にいくつかの物語を含んで語り出す形式を枠物語という。枠物語の代表は『千一夜物語』〕の枠の部分だけ省略されている。結末近く、筋の不分明な点と明らかな省略が見られるのは、こうした抄訳のためと思われる。

二

リクダン・リクドン

その名はすでに史家《しか》たちもしかとは弁《わきま》えてはいないヨーロッパのさる麗しき王国をかつてある君公が治めていらっしゃいましたが、この方は、その誠実さ、その心根の実直さ、そして臣下たちに注ぐ父親のような愛情のため、プリュドム（公正）王なる栄光に満ちた名を得ておられました。王さまが結婚あそばしたさる姫君は、多くの美徳のほかにぴちぴちしたまめな気性をお持ちであられたので、いつもなにかしら仕事をみつけるのがお楽しみの種。そこで民衆がたてまつった綽名が「せっせこ王妃」。王さまと王妃さまの間にはご子息がひとりおありなだけで、この王子さま、母君からたしかに活発なご性分は受け継いだものの、仕事好きなところはこれっぱかしも。その分せっせと遊びごとに夢中で、いつも慰みを追いかけ、舞踏会、お芝居、お祭、さては盛大な狩などが大のお気に入り、一言で申せば、娯楽なしでは夜も日も明けぬありさまです。そこでついたお名前がエマン＝ジョア（道楽）王子。

ところで世間がびっくりするのは、こんなに若くて、お綺麗で、威勢のよい王子さまがどこかの女性にうつつをぬかすこともなく、恋の喜びをご所望なさったこともないということで。

さて、王子さまがまたしても馬で狩猟におでかけになったある日のこと、お付きの者と離れ離れになり、すっかりうち捨てられたように見えるとある村落をよぎったのですが、ごらんになったのは、鄙びた園から歩み出た輝くばかりに美しい一人の乙女。この眉目麗しい娘と連れ立っていたのは、いとも無愛想な容貌の老婆で、娘を道の反対側にある農家にひっぱっていこうとしているところ。少女は亜麻《あま》を巻いた糸巻棹をたずさえ、裾をからげたスカートに入れているのは摘んだばかりの園の花花。老婆は乙女からその花をひったくり、道の真ん中にそれを投げ捨て、いくつか乱暴にこづくと、また、ぐいと相手の腕をつかみ、荒荒しい声でどなるには、

「とっとと行くんだ、この強情っぱりの小《こ》あまっちょ。うちへ入んな。あたしの言うことをきかない奴に、どんな花が咲くか、中で目に物見せてくれる」。

この椿事《ちんじ》を眺めるために駒を止めていた王子は老婆にちかづき、おだやかな口ぶりでこう声をかけました。

「もし、お内儀《ないぎ》、この年若な娘御にさように辛く当たっているのは、どうしたわけ。これほどひどくあなたを怒らせるとは、いったいその子は何をしでかしたのです」。

もとよりお腹の中が煮えくりかえっている百姓女は、内輪の揉めごとに嘴《くちばし》を差し挟まれたくはありません。すんでのこと思い切りずけずけ言い返してやろうとしたのですが、この余所者《よそもの》の身なりに目が留まりますと、なんとも絢爛《けんらん》豪華なので、着ている人がお金持ちなことに思い至り、相手が身分のある殿方だと分かったので、気持ちをおさえ、刺刺《とげとげ》しい口調でこう答えるだけで満足しました。

「だんなさま、あたくしが娘とけんかしておりますのは、この子がいつもいつもあたしが言って聞かせ

ることと正反対のことをするからなんでございます。もうこれ以上糸紡ぎをやらせたくない、と申しますのに、これときたら朝から晩まで紡いでばっかり。それもこの子みたいなひとでなきゃやらないたぐいの念入りさでねえ。あたくしがこの子に小言を言っておりましたのは、あんまり糸を紡ぎすぎるからでございますよう」。

「なんとな」と王子。「それがかわいそうな娘御《むすめご》をそんなに手厳しく叱る理由になろうか。ああ、まったくのはなしですがね、おかみさん、糸紡ぎをしたがる女の子たちが癪《しゃく》に障るのでしたら、娘御を王妃さまであるわたしの母上のもとへご奉公に上がらせればよいのですよ。母上は大勢の糸繰り女が仕事にはげんでいるのをごらんになるのがそりゃあお好きだから」。すると婆さま、得たりや応で、

「おや、さようでございますか、御前《ごぜん》さま」と返事をしました。「このお洒落《しゃれ》むすめが器用なお蔭でお優しいお妃さまにお気に召すだろうとおぼしめしなら、どうぞすぐにお連れくださいまし。なにぶんこれときたらもういやっていうほど長いこと、あたくしの重い首っ枷《かせ》でしたんでね、外《ほか》へやりましても困りゃしません」。

こう言葉をかわしているうちに、お付きの者の一部がその場にやってまいりましたので、王子は侍従のひとりに、少女をご自分の馬の後ろ鞍に乗せるようお言いつけになりました。この児《こ》はかわいそうに顔中流れる涙でいっぱいです。でも、さめざめと泣いておりましてもなんともいえぬ愛らしさはいっこう損なわれません。王子はなだめすかそうと心を用い、腕に嗜《たしな》みがあるのだからきっと王妃さまのご愛顧をこうむることになろう、と保証しました。しかしながらみじめな児は、ぐるりを囲んだ狩の郎党たちのせいで惑乱しきっておりましたから、言われたことの半分もろくすっぽ分かりはしませんでした。

おっかさんは、娘がこれからどうなるかなんてことにはこれっぱかりもかけかまいなく、出て行かせたのですが、村の衆たちは大きくぎろぎろ目をみはり、黄金《きん》づくめの衣装をまとった殿さまがたの真ん

中にいる乙女の姿をいくら眺めても眺め足りぬ、と思いました。一同、王子のお小姓たちから、彼女が王さまのところへ連れていかれるのだと聞いたものですから、若い村娘たちなんぞはみんなもう羨ましいのなんの。

王子は帰りの道すがら、この麗人の名がロザニイだということを聞き出しました。一行が王宮に到着しますと、王子は母君に、この子こそ天分でも勤勉さでも国中いちばんの糸繰り女です、と引き合わせました。お妃さまは好意に溢れて乙女を迎え、注意深くごらんになり、その慎ましやかで人の心をうつ天賦の優雅さを褒めちぎられましたが、これは、完璧な美貌を鼻にかけている某某《しかじか》の女官がたにはいささかならぬ侮辱でございました。王妃さまはロザニイを翼廊《よくろう》のひとつに住まわせることになさいましたが、そこには世界中から集まった極上の亜麻を詰めこんだ一連の続き部屋がしつらえられておりました。ありますものはシリア産の大麻《たいま》、イタカ島産の亜麻、それからブルターニュやピカルディからもたらされた亜麻、フランドル地方の亜麻、はたまた、灼熱の炎でも焼くことのできないというあのなんとも得難い亜麻[*5]も見られました。そしてロザニイはそれがすばらしい知らせであるかように、仕事をはじめるには、これらの亜麻のうちから選びだすだけでいいのですよ、と告げられたのです。それからこうも言われました。どっちみちあなたにはどうでもよいことかもしれませんわね、だってあなたはだれよりも若くて腕がよいのですし、あなたをずっとお手元にとどめて優しくしてやりたい、とおっしゃっておられるお妃さまは、あなたにこれを全部紡ぎあげてほしい、とお望みなのですものと。

ひとり残されますと哀れな少女は、このうえもなく激しい懊悩に身も世もありません。実はね、この子はほんの数時間糸を紡がなきゃならないとしたってもう堪らない罰だと思うほど、糸繰り仕事がどうにも我慢できない性分だったのです。でも、母親の意地悪のせいで追いこまれたこの苦しい羽目から逃れる術《すべ》はありません。もっとも、くれるものといったらむごい打擲《ちょうちゃく》だけだったあの母親の両手から解放されたのは嬉しいことでしたし、お妃さまがいとも懇《ねんご》ろに膝下《しっか》に迎え入れてくださったのにもぼうっとする思いでした。次の朝、王妃さまはロザニイのもとに人を遣わして、拝謁を仰せつけられました。折しもこの日はみんなが綺羅《きら》を飾って参内《さんだい》しておりました。そこでロザニイがまかりいでますと、貴婦人がたがぐるりを取り巻いての品定め。彼女の眉目かたちは羨望の的となりました。王さまは、それまでこの子をごらんになっておられなかったのですが、このとき王妃さまのところにおられたので、その青春の美しさをご嘉納あそばし、嘆賞なさったことでした。これまたその場に居合わせた王子は、お父君よりはるかに彼女に思いをいたし、やわか劣るまじとお愛想をふりまきました。ロザニイが、質素な菫色の胴衣《ボディス》や鄙びた髪型にもかかわらず、彼女を目にしたすべての人人を魅了したのは確かでございます。腰回り《ターイユ》がほっそりと愛らしく、ろくに受けもせずじまいだったであろう躾《しつけ》にも似ず、田舎めいたけしきは微塵もない軽やかな身のこなしが見て取れました。こよなくすばらしい黄金《こがね》の髪が雪花石膏《アラバスター》のような額を飾り、その下には活気と甘美さが溢れんばかりの大きく青い双の眼がきらきら輝いております。それから美しい形の鼻と小さく優雅な口、そして最後に、完璧な美しさには欠かせぬほれぼれするような歯並び。彼女の肌はうっとりするように艶《あで》やかです。手っとり早く申せば、この乙女はぴりっとする魅力を放散、美の神髄とは何かをありありと啓示していたのでございます。

　美人を標榜《ひょうぼう》している女官がたはみんな、ロザニイに対する激しい嫌悪に駆られ、彼女の容貌であれ体つきであれ、なにかみっともないところはないかと鵜《う》の目鷹《たか》の目になりました。果ては、あの子の身につけておりますのはおかしなものだらけで、宮廷中の評判でございます、と非難轟轟《ごうごう》。

　王さまはお歩行《ひろい》の折王妃さまに、あの綺麗な糸繰り女に別の衣装を遣わしたらどうか、さもないと宮廷の他の少女たち一同にくらべあまり際立《きわだ》ちすぎるからのう、とご忠告。王妃さまは、わたしもとうからそう存じておりました、とお答えになり、実際数時間後ロザニイのもとに、当時プリュドム王の宮廷にはやっていた流行の先端を行くドレスや鬘《かつら》がいろいろ運ばれてまいりました。お妃さま付きのお腰元衆が腕によりをかけて彼女の髪を梳《す》きあげ、衣装を着せ、これからどんな風にふるまうべきか教えこみました。このように装い凝らしたロザニイが王子の前に姿を現しますと、こちらはもう夢中、これまでこんなに美しい女性はついぞ見たことがない、と感嘆しました。

宮廷で何日か過ごしたロザニイのもとへ、お妃さまがあなたの手仕事の果実をごらんになりたいとの思し召し、という知らせがまいりました。少女はこれまで厭でたまらぬ仕事をありとあらゆる逃げ口上でうまく引き延ばしていたのですが、彼女の敵対者たちはとうから疑念を抱き、ロザニイの糸紡ぎの見本を拝見したいもの、と王妃さまにおねだりしたのでした。

乙女はこの通牒《つうちょう》に抗《あらが》うことはできず、御殿をあとにしてお庭へとたどってまいりました。途中思案しつづけたのはおのが不幸せな運命のこと。そしていっそ手荒でむごい母親のところへ帰ってしまおうとしたこともいくたびかでした。けれども父親が行方不明になってこのかた蒙った仕打ちを思い出しては、この考えを振り捨てました。しかし、僅かなあいだにぶきっちょなことを暴《あば》き出され、お仕置きを受けないまでも御殿から放逐されやしないか、と心配でしたから、後戻りする勇気もあらばこそ。それでは死ぬほか解決の途《みち》はないように絶望した身には思われてなりません。とつおいつ思案しながら足を踏み入れたのは、とある塔《パヴィヨン》の敷地です。これはこんもりした森の真ん中にあって、その前の日に女官のかたがたが教えてくれたもの。彼女はこの建物の上階に昇り、どこかの窓から飛び下りるつもりでした。ところで、ちょうどかなたのパヴィヨンに通じる小《こ》径《みち》を横切ったロザニイの目の前に不意に現れたのが、背の高い、褐色の肌をしたみなりのよい男。暗鬱な表情をにこやかな微笑みに変えて、こう言葉をかけたものです。

「どこへ行くの、綺麗な嬢《じょう》ちゃん。おまえの目から涙が流れているように見えるけれど。どうしたことかわたしに言ってごらん。おまえを助けてあげられないなんてことはめったにありはしないから」。

「ああ」とロザニイ。「わたくしの胸の重石《おもし》を取るてだてなどございませんわ。ですから、わけを申しあげても無駄でございます」。

「もしかすると」と男は話を継ぐ。「事はおまえの思うほど絶望的ではないかも知れぬ。それに、少なくとも人に話せば苦しみは軽くなろうというもの。なにが心配の種か打ち明けなさい。このわしほどおまえに同情する者はまずほかには見当たらんよ」。

「そうまでおっしゃってくださいますなら、わたくしの身の上をあなたさまにお話しいたしましょう」とロザニイは応じました。

「わたくしは不幸せ者、生い育ちの境遇はとても暗《くろ》うございました。父親は気立てのよい実直なお百姓で、村中の信頼を集めておりまして、わたくしをなみはずれた優しさで可愛がり、小さいときからできるだけりっぱな教育が授かるよう心を配ってくれました。今日わたくしが貞潔を高く尊び、それにまんざら愚かでもありませんのは、ひとえに父のおかげでございます。母親はそれが気に入らず、父とよくいさかいをし、甘やかしすぎる、気儘《きまま》にさせすぎる、と申しておりました。でも父は、なんと非難されましょうとも、わたくしをいとしく思いつづけてくれたのです。ほかに子がおりませんでしたのでなおさらだったのでございましょう。ああ、でも悲しいこと、この幸せは長くはもちませんでした。父はどこかへ旅に出ました。何の用でしたか母もわたくしも知りませんでした。ずうっとふたりで父の帰りを待ちました。けれどなにか災いに遭ったのでしょう。もうあれからずいぶんになりますもの。

母は自分が家の主《あるじ》となったことを見澄ましますと、わたくしにつっけんどんな仕打ちを始めました。わたくし、糸紡ぎができないものですから、二日というもの母に苛められておりましたら、王さまのお世継ぎが通りかかられ、わたくしがひどい仕打ちに遭っているのをごらんになり、わけをお訊きになりました。すると、母は、わたくしが糸を紡ぎすぎるからだなんて申したのでございます。王子さまはそれを頭から信じこまれました。お妃さまはとても勤勉なかた、仕事好きの糸繰り女たちをご寵愛です。ですから王子さまはわたくしの母に、母君さまのところへ連れて行ってもよいか、とお頼みあそばしました。それでわたくし、王国中で飛びきり上等、いちばん器用な糸繰り女でございます、とお妃さまにご披露されたのですが、わたくしがこうした腕をほんとうに持っているかということはどなたも検分なさっていなかったのです。でもお妃さまはすっかりそれと思いこまれ、もうもうそれはそれはひどい量のお仕事をお言いつけです。わたくし、もう亜麻を目にいたすだけで身の毛がよだちますの。

あの、お名前はまだ存じあげませんが、お気遣いくださいまして」、こう言って締めくくりますには、「もうよくお分かりでいらっしゃいましょう、この不幸せなわたくしが助かるてだてはございませんの」。

すると見知らぬ男が答えて申しますには、

「ほらここに、わしはこんな小さな杖を持っているだろ。これを手にとってごらん」。

ロザニイはその小さな杖を手に取り、じいっと眺めてみました。それはとってもちっぽけで、なんだか種類の分からない、灰褐色の磨きあげられた木でできており、きらきら光る石が一つ嵌《は》めこんでありました。その石は瑪瑙《めのう》ともつかず、電気石《トゥルマリーン》ともつかず、木の材質同様未知のものです。ロザニイがその小杖をしばらく検分して、このだれとも分からぬ男の手に戻しますと、相手は申しました。

「さてこの杖だが、なんともすばらしい効能をそなえているのだ。おまえがこれを大麻や亜麻の束に触れると、好きなだけの分量が毎日糸に紡ぎあがる。それもお望みどおりの細さでな。おまえにこの杖を三箇月貸してしんぜる。これからわしの言うことにおまえが同意するという条件でだが。今日から数えて三箇月経って、おまえがわしにこの杖を返すとき、おまえはこう唱えなくてはならぬ。『さあ、あなたの杖ですよ、リクダン・リクドン』、と。そうすりゃわしは杖を受け取り、おまえはわしになんの負い目もなしで済む。したが、今申した期日にわしの名前が思い出せないで、ただ、『さあ、あなたの杖ですよ』とだけ唱えたら、わしはおまえの主《あるじ》となり、どうしようが思うまま、好きなところへおまえを連れて行く。また、おまえもわしに従わねばならないのだ」。

ロザニイはどう返答したものか、しばらく思案しました。リクダン・リクドンなんていう名前を憶《おぼ》えているのはごく容易なようでしたので、渡りに舟のこの杖の助けを承諾しても別段怖いことはあるまい、と思いました。この杖が紡いでくれる極上の糸のおかげで、妬んでいる貴婦人がたのつんと澄ました鼻っ柱《ぱしら》を挫《くじ》くさまを脳裡に思い浮かべると、もういまから嬉しさ、楽しさがうずうずと萌《きざ》してまいります。そこで、すべてを秤《はかり》にかけおわると、彼女はこう申しました。

「リクダン・リクドンさま。わたくし、あなたさまお申し入れの取決めに同意いたします。契約にもう一つ条件をお認めいただければ、でございますよ。この杖でできた美しい糸で考えられるかぎりこのうえなく目の細かい上品な布地や壁掛け《タペストリ》を織りあげるすばらしい力もこれに加えていただきたいのです」。

「ああ、それはなんでもないこと。それからこれも保証しておくが、この杖はそのうえこれでおまえのドレスや結髪に触れれば、すべての若者がおまえの魅力のとりこになるほどおまえを綺麗にしてくれるよ」。

「よろしゅうございます。それじゃわたくし、契約いたします」。

「いや、まだそれを誓わなければいかん」。

「けっこうですわ。わたくし、絶対契約を破らないと宣誓します」。

「よし、手打ちだ。おまえがそういう厳かな形で約束したのは重畳《ちょうじょう》。今後ともなんなりとお役に立とう。またお目に掛かる日までおさらば、美しいひと」。こう言うなり男は小杖を彼女の両の掌に置き、立ち去りました。

ロザニイは取るものも取りあえず杖で髪と衣装に触りました。それからいちばん近くの小川を水鏡にしてびっくり。その綺麗で可愛らしいことが自分でも充分得心できます。そこで、この奇跡の小杖が、契約で取り決められた条件をすべて申し分なく叶えてくれるだろう、とよくよく分かったのです。

次の何週間かはまるで飛ぶようにうち過ぎました。ロザニイはせっせと杖を働かせ、紡がれた糸は絶賛を浴び、おおかたの大好評をいただいたわけ。王妃さまがこの娘を御心《みこころ》にかなうものとおぼしめしたばかりではございません、王子さまのこの子への愛《いと》しさは日に日にいや増す一方。

互いに想《おも》い想われる両者の恋が育つのと同じ比例でふくれあがってまいりましたのは、言うまでもなくロザニイの心配。つまりあの見知らぬ男に杖を返却しなければならない約束の日が怖くてたまりません。この子はあのへんてこりんな名前をふいっと忘れてしまったのです。あの名を記憶に呼び戻そうとありったけ気を張ってみましたがそれも無駄。名前が思い出せなければ、小杖の持ち主の気随気儘《きずいきまま》、どこへでも従《つ》いてまいります、という取り返しのつかない誓言《せいごん》を口にしたのが、そこでよくよく肝に銘じます。

ある日のこと王子は馬で狩におでかけになりましたが、野獣の追跡よりご自分の夢想のほうにうつつを抜かしていたものですから、お供にはぐれてしまいました。最愛のひとが気もそぞろなのを思い煩《わずら》いつづけていよいよ迷ってしまううち、ご家来衆にめぐりあわぬまま、とうとう夜になります。荒涼とした平野に駒をさまよわせておりますと、目に留まったのは宮殿の廃墟《はいきょ》。住む人もないさまですのに、窓の穴からぼんやりと明かりが洩れております。開けっ放しのうえ壊れている広間の窓辺に近寄り、館を取り巻く樹立《こだ》ちの枝越しに覗きこみますと、青みがかった輝きのなか、おぞましい容姿、きてれつな装束の連中がいくたりか目につきました。その真ん中におりますのは、どすぐろい皺ばんだ肌の男。こやつ、顔つきは凶猛、目つきは陰惨ですが、なにやらきわめてご満悦の態で、まこと余人には真似のできないしなやかさで踊るわ跳ねるわ。王子はこうした化け物どもの恐ろしい姿にそぞろ身震いを抑えきれず、目《ま》の当たりにしているのが地獄の住人どもであることを一瞬も疑いませんでした。けれどもまた、こやつらのあいだで真実の輪がみつかるかも知れないとも思い返し、耳をそばだてていますと、どすぐろい鬼めがこんなことをしゃべるのです。

「おれは明日この刻限に若いあまっこをここへ連れてこられると思う。そいつはほかの大勢の女郎《めろう》どもご同様の境涯になるわけだて」。

それからまた踊りだし、なんとも恐ろしい声音《こわね》で歌うには、

可愛い、かぼそい女の子、
無邪気な遊びしか知らない子。
おいらの名前はリクダン・リクドン。
そいつをあの子が憶えていりゃあ、
おいらの手には入らぬわい。だが、
あしたおいらは連れて来る。いや、

リクダン・リクドンの物語の悪魔が歌う唄

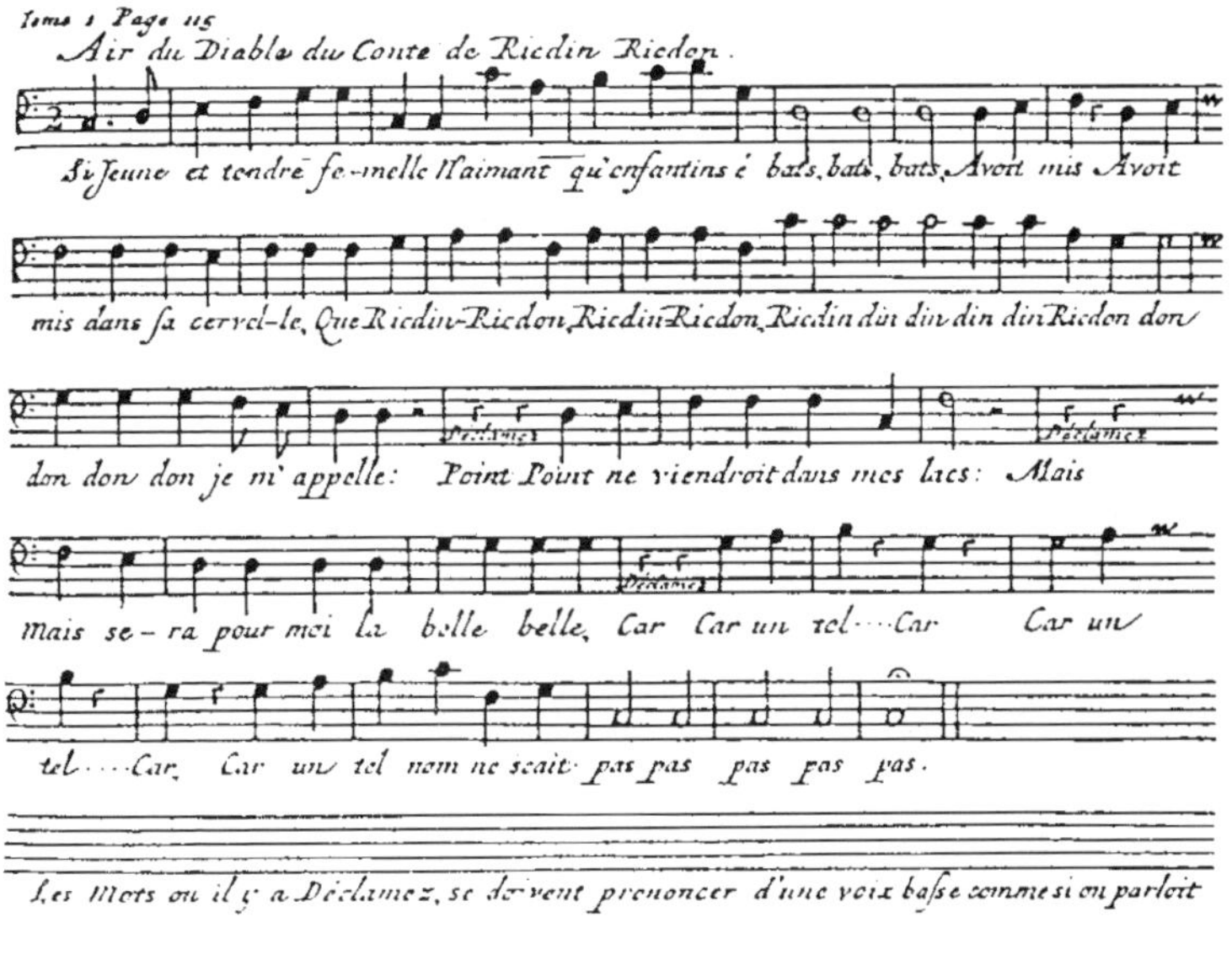

Tome 1 Page 115
Air du Diable du Conte de Ricdin Ricdon.
Si Jeune et tendre fe-melle n'aimant qu'enfantins é bats, bats, bats, Avoit mis Avoit
mis dans sa cervel-le, Que Ricdin-Ricdon, Ricdin-Ricdon, Ricdin din din din din Ricdon don
don don don je m' appelle: Point Point ne viendroit dans mes lacs: Mais
mais se-ra pour moi la belle belle, Car Car un tel....Car Car un
tel....Car Car un tel nom ne scait pas pas pas pas pas.
Les Mots ou il y a Déclamez, se doivent prononcer d'une voix basse comme si on parloit

だあれも知らぬおいらの名

王子は鬼どものあいだに飛び込んで、我と我が手で彼らを処罰してやりたくてむらむらしましたが、気持ちを抑えつけ、まもなく帰途につきました。しかし、まださほど駒を進めぬうち、突然三人の男が森のなかから出現、彼に襲いかかってまいりました。王子は雄雄しく防戦、腕も運も良かったので二人を倒しますと、三番目は逃げ去りました。後を追いたいのはやまやまでしたが、疲れがこたえましたし、そのうえ腕に負わされた創口《きずぐち》からずいぶん出血するのです。

しばらく道中しておりますと、ありがたいことに供の者たちと行き合いました。ご家来衆は若殿が手傷を負い、ぐったりしているのを見て、愕然とし、すぐさま怪我に包帯を巻きました。王子はいくらか回復すると、鞍に押し上げてもらい、宮殿に帰還したしだいです。

さてお話代わってロザニイは不安と焦燥にさいなまれておりました。小杖の持ち主が貴重な木製品を返してもらいに、彼女の目の前に現れる恐怖の瞬間が時時刻刻ちかづいてまいります。彼女は見知らぬ男の名を思い出すことができませんから、負けは目に見えております。

そうこうする間王子はあの三人の追剝どもとの闘いで受けた負傷を癒すために、ずっと床についたままでした。病人の気を紛らわすために、宮廷の人人が臥床《ふしど》の枕辺に集まりましたが、ロザニイも一日のうち数時間はお相手をしておりました。

ある日のこと、ロザニイが王子と二人きりになりました。すると王子は彼女に自分が身をもって体験した例の妙ちきりんなできごとを物語りはじめ、崩れかかった古い宮殿のこと、不気味な者どもが一座していたしだい、こやつらの面妖なふるまいを詳しく聞かせたのでした。さて、お話の中であのどすぐろい顔の悪魔の踊りと歌のところまでまいりますと、唄の文句をそのまま引用せずにはいられませんでした。それほど頭にこびりついていたのですねえ。

可愛い、かぼそい女の子、
無邪気な遊びしか知らない子。
おいらの名前はリクダン・リクドン。
そいつをあの子が憶えていりゃあ、
おいらの手には入らぬわい。だが、
あしたおいらは連れて来る。いや、
だあれも知らぬおいらの名

この文句を唱えますと、ロザニイがあっと叫び声をあげましたので、王子は最初びっくりしましたが、それが嬉しさ極まっての歓声だったのが分かって、ほっと安堵いたしました。
「神さま。わたくしに限りないお慈しみをお示しくださいまして、ありがとうございます」とロザニイは高らかに申します。王子が、どうしてそんなことを言うのか話してほしい、と頼みますと、ロザニイは言葉短かに、自分と小さい杖にまつわる異様なできごとを物語りました。彼女は、小杖の主が魔物に相違なく、そいつのいうことを聞くと約束してしまったのだ、と気づいて、驚きのあまりもう居ても立ってもいられません。王子は、皆目知らない人物と契約を結んだことで乙女をいくらか詰《なじ》らざるをえませんでしたが、恋に落ちた男はいとしく思う女のためにあらんかぎりの言い訳を見つけてやろうとするもの。王子もご多分にもれず、少女が年端《としは》も行かず経験不足なせいだと考えることにしました。そのうえ、自分が憶えていたことが幸いして、この手弱女《たおやめ》の身にあわや起こるところだったこのうえもない悲運を防ぐことができたので、もううっとり。彼はすぐさまみずからリクダン・リクドンという名前を木切れに書きつけ、それをロザニイに渡しました。

麗しい乙女は王子にどうお礼を言ったらいいかわかりません。

「ああ、御前さま。鷹揚《おうよう》なご気性ですでに一度わたくしを酷い誘拐者たちの手から救ってくださいました。そして今度はまた御前さまのとびきりのご記憶の良さのおかげでわたくし、もっと邪《よこしま》な仇敵《かたき》から自由にしていただけるのですね」と申します。

こうしたやりとりで刻《とき》を過ごしておりますと、王子の部屋にひとりの人品卑しからぬ老人が入ってまいりました。いかにも入念な身繕《みづくろ》いです。もっともそうしたことで並の身分であることが分かりました。ロザニイはこの人を見たとたん、走り寄って、その両腕の中に身を投げかけました。

「ああ、いとしいお父さま」と彼女は叫びました。「なんて嬉しいこと、お父さまを抱き締められるなんて。わたしたち、もうお父さまが亡くなったとばかり思っていたのに」。そして王子に向かってこう言葉を続けました。

「御前さま、小娘がつい感情を抑えきれませんでしたこと、どうかお許しくださいませ。この小娘は世界で一番すばらしい父親に再会いたしましたの。ねえ、王子さま、父に今どうしているのか、それから、あんなにわたくしに辛く当たりはしましたが、母はどうしているか訊ねましても、おさしつかえございませんでしょうね」。

「姫君」と老人が申しますには、「あなたさまはやつがれの娘ではございませぬ。あなたさまはいかにも高貴なご素質をお持ちで、やつがれのような男が儲けることはとうてい叶いませぬこと。あなたさまはさる偉大な国王のご息女。王さまはもはやご在世ではあらせられませぬが、女王さまでいらっしゃるお母上は、御身《おんみ》を抱《いだ》かれようと、すでにこちらの御殿へ来られる途中でございます。そして、やつがれが申し上げましたことを悉皆《しっかい》ご確認あそばされましょう」。

事実その後間もなくリアント・イマージュ（にこにこ顔）女王が、プリュドム王とその奥方ともども王子の部屋にご臨御《りんぎょ》です。女王はご自分の姫君がかくも美しいのをごらんになってうっとりなさり、ただの一言もお口になさるお力もないまま、やさしくロザニイをかきいだかれました。そして、こちら、女王の魅惑的なご息女は、母君の両のお手に接吻《くちづけ》し、嬉し泣きの涙でそれを濡らしたのでございます。それからプリュドム王が彼女にその生誕の秘密を説き明かされました。

質問がすべて答えられ、不分明《ふぶんみょう》だったことがすべて明らかにされますと、プリュドム王はリアント・イマージュ女王に、ロザニイを息子の嫁女にいただけまいか、と懇願なさいました。この申し出は喜んで肯《うけが》われ、即座にご婚礼の日取りが定められ、相思相愛の二人とその母御がたはことのほか満足したしだいです。

それからご一同はとりわけ豪奢な食事をしたため、饗宴が終わると全員それぞれのお部屋にひきとってご休息なさいました。ロザニイが自室に入ってまださほど経たぬうち、黒装束の男がひとりお目通りにあずかりたいとのことでございます、との取次ぎを受け、入室させるよう言いつけました。一目ですぐと知れたのですが、こやつはあの小杖の主。今はその名を心得ておりますが、それでもこやつを目の前にすると彼女は身震いし、無言で小杖を取ってまいります。それからそれを持って相手の方に進みいで、それをさしだしながらこう申しました。

「さあ、あなたの杖ですよ、リクダン・リクドン」。こんなこととは思いもかけなかった魔物は、ぞっとするような咆《ほ》え声をあげると消え失せてしまいました。あてが外れたことが分かったものですからね。ところでこやつはよくこういう目に遭うのです。

これでもうご婚礼の妨げになるものは何も無くなり、ロザニイは王子さまと長の歳月琴瑟相和《きんしつあいわ》し、それはそれは幸せに暮らしました。

三

明の呉承恩作『西遊記』第三十二―三十五回に出てくる、あのお互い同士極めて友情篤い妖魔、金角《きんかく》大王・銀角《ぎんかく》大王の宝貝《パオペイ》（宝具）である純金の紅葫蘆《こうころ》と羊脂玉《ようしぎょく》の浄瓶《じょうへい》は、その所持者に名前を呼ばれた者が、返事をすると、これを吸い込んで一時《とき》三刻《こく》の間にどろどろに溶かしてしまう。かの神通《じんずう》広大な孫悟空でさえあわやあえなくなるところ。とっさに詭計《きけい》を用いて脱出しなかったら無事では済まなかった。まことかくのごとく名前は大切なものだが、この場合は実は、名前そのものより呼び手が招き入れようとする意思に応《こた》える「気」が要《かなめ》で、それがこの仙界の瓢簞《ひょうたん》の魔力を誘発する。これはこれで民間信仰ではけだし当然のこと。ヨーロッパにおける悪魔的存在もしかり。こちらで、どうぞ、と許可しなければ人間と関わることはできない。ゲーテの『ファウスト』の場合、〔当然ゲーテが十二分に意識してのことだが〕、きちんとこの手続きが踏まれている。また、イギリスの詩人サミュエル・テイラー・コールリッジの物語詩《バラッド》「クリスタベル」の女主人公、清らかな優しい乙女は、その無邪気な心根からうかつに相手を我が家に招き入れたため、処女の純潔を魔女に穢《けが》されてしまう。

これとはいささか異なり、一読して分かるように、妖精物語《コント・ド・フェ》「リクダン・リクドン」のモティーフは、名前の持つ魔力、ドイツ語でいう「ナーメン・ツァウバー」Namenzauber そのものである。つまり、人間はもちろん、どのように強力な超自然的存在であれ、その名前を知られてしまうと無力になる、という汎世界的な民間信仰なのだ。ハンス・ベヒトルト＝シュトロイブリ編『ドイツ民間信仰事典』[*6]から関係記事をかいつまんで、また、論者の解説も加えて、紹介しておこう。

多くの地域、時代で、名前を秘密にしておく習わしがある、あるいは、あった、のは、他の存在がある者の名前を知ると、その者に対して力をふるうことができるようになるからである。古人の伝えるところによれば、強大なローマの都も隠し名を持っていたとのこと。もしこれが漏れると、それを知った相手に屈従せざるをえなかったからだそうな。また、ユダヤの律法は、神ヤハヴェの名を正しく発音することを徹底的に抑圧し、かつ、その名を濫用するのを禁じた。ために、子音だけで表記された〔ヘブライ語は母音を記さない。従って、仮に英語の子音で記せば、神の名は「YHW」となる〕この名は「イエホヴァ」のように誤って発音されるに至ったほどである。カトリック教徒にとってもこの禁令に背反すれば、それは懺悔《ざんげ》に値する罪であった。キリスト教徒はかつて神をゴッドGod、ゴットGottと呼ぶことを憚《はばか》り、至高の御方《おんかた》、全能の主《しゅ》などと言い換えた。イスラームの聖典『コーラン』でもまたしかりである。北欧神話の雷神トールThor、ドイツ風に表記すればドーナルDonarも「とっつぁま」・「ご老体」der gute Alteなどと呼ばれたものだ。名前を口に唱えるということは名指された者の全存在を掌握するということである。旧約聖書の「イザヤ書」四三章一節に曰く。「ヤコブよ汝《なんぢ》を創造《さうざう》せるヱホバいま如此《かく》いひたまふ。イスラエルよ汝をつくれるもの今かく言給《いひたま》ふ、おそるゝなかれ我汝を贖《あがな》へり我汝の名をよべり汝はわが者《もの》なり」と。これはまた旧約聖書「創世記」三二章二三―三一節の記述に緊密に関わっている。そしてこの記述自体も名前の力を示している。ヘブライの神がヤコブを「イスラエル」Yisrāēl（神と力闘せる者）と名づけた。その理由は右の記述を見る限りこうである。ヤコブが兄エサウのもとに赴く途中、家族と畜群を対岸に渡した後、独り川のこちら側に残った夜、何者とも知れぬ者が夜明けまで彼と格闘した。勝負がつかないまま、その何者かは、もう去らせてくれ、夜が明けてしまうから、とヤコブに言った。ヤコブが、祝福してくれるまで離さない、と答えると、その者はヤコブの名を訊ね、それから、「汝《なんぢ》の名《な》は重《かさね》てヤコブととなふべからずイスラエルととなふべし其《そ》は汝神《なんぢかみ》と人《ひと》とに力《ちから》をあらそひて勝《かち》たればなり」と告げる。ヤコブが相手の名を問うと、「其人何故《そのひとなにゆえ》にわが名《な》をとふやといひて乃《すなは》ち其処《そこ》にて之《これ》を祝《しゅく》せり」ということになる。つまり、ヤコブが名乗ったのに、相手は自分の名を言わないのである。この何者かを、〔聖書の記述によれば〕ヤコブ自身は、神だ、と考えた。天使とする説明もあるが、人間から見ればどちらでも同じだろう。

さて、こういうわけで、その名前を知って呼べば、魔物の力を挫《くじ》く、あるいは、消滅させることができる。名はそれを有する存在の本質の象徴なのである。

更に口承文芸研究の第一人者フライブルク大学教授ルツ・レーリヒ博士の記述を補強として引用しておこう。〔 〕内は論者の補遺である。

> 名前を知る者は、その名前を帯びている存在に対し力を持つことにもなる。敵手には名を秘すものなのである。オデュッセウスは〔その一つしか無い目を潰して恐ろしい洞窟から逃げ出した折、人喰いの一眼巨人《キュクロプス》の〕ポリュペモスに〔「貴様は何という名だ」と訊かれたのに応えて〕「ダレデモナイ」と名乗る。〔ポリュペモスはそれを真に受けて、「なぜ騒いでいるのか」との仲間の問いに対し、「自分を殺そうとしているのはダレデモナイ」と言い返すのである〕。また、彼が自分を賓客としてもてなしてくれたパイエークス人に本当の名を明かすまで随分長く掛かる。〔中世ゲルマン伝説の中心的英雄〕ジークフリートは〔小人族ニーベルンゲンの宝を守護している巨龍ファフニールを退治し、その血を浴びて肩甲骨の中間の一箇所を除いては刀槍を受け付けない体になるのだが〕瀕死のファフニールに、実名ではなく〕自分は「誇り高き鹿」という者だ、と告げる。支配者の名が豊かであることはその力も豊かであることを示す。『千一夜物語』の「アリ・ババと四十人の盗賊」のように〕真の名前は宝物が隠されている洞窟の扉を開く。〔白鳥の騎士〕ローエングリンは〔聖杯《ホウリィ・グレイル》の騎士の一人であるが、エルザ姫を守護せよとの命を受け、聖杯の国から白鳥の曳く小舟

に乗って海を渡り、アントワープに到着、ライヴァルを破ってエルザ姫と結婚する。添い遂げるための約束は、絶対に夫の素性を詮索しない、というものだったが〕エルザが〔その禁を破って〕彼の名を訊ねてしまうと、そのあと〔再び白鳥の曳く小舟に乗って〕聖杯の国に帰らなければならない。[*7]

こうした予備知識を持って、「リクダン・リクドン」に接すると、一定期間魔物の名前を憶えていないと、魔物の思うがままにされる、という約束ごとはまことに奇異に感じられる。いくら憶えにくい名前にしても、魔物が獲物と目《もく》する人間にみずからおのが存在の象徴をあからさまにするのは不自然である。従って、右の「リクダン・リクドン」のメイン・モティーフは、単純素朴な民話にさまざまな尾鰭《おひれ》をつけ、当時の読者層、つまり貴族や新興市民階級の子女に享受されるようにした文人の技巧が、さらに筆を走らせての民間信仰のさかしらな歪曲と取られよう。

ところが、そうではない、民衆のあいだに語り伝えられた民話に、こうした趣向のものがある、と指摘されるかも知れない。

一時期イギリス民俗学協会会長を務めたエドワード・クロッドが、十九世紀末に発表した論考『トム・ティット・トット――民話における未開の哲学』[*8]で、ある雑誌から転載し、諸方面から論じている「トム・ティット・トット〔「トム・ティッ・トッ」の表記の方が原音に近いだろうが、こうしておく〕」なる、名前の魔力をモティーフとするイングランドの民話[*9]がある。そしてこれは、グリム兄弟の『子どもと家庭のための昔話集』で有名な「ルンペルシュティルツヒェン」[*10]（KHM五五番）ときわめて似ている物語である。両民話は日本でもよく知られているので、翻訳ないし粗筋は文末注に廻した。詳しくはこれを参照されたい。さて、前記論文中でクロッドが指摘している幾つかの類話のうちに、実は「リクダン・リクドン」と同じ趣向のバスク——つまりスペイン、フランス国境に跨《また》がるあのきわめて特異な地方、というか、はたまた、民族居住地域というか——の民話がある。そしてこの物語が、ウェントワース・ウェブスター『バスクの言い伝え』五十六ページ所載のものとすれば、クロッドが記録している粗筋と内容がそっくり一致しており、魔物の名前も同じ、刊行年にも無理がないから、そう断じて可なり、と思う。原典こそ筆者の手元にないが、幸いドイツ語訳の『バスクのお伽話』に入っている話「可愛いけれど怠け者の娘」[*11]がそれに当たるので、ここに紹介することができる。右のウェブスターがバスク語、または、スペイン語から英語に訳したものが、更にドイツ語に訳され、そしてまた更に論者によって日本語へと移されたのだから、細部についてはなにかと問題もあろうが、大筋は把握しえよう。

四

可愛いけれど怠け者の娘

昔むかし、とっても綺麗な娘を持ったおっかさんがおりました。おっかさんはいつもせっせと働いていましたが、娘のほうはなんにもしたがりませんでした。そこでおっかさんがしたたかにぶちますと、娘は平らな石の上に座りこんで、しくしく泣きじゃくったものです。ある日のこと、若いご城主が通りかかって、「こんな可愛らしい女の子が、こんなに泣きべそをかいているなんて、いったいどうしたことだね」と尋ねました。

おかみさんは、「可愛らしすぎるもんですから、働こうとしないんでございますよ」と返答しました。

この子に縫い物ができようか、と若殿。

「ええ、その気にさえなりゃ、日に七枚のシャツが作れます」とおかみさん。

若殿はすっかり娘に夢中になり、うちへもどって亜麻《あま》を一山持ってくると、娘に向かって申しました。

「さあ、ここにシャツ七枚分あるがね、おまえがこれこれの日までに仕上げてくれれば結婚するよ」。娘は座って、考えこみ、何一ついたしません。そして涙が目にいっぱい。するとひとりの婆《ばあ》さまがやって来ました。これは実は魔女だったんです。そうしてね、「なんで悲しがっているのかの」って言いましたよ。

「あるおかたがね、わたしにシャツを七枚縫わせようってえの。でも、あたしにゃ作れない。だから座って、考えてるの」。

婆さまが申します。「あんた、縫い物ができるのかえ」。

「どうやって針に糸を通すのかは知ってます。それきりなの」。

女が言うには、「そのシャツ、あんたのためにわしが縫ったげてもいい。要《い》りようなときまでに仕上げたげる。一年経ってもわしの名前を憶えておければだが」。

そしてこうも申します。「そのとき名前がわからなけりゃ、わしゃあんたを好きなようにするよ。マリア・キリキトウンてんだが、だあれもわしの名前を忘れずにいることはできないのさ」。

で、娘は承知したんです。婆さまは約束の時までに七枚のシャツをこさえました。若殿がまいりますとシャツができていました。そこで、彼は大喜びで娘と結婚して妻としました。

でもこのうら若い女の子は、旦那《だんな》さまが盛大な饗宴をいくらも開いてくれるのに、悲しそうになる一方。声をあげて笑うということが一度もありません。ある日のことです。とてつもない大宴会が催されました。するとひとりの老女が戸口にやってきて、女中に訊いたものです。

「なんだってこんなに豪勢なお祝いをやってるのですかな」。

女中が答えて「うちの奥さまときたら全然笑わないのよ。それで、奥さまを陽気にさせようと、ご主人さまがこういったすごい宴会をなさるわけ」。

すると老女が申しました。「あたくしが今日聞いたことを奥さまが知ったら、きっとお笑いになりますよ」。

「ここにいてちょうだい。あたし、すぐ奥さまにそう言ってくるから」と女中。

で、老女を呼び入れると、こちらはこんなことを物語ります。女の年寄りを見かけたんですが、この女、有頂天《うちょうてん》の様子で跳ねまわり、畑の溝から溝へぴょんぴょん飛び移って、そうしながらひっきりなしに、「フーパ、フーパ、マリア・キリキトウン、だあれもあたしの名前を憶えちゃいなかろ」って叫んでおりました、ってね。

若奥さまはそれを耳にすると、すぐさまぱあっと明るくなって、この名前を書きつけました。そして老女にたっぷりお礼をはずみ、とっても幸せになりました。そしてもう一人の例の婆《ばば》どのが来たときには、名前をちゃんと憶えておりましたよ。

五

娘の救済者となるあとの方の老女は、仙女《せんにょ》、つまり良き魔女、白い魔女(KHMでは、「魔女《ヘクセ》」Hexeは邪悪な存在であって、決して良い形容詞と結びつくことはないが)、また言葉を変えればドイツ語でいう「ヴァイゼ・フラウ」Weise Frau(賢い女。KHMには少なからず登場)であろう。ある地域の魔女(たとえばロシア民話の妖婆「ババ・ヤーガ」)や、日本の山姥《やまんば》は、ドイツ語圏の伝承に現れる「ホレのおばさん」Frau Holleや「ペルヒタ」Perchta同様、一身で善悪両面、あるいは優しい一面と怖い一面という二つの性格を具有していることがしばしば論じられるが、その良い方の面がここで示されている。こうした存在がなぜ女主人公を助けてくれたのか。これは子どもたちでも、いや、子どもたちこそ素直に解釈できよう。だって、そうでなきゃかわいそうじゃない、というところかな。自分からは何もしない怠け者の「三年寝太郎《さんねんねたろう》」の類《たぐい》は、どうやらどこでも昔話の聴き手の同情を買うものである。

では、十七世紀フランスの民衆の間に口承されていた民話に、右のような類話があったので、レリチェ・ド・ヴィランドン嬢がそれにインスピレーションを得、適宜にそれを修飾、「リクダン・リクドン」を書いたのだろうか。これがなんとも言われない。本になった物語『リクダン・リクドン』が巷《ちまた》に入って民話に変身した可能性もあろう。文人が筆をふるった創作お伽話が、目から耳へ、そして口から耳へ伝えられて、つまり、書物が人に読まれ、その人が他に語り、語られた者がさらに他に語り伝えた結果、書物にあった物語がいつしか一人前の口承民話でございい、という顔をしている例がいくつもあるからである[12]。それに、超自然的存在が、いかに憶えにくい名前とはいえ、自分という存在の象徴である名前を人間に告げるのは、名前の魔力信仰が大いに衰えた時代の所産で、魔物の名前当てこそが本来のモティーフと解釈するのが素直だ、とは思うのだが。

そこでこの話型、すなわち超自然的存在の名前を言い当てるのを中心モティーフとする伝説と民話を、次にざっと、あるいは、詳しく紹介することにする。

私たちがおおむね承知しているこの類の話には、伝説であれば、スウェーデンの聖ラウレンティウスと巨人にまつわるルンド市の大聖堂建立譚[13]や、ノルウェーの聖オーラフ王に関わる同工異曲のもの[14]があるし、それが大正時代に日本に移入されていつか日本在来の民話とさえ考えられるようになっていた「大工と鬼六」[15]も指摘しうる。そして、ヨーロッパの昔話としては、前記ＫＨＭの「ルンペルシュティルツヒェン」やイングランドの民話「トム・ティット・トット」が挙げられる。これらは、魔物のサーヴィス〔見かけの援助〕を受けた人間が、その代償として自分自身、あるいは自分の両眼、あるいは自分の初子《ういご》を魔物に提供するか、それが厭なら魔物の名前を当てなければならない、というものである。

論者は、「ルンペルシュティルツヒェン」と「トム・ティット・トット」の類話で、これも前記E・クロッドが指摘しているスコットランドの民話のドイツ語訳テキストを捜し出すことができた。『スコットランドのお伽話』所収の「ウピティ・ストゥーリ」[16]である。英語原話の出典はロバート・チェンバーズ『スコットランドの民衆の韻律』で、乳母からこの物語を聞いたチャールズ・カークパトリック・シャープにより、一七八四年頃ダンフリーズシャーのホッダムで筆録されたもの。

六

ウピティ・ストゥーリ

キトルランピットのお百姓ですがね、お尻のおちつかない男で、ぶらつきまわるのが性分。ある日のこと市《いち》にでかけたところが、それっきり家に帰らずじまい、それからさっぱり音信便《おとずれたよ》りがありません。陸軍の兵卒に志願した[17]でや、という連中もいれば、狡賢《ずるがしこ》い水兵周旋人の手にかかって、軍艦に強制徴募《プレス・ギャング》された[18]だあよ、と噂する手合いもありましたが、この男には女房子《にょうぼうこ》がいたんでございます。とにかく亭主がいなくなると、おかみさんは食べ物に事欠くようになったうえ、乳飲み子に乳をやらなきゃなりません。皆口を開けば、かわいそうだ、気の毒だ、と言ってくれるのですが、暮らしが立つように力を貸してくれる人となるとだあれもいやあしません。それはそうとこのおかみさん、牝の豚を一頭飼っていましてね、これがたったひとつの慰めの種でした。なにしろもうすぐ仔《こ》を産んでくれるはずだったからで。一腹《ひとはら》どっさり授かりさえすりゃ、が頼みの綱というわけ。

ある日、おかみさんが牝豚の飼料《かいば》槽《おけ》を一杯にしようと家畜小屋に行きますと、おやまあ、何を見たことでしょ。牝豚は仰向《あおむ》けにひっくりかえって、ぶうぶうぐうぐう呻《うめ》いていてね、今にも寿命が尽きそうなありさまなの。もう泣きっ面《つら》に蜂だよね。おかみさんは飼料槽の縁《ふち》にくたくたと腰を下ろし、膝に子どもを抱いて、ご亭主が雲隠れしたときよりももっとわいわい泣きましたよ。

ところでキトルランピットのこの小さい家は丘の斜面のてっぺんに建っていて、斜面の向こうは大きな樅《もみ》の森でした。ようやっと目をおしぬぐったおかみさんがふと斜面を見下ろすと、おやまあ、何を見たことでしょ。お婆《ばあ》さんが一人、いいご身分のご婦人といった様子なのがね、ゆっくらゆっくら道を登ってくるじゃありませんか。衣装ときたらちいちゃな白い前掛け以外は緑ずくめ、黒い肩掛け《ケープ》をはおり、頭には先の尖った海狸《ビーバー》の毛皮でできた帽子をかぶっていました。そうして手には身の丈ほどもある長い旅行用の杖を握っています。昔、ほら、年寄りたちが使っていた、ああいうふうな杖をね。

緑装束のご婦人が自分の真ん前までやって来たので、おかみさんは立ち上がると、片膝曲げておじぎして、泣きながらこう言いました。「ああ、奥方さま、あたし、この世でいちばんみじめな女のひとりでごぜえます」。

「古臭いお涙頂戴話《ちょうだいばなし》はたくさんだよ」と緑衣装。「おまえが夫をなくしたのは先刻《せんこく》承知さ。おまえの牝豚が重い病気なことも知ってる。それで豚を元気にしてやったら、おまえ、わたしに何をよこす気だね」。

「なんなりと。やんごとない奥方さまがお望みあそばすものを」。分別の無いおかみさんは、自分がどんな代物《しろもの》とかかわり合いになっているのか露知らず、そう返答したもんです。

「それじゃ手打ちだ。取引は成立だよ」と緑ずくめ。言ったかと思うと実行で、女は家畜小屋につかつかっと入ります。

女は牝豚をじいっと長いこと目を凝らして見つめていましたが、それからなにやらぶつぶつ唱えはじめます。おかみさんにはその文句がろくすっぽ分からなかったのですが、

ピッチャン、パッチャン、お聖水《せいすい》

てな具合に聞こえた、と。これはあとでのお話。

それから女はちっぽけな壜《びん》をかくしから取り出しました。中に入っているのは一種の油でね、女はそれを豚の突き出た鼻のまわりと、大きな耳のうしろ、ちっちゃい尻尾のさきっぽに塗りこみ、「豚よ、立ち上がれ」と言いました。そう言ったとたん、そうなったんですよ。豚はぐうぐうと啼《な》いてのっそり起き上がり、朝飯にありつこうと飼料槽のところへぶらぶら歩いて行ったんですとさ。

いやもうキトルランピットのおかみさんは有頂天《うちょうてん》。緑衣装の婆さまが許しさえしたら、その長い裳裾の縁《へり》に口づけするとこでした。「そんな大仰《おおぎょう》なことはおよし」と相手。「だがね、病気の動物をこうして治してやったんだから、わたしたちの取引きもきちんとけりをつけようじゃないか。わたしが道理の分からない欲張りじゃあないってところを見せてやろう。わたしはほんのささやかなお礼でいいことをしてやるのが好きなだけなのさ。わたしがよこせというものは、わたしがどうしても欲しいものは、おまえが抱いてるその子だけだよ」。

キトルランピットのおかみさんは自分がどんな代物《しろもの》とかかわり合いになったのか、これでようやく腑《ふ》に落ちて、刺し殺される豚みたいに、きゃあっ、と叫びました。緑衣装の女ってのは、まごうかたなく妖精だったのです。それからおかみさんは、さんざん祈って、泣いて、かきくどいて、果ては悪態《あくたい》もく・た・い・を並べ立てましたが、てんから効き目なし。「騒ぐのはいいかげんに止めたらどうだえ」と妖女。「かなつんぼでもあるまいし、わめくことはないんだよ。ところでおまえに教えておかなきゃならないことがある。わたしたちのしきたりで、わたしはおまえの子を今日から数えて三日目より早くには連れていけないことになってる。それから、それまでにおまえにわたしのほんとの名前が分かれば、やっぱり子どもを連れてけないのさ」。こう告げると、家畜小屋の角を曲がって姿を消し、かわいそうなおかみさんは恐ろしさのあまり気を失い、飼料槽のうしろに死んだようにぶっ倒れちゃいました。

さてキトルランピットのおかみさんは一晩中泣きじゃくり通しでとろりともできず、翌朝になってもはかばかしくありません。息が止まるほどぎゅっと子どもを抱きしめ、撫でさすっていましたが、二日目になると、例の森へでかけてみようと思い立ち、子どもを腕にだっこして家を出、樹の間を抜けて、森の奥深く、とある古い、草が一面に生い茂った石切り場の跡にやってきました。ぽっかりと穴になっているその真ん中には美しい泉が湧き出ています。すぐ近くまで寄らないうちから、おかみさんは糸繰り車のぶんぶん鳴る音と、それからだれかが小唄を口ずさんでいるのを耳にしていました。おかみさんがこっそり樹の茂みのかげに忍び寄り、石切り場の穴の縁《ふち》越しに目をやると、おやまあ、何を見たことでしょ。ほかでもない、あの緑衣装の妖精女がせっせと糸繰り車を回していて、それに合わせてこんな唄を歌っていたんですよ。

まんつ分かるまいぞ、あの女子衆《おなごしゅ》にゃ、
おららの名前がウピティ・ストウーリだっちゅこと

「ああら」とおかみさんは思いました。「これでやっとこあの約束事がかたづいたよ」こうしておかみさんは、家を出たときより気も晴れ晴れと足を運び、緑ずくめの妖精の婆さまに目に物見せてやれると考えて、死にそうなほどげらげら笑ったものです。

これでキトルランピットのおかみさんは胸の重石がそんなじゃなくなったものですから、浮き浮きしっぱなし。悪戯《いたずら》をやらかしたくてたまりません。そこで、あの妖精をおちょくってやれ、と決めこんだもの。約束の刻限になると、子どもを飼料槽のうしろに寝かせ、自分は槽のうえに座りこみました。それから頭巾を左の耳のうえまでひっかしげて被《かぶ》り、泣いてるみたいに唇の隅を反対側にへの字に下げると、この世にまたとない悲しそうな顔をつくろったの。それほど待たないうちに、緑装束の妖精が丘の登り路を、のろのろでもぶらぶらでもなく、こっちへ上がって来ましたよ。そして飼料槽のところにたどりつくずいぶん前から大きな声でどなるには、「キトルランピットのおかみさあん、わたしがなんで来たか分かってるねえ。おみこし上げて、わたしのものをよこしなねえ」。おかみさんはなおさら啜《すす》り泣いているようなふりをして、両手を揉《も》みしぼり、跪《ひざまず》いてこう言ったものです。「ああ、ほんとにほんとにお情け深いご主人さまあ、たったひとりの子どもはほうっておいてくだせえまし。代わりにあの呪われた牝豚をさしあげますよう」ってね。

「牝豚なんぞ悪魔にくれてやるわね。わたしがここへ来たのは牝豚のためなんかじゃないさ。とっととその子をよこしな」。「ああ、ああ、奥方さまあ」と啜り泣きながらおかみさんはかきくどきます。「あたしの子どもは堪忍して。あたしを連れてっておくんなさい」。

「どうやらこのおいぼれ駄馬には悪魔がとっついたらしい」と妖精は言って、顔をしかめました。「賭《か》けてもいいが、このあま、てんから気が狂っちまった。顔にまずまず目がある奴なら、世の中のだれがおまえなんぞ欲しがるものかね」。

こう言われたので、キトルランピットのおかみさんはおっそろしく腹を立てました。なにしろこのおかみさんときたら、目は両方とも爛《ただ》れ目で、鼻は長くて赤かったけれど、それでも自分は飛びきり上等の美人だと思いこんでいたんですから。そこで彼女はすっくり立ち上がり、頭巾をきちんと被り直すと、両手を胸の前で組み、深深と片膝曲げておじぎをして、こう申しました。「まったくのところ奥方さま、あたしはねっから分別が足りねえだで、あたしみたいな分際《ぶんざい》の女は、いともやんごとないお生まれのあなたさまのお靴の紐《ひも》を結ぶ値打ちもないってことをわきまえなかったんでごぜえますよう、お偉いウピティ・ストゥーリ姫さまや」。

脚元で突然火薬が一発どかんと爆発したって、妖精女がこれほど高く跳び上がれはしなかったでしょうよ。婆さまは地面に舞い戻ると、踵《かかと》をどしんと踏みつけて、ぐるぐるぐるっと回転し、もうかんかんに怒っちゃって、魔女たちに狩りたてられた梟《ふくろう》みたいにきいきい金切り声をあげながら、丘の斜面を駆け下りて行きました。

キトルランピットのおかみさんは笑って笑って笑い抜き、果てはお腹がはじけそう。それから子どもを抱き上げると、唄を歌いながら家に入りましたとさ。

七

この話になると、筋の運びではっきり分かるのだが、魔物を嘲弄するまったくの笑い話、ドイツ語でいう「シュヴァンク」Schwankである。その語り口をなんとか髣髴させたい、と訳をいささか工夫したつもり。

創作お伽話の「リクダン・リクドン」の方が却って、魔性の者どもの凄さ、おぞましさを表現しようとしていることに留意したい。伝説では超自然的な「援助者」〔見かけがそうなのであって、実は底意があるのだが〕はこうした恐ろしさを主人公にも充分感じさせていたはずである。なにしろ、伝説の語り手も聴衆も物語の真実性を疑っていなかったのだから、けだし当然であろう。もっとも「リクダン・リクドン」の作者は本源の恐怖を再現しようとしたのではなく、笑い話にしてしまうと、ロザニイの可憐さに翳りが射すからであろうけれど。また、この作者には、この型の物語ではどうして魔物が美しい女主人公〔ないし、その嬰児《えいじ》〕を欲しがるのか、民間信仰に沿っての解釈ができなかったようだ。ここで示されるのは、キリスト教徒の考える悪魔の淫欲である。当時のフランスの宮廷貴族には珍しくもなかった、うら若い乙女に対する劣情が反映しているのかも知れない。

ところが、「ルンペルシュティルツヒェン」や「ウピティ・ストゥーリ」では幼い子どもを、「トム・ティット・トット」や「マリア・キリキトウン」では美しい娘である女主人公そのものを、超自然的存在〔昔話では妖精。ただし、この型の北欧伝説では超自然的存在はトロルで、これは人間族にとってははるかに不気味な種族で、あちらの方も綺麗な人間の男女を仲間に入れる趣味は持ち合わせない〕が我が物にしたがるのはひとえに、妖精界へ連れて行ってその一員にするためである。つまり、邪悪な存在ではない。デンマークのフュー[ン]島の民話「トリレヴィップ」[*19]では、名前を言い当てられた小人（ニッセ）は、糸繰りが別に好きでもないのに仕事ができると思われて地主の息子の嫁におさまることになった女主人公が、結婚しても一生糸繰り仕事をしないで済むよう、彼女に巧妙な計略を授けてやるほどお人好しである。

とまれ、強大な力を弱小な人間に貸してやる代わりに、恐ろしい代償を要求した太古の神神は、小知恵をふりまわす人間族にからかわれる哀れな妖精に堕した。いまや我我は同類以外は怖いもの知らずである。

注

＊1　邦訳としては、新倉朗子訳『完訳　ペロー童話集』岩波文庫、一九八二年がある。同書解説には教えられることが多かった。
＊2　Soupault, Ré. Herausgegeben und übertragen von.: *Französische Märchen.* S. 309f.
＊3　前掲『完訳　ペロー童話集』解説。

＊4　Diederichs, Ulf. Herausgegeben von.: *Französische Märchen. Märchen vor 1800* Bd.1. S.278ff. 〈Nr.35 Riddin-Riccdon〉

＊5　つまりは石綿。火《か》浣布《かんふ》。『竹取物語』の「火鼠《ひねずみ》の皮衣《かわごろも》」。

＊6　Bächtold-Sträubli, Hanns. Herausgegeben von.: *Handwörterbuch des deutschen Aberglaubens.* Artikel: 〈Name〉

＊7　Röhrich, Lutz: *Sage und Märchen. Erzählfolschung heute.* S.282.

＊8　Clodd, Edward: *Tom Tit Tot. An Essay on Savage Philosophy in Folk-Tale.* (in: The Folk-Lore Journal. 1889) 単行本としては一八九八年ロンドンのダックワース書店Duckworth and Co.から発行されている。論者の所有するコピーの原本は一九六八年ＵＳＡミシガン州デトロイトでの後者の再刊版Reissued by Singing Tree Press. Detroit 1968。

＊9　この民話の採録源についてクロッドは「トム・ティット・トット」紹介に先立ち、次のように記している。

そうしたグループへの筆者〔クロッド〕の関心は数年前「イプスウィッチ・ジャーナル」Ipswich Journalの一束の古い号を眺めていたとき呼び覚まされた。これには地方の「短信と質問」の雑多な記事が集められていた。それらのなかに「トム・ティット・トット」の物語があったのである。これは、もう一つの物語「藺《い》草頭巾《くさずきん》」Cap o'Rushes〔この話のモティーフは三人の娘がどれほど父親を愛しているかを父親が試そうとするリア王型エピソード〕と共に、あるご婦人から「短信と質問」欄の編集担当者ハインズ・グルーム氏のもとに送られてきたもの。このご婦人は少女時代ウェスト・サフォーク出身の年老いた育児婦《ナース》に話してもらったということである。これらの物語の価値はもっぱら、無教養な農民の間でほぼ確実に口伝えによって受け継がれてきたという点にある。

これに対し、イギリスの口承文芸研究の第一人者キャサリン・ブリッグズ／ルース・ミカエリス・ジェーナ編集に拠る『イングランド民話』Briggs, Katharina und Michaelis-Jena, Ruth. Herausgegeben von.: *Englische Volksmärchen.* の注には、'Nr.2 Binsenkappe'「藺草頭巾」と'Nr.4 Tom Tit Tot'「トム・ティット・トット」の出典について、いずれもこう記してある。

「カウントリイ・フォークロア」(サフォーク) 四〇ページ。「イプスウィッチ・ジャーナル」一八八七年より。執筆者A・W・T。少年時代年老いた召使(男)から聞かされた。

「カウントリイ・フォークロア」誌は、Country folklore. Printed extracts no.2, Suffolk. Collected and edited by Eveline Camilla Gurdon. 1893.

いずれにせよ魔物の名前は同一で、素性はインペット Impet〔小鬼といったところか。普通 Imp と記すようだ。— et は縮小語尾〕である。左の物語では、「黒い」とか、「長い尻尾の」、とか、キリスト教の俗信における小悪魔のイメージが強いが、本来そうであったかどうかははなはだ疑問である。やはり、妖精であろう。

E・クロッドの紹介する、きびきびしたイースト・アングリアの方言で語られている「トム・ティット・トット」の物語は以下のごとくである。

語り口は笑い話仕立てで、そうした意図は発端からはっきり窺《うかが》える。

娘をひとり持つ母親が、あるときパイを五つ焼いたが、オーヴンに入れすぎて上皮が固くなってしまった。そこで母親は娘に向かって、「姐《あんねえ》や、あれをよ、あそこのパイをよ、棚さ置いてこうよ。そいでちっとばか放っておけばもどるだに」Maw'r, put you them there pies on the shelf an' leave 'em there a little, an' they'll come again. と言う。娘は「上皮が柔らかくもどる」との母親の言葉を、「食べてしまってもまたもどってくる」という意味に取り違え、パイを皆食べてしまう。憤慨した母親は家の戸口で糸紡ぎをしながら、「おらの娘は今日五つ、なんと五個もパイ食った」と歌う。そこへ王さまが通りかかって何と歌っているのかと尋ねる。母親は恥ずかしいので、こんな文句に替える。「おらの娘は今日五つ、なんと五綛《かせ》も糸繰った」。五綛は膨大な量の糸なので、王さまは大喜び。十一箇月の間はありとあらゆる贅沢をさせてやる代わり、最後の一箇月は毎日五綛の糸を紡ぎあげねばならない、そうしなければ殺してしまう、という条件で、娘と結婚したい、と申しこむ。母親はなんとかなるだろうと高を括《くく》って承諾してしまう。もとより娘には糸紡ぎができない。やがて最後の一箇月が始まる。夫の王さまに部屋に閉じこめられた娘のところへ尻尾の長いちっぽけな黒い小鬼が出現、必要量の糸を紡いでやるから、毎晩三回自分の名前を当ててみろ、最後まで当てられなければおまえはおいらのもの、と申し出る。娘は契約を結び、名前が当てられないまま、最後から二晩目になり、小鬼は勝ち誇って去る。そこへお妃の仕事ぶりに満悦した王さまがやってきて、一緒に夕食を摂《と》りながら、その日窺い見た奇妙な事件を物語る。古い白亜坑《チョーク・ピット》 chalk-pit で小さい黒い代物が糸を紡ぎながら、こんな唄を歌っていた、と。

ニミイ、ニミイ、ノット。
おいらの名前はトム・ティット・トット
Nimmy nimmy not,
My name's Tom Tit Tot.

お妃は欣喜雀躍《きんきじゃくやく》、最後の晩、一回、二回は分からないふりをしてわざと他の名前を言い、三回目に「ニミイ、ニミイ、ノット。あんたの名前はトム・ティット・トット」Nimmy, nimmy, not, / Yar name's Tom Tit Tot. と指さしながら決めつける。

'Nimmy not' とは本来 'Name me not'（おいらの名前を言うんじゃない）の意味である。なお邦訳には『世界の民話　6　イギリス』（川端豊彦訳、ぎょうせい、昭和五十二年）の「三　トム　チート　トート」などがある。

＊10　KHM55 Rumpelstilzchen.

この話はいわゆるエーレンベルク手稿 Ölenberger Handschrift にも、一八一二年の初版にも既に載せられているが、今日私たちの目に触れるのは弟ヴィルヘルム・グリムに随分と手を加えられておもしろおかしくなっている決定版のものである。グリム兄弟、とりわけヴィルヘルムにこの物語が民衆に愛されている所以《ゆえん》が理解されていたことが分かろうというもの。右に触れた三つのテキストに直接当たりたい向きは、以下 A), A'), B), C) を参照されたい。

A) Brüder Grimm: *Märchen der Brüder Grimm.* Urfassung nach der Originalhandschrift der Abtei Ölenberg im Elsaß. Herausgegeben von Joseph Lefftz. Carl Winters Universitätsbuchhandlung. Heidelberg 1927. →エーレンベルク手稿

A') Brüder Grimm: *Kinder- und Hausmärchen in ursprünglicher Gestalt.* Nach der Ölenberger Handschrift. Auf Grund der Ausgabe von Joseph Lefftz herausgegeben und mit einem Nachwort versehen von Manfred Lemmer. Frankfurt a. M. 1964. →エーレンベルク手稿

B) Brüder Grimm: *Kinder- und Hausmärchen.* In der ersten Gestalt. Frankfurt a.M. 1962. →初版

C) Brüder Grimm: *Kinder- und Hausmärchen.* Vollständige Ausgabe mit einer Einleitung von Hermann Grimm und der Vorrede der Brüder Grimm zur ersten Gesamtausgabe von 1819. Darmstadt 1819. →決定版

テキストの試訳は以下の通り。

テキストA「ルンペンシュテュンツヒェン」Rumpenstünzchen〔番号無し〕
エーレンベルク手稿（一八一〇年）ヴィルヘルム・グリムによって筆録されたメルヒェン十六話のうち

昔むかし小さい娘がおりました。亜麻《あま》を紡ぐようにって、こんぐらかった亜麻の糸玉を渡されたのですが、紡いだのはいつも黄金《きん》の糸で、亜麻はできませんでした。娘はとても悲しくなり、屋根裏部屋に座り込んで、三日の間というもの紡いだのですが、出て来るのはしょっちゅう黄金ばっかり。そこへちっぽけな小人 ein kleines Mänchen がやって来て、こう言いました。「おいらがお前を難儀から助けてやる。若い王子さんが通りかかって、お前と結婚して連れて行くだろう。だが、お前は、初めての子をおいらのものにしてくれる、と約束しなくっちゃいけない」。小さい娘は何もかも約束したしました。その後まもなく一人の美しい年若な王子が通りかかって、娘を自分と一緒に連れて行き、お妃にしました。一年経って彼女は可愛らしい男の子を生みました。すると、例のちっぽけな小人がお床のそばにやって来て、子どもを渡せ、と言い張りました。お妃はこの子の代わりにありったけのものを並べて見せましたが、小人は何一つ受け取らず、彼女に三日だけ時間をくれました。最後の日になってもこっちの名前が分からなければ、子どもをよこさなくてはならないんだぞ、って言うんです。お妃は長いこと考えに考えました。二日間思案したのですが、やっぱり名前は見つかりません。三日目に彼女は一人の忠実な侍女に言いつけて、ちっぽけな小人がそこからやって来た森へ行かせます。侍女は夜になって出て行くんですよ。そして、そこでね、あいつが一本のお玉杓子《たまじゃくし》（料理用スプーン）にまたがって、大きな焚き火の周りをぐるぐる乗り回して、こうどなっているのを見つけるの。「王子の妃 Prinzeßin めに、おいらの名が『ルンペンシュテュンツヒェン』だってえことが知れたらなあ。王子の妃めに、おいらの名が『ルンペンシュテュンツヒェン』だってえことが知れたらなあ」ってさ。侍女は急いでこのことを王子のお妃にご注進いたします。お妃はこれを聞いてとっても嬉しがりましたよ。さて、真夜中にちっぽけな小人が来て言うの。「おいらの名が分かったか。さもなきゃ子どもを連れて行くぞよ」。そこでお妃はいろんな名前を言って見てからね、最後に申します。「もしかしたらお前、ルンペンシュテュンツヒェンっていうんじゃなあい」。小人はこれを聞くとびっくり仰天《ぎょうてん》、「悪魔がお前に教えやがったにちがいない」って言ってね、お玉杓子にまたがって、窓から外へ飛んで行ってしまいました。〔原文は改行無しなので、訳文もそれに従った〕。

テキストB「ルンペルシュティルツヒェン」Rumpelstilzchen
　ＫＨＭ初版第一部（一八一二年）五五番

昔むかし、粉挽《ひ》き男がおりました。粉挽きは貧乏でしたが、美しい娘を一人持っていました。この粉挽きがある時王様と話をすることになったことがありまして、こう申し上げたものです。「わたくしは娘を一人持っておりますが、この娘は藁を黄金《きん》に変える術《じゅつ》を心得てますだ」。すると王様は粉挽きの娘を即座に連れて来させて、部屋一杯の藁を一晩のうちに黄金に変えるよう言いつけました。できなければ死ななければならないのです。娘はその部屋に押し込められ、腰を下ろして泣きました。なぜって、どうしたら藁を黄金に変えられるものやら、すっかり途方に暮れたからです。すると突然、一人のちっぽけな小人 ein klein Männlein が彼女のところへやって来て、こう申しました。「おいらが残らず黄金にしてやったら、お前はおいらに何をくれる」。娘は頸飾りを外して小人にやりました。そうすると約束通りのことをしてくれたのです。翌朝王様がやって来ると、部屋一杯の黄金です。でも王様は、心がそのためにもっともっと欲張りになって、粉挽きの娘を藁がつまっている別のもっと大きな部屋へ入れました。娘はこれも黄金にしなければならないのでした。するとまたしても小人がやって来ました。彼女が手から指環を取って相手にやりますと、何もかもまた黄金になりました。でも王様は三晩目も娘に、三番目の部屋へ入るよう、言いつけました。この部屋は前の二つよりずっと大きくて、藁がぎっしりでした。「それでの、お前がこれもうまくやってのけたら、お前をわしの妻にしてつかわす」とのお言葉。そして例の小人がやって来て言いました。「もういっぺんやってあげる。だがお前は、王様と結婚して授かる初めての子をおいらに約束してくれなくっちゃいけない」。困りきっているところですから娘は、子どもをやる、と約束しました。さて王様はこの藁も黄金に変わったのを見ますと、美しい粉挽きの娘をお妃にいたしました。

その後まもなくお妃 Königin は赤ちゃんを生むためにお床につきました。すると例の小人がお妃の前に出て来て、約束の子どもを要求しました。でもお妃はできるったけ頼んで見ました。そして、子どもを取り上げないでおいてくれるなら、ありとあらゆる宝物を小人にやろうとしたのですが、何もかもむだでした。あげくのはて小人はこう申しました。「三日したらおいらはまた来て、子どもを連れて行く。でもその時おいらの名前が分かっていれば、子どもは手元においといていい」。

さてお妃は一日目と二日目、小人の名前は一体何なのやら、考えに考えたのですが、思いつけなくて悲しくってなりませんでした。でも三日目のこと、王様が狩からもどって来て、お妃にこんな話を物語りました。「わしはおととい狩をしていた。真っ暗な森に入ったら、そこにちっぽけな家が一軒あった。その家の前にいたのはなんともかんともおかしげな小人でな、こやつ一本足で跳ね回りながら、

今日はパン焼き、あしたは〔ビールを〕醸《かも》す、
あさってはお妃さんから子どもをひっさらう。
こいつはいいぞえ、おいらの名が
ルンペルシュティルツヒェンだってえことを、
どこのどいつも知りおらぬ

と、わめきたてておった」。

これを聞いたお妃はとても嬉しくなりました。そして例のおっかない小人がやって来て訊ねました。「お妃さん、

おいらの名前は何というの」。「コンラートっていうの」。「いいや」。「ハインリヒっていうの」。「いいや」。

「ルンペルシュティルツヒェンとでもいうのかな」。

「そいつぁ悪魔がお前に教えやがったな」と、小人は金切り声をあげ、かんかんに怒って走って行ってしまい、もう決して二度とやって来ませんでした。〔原文の改行は、訳文もそれに従った。しかし、原文は改行一字下げとはなっていないのを、訳文ではそうした〕。

テキストC「ルンペルシュティルツヒェン」Rumpelstilzchen

決定版（第七版。一八五七年）五五番

昔むかし粉挽き男がおりました。粉挽きは貧乏でしたけれど、美しい娘を一人持っていました。ところがこの粉挽きが王様と話をすることになったことがありましたが、ちょいと威張って見せたくなって、こんなことを申し上げたのです。「わたくしは娘を一人持っとりますが、この娘は藁を紡いで黄金《きん》に変える術《じゅつ》を知っとります」。するとと王様は粉挽きに向かってこう言いました。「それはわしの大好きな術じゃ。お前の娘がお前が申すようにさように巧みなら、あした城へ連れてまいれ。わしが娘を試して見る」。さて、娘が王様のところへ連れて来られますと、王様はこの子を藁がぎっしり積んである部屋へ案内し、糸車 Rad と糸繰り車 Haspel〔しかし、これでは同じ道具になる。後者を「糸繰り枠」と訳す方がよいのかも知れない〕を渡し、「さあ、仕事にかかるがよい。今夜中やって明日の朝早くまでにこの藁を紡いで黄金に変えなければ、お前は死なねばならぬ」と言いました。それから部屋に自分で錠をおろしました。そこで娘は中で独《ひと》りぼっちになりました。

粉挽きの娘は座り込んでいましたが、かわいそうにどうすれば命が助かるかさっぱり分かりません。藁を紡いで黄金にすることなんてこれっぽっちも知りませんでしたもの。だんだんに心配で心配でたまらなくなって来たので、とうとう娘はしくしく泣き始めました。すると突然戸が開き、ちっぽけな小人 ein kleines Männchen が入って来て、「今晩は、粉挽きのねえさん、どうしてそんなにひどく泣いてござる」と言いました。「ああ」と娘は答えました。「わたし、藁を紡いで黄金にしなくちゃならないんだけど、どうすればいいのか分かんない」。小人が言うには、「おいらがお前の代わりに紡いでやったら、お前おいらに何をくれる」。「わたしの頸飾り」と娘。小人は頸飾りを受け取ると、ちいちゃい糸車の前に座り、びーん、びーん、びーん、三べん回すと、巻き枠Spuleが一杯になりました。すると小人は別の巻き枠を挿し込んで、びーん、びーん、びーん、三べん回すと、今度のも一杯になりました。こんな風に朝まで続きました。そこで、藁は全部紡がれ、巻き枠は残らず黄金の糸でぎっしりでした。お日様が出るともう王様がやって来ました。そうして黄金を目にすると、びっくりして嬉しがりました。でも、王様の心は前よりも黄金が欲しくて欲しくてたまらなくなりました。王様は粉挽きの娘を藁で一杯のずっと大きな別の部屋に連れて行かせ、命が大事だったら、これも一晩のうちに紡ぐのだぞ、と言いつけました。娘はどうしたら助かるものか分からず、しくしく泣いておりますと、またしても戸が開き、例のちっぽけな小人が姿を現して、こう申しました。「おいらがお前の代わりにこの藁を紡いで黄金にしてやったら、お前おいらに何をくれる」。「わたしの指環」と娘は答えました。小人は指環を受け取ると、またもや糸車でびーん、びーんをやり始め、朝までに藁を全部きらきら輝く黄金の糸に紡いでしまいました。王様はこれを見ると途方も無く喜びましたが、相変わらず黄金はもうたくさんという気にはならず、粉挽きの娘をまた別のずっとずっと大きな、藁で一杯の部屋に連れて行かせて、こう言いました。「これを今夜中に紡いでしまうのだぞ。したが、うまくいったら、お前をわしの妃にいたす」。「粉挽きの娘とは申せ、これより裕福な妻は世界中におるまいて」と王様は考えたのです。

娘が独りきりになると、例の小人がまたまたやって来て言うには、「これで三度目になるが、おいらがお前の代わりにこの藁を紡いでやったら、お前おいらに何をくれる」。「あげられるようなもの、わたしもう持ってない」と娘は答えました。「それじゃ、おいらに約束しな。お妃になったら、初めての子どもをよこすって」。「これからどうなるか分かりゃしない」と粉挽きの娘は考えました。それに困りきっていて、他にどうする手立てもなかったものですから、娘は小人に、相手がくれ、と言うものを約束しました。すると小人はその代わりにもう一度藁を紡いで黄金に変えました。朝になって王様が来て、何もかも願った通りになっているのを目にすると、娘とご婚礼の式を挙げ、美しい粉挽きの娘は王妃になりました。

一年経つとお妃は可愛らしい子どもを生みました。そしてあの小人のことなんてもうこれっぽっちも思い出しませんでした。すると突然小人がお妃の部屋に入って来て、「さあ、約束したものをよこせ」って申しました。お妃はびっくりして小人に、子どもを連れて行かないでくれるなら、王国のありとあらゆる宝物をあげる、と言ったのですが、小人は「いやだ、生きてるものの方がこの世のどんな宝よりおいらにはいいんだ」との返事。そこでお妃がせがんで頼んでしくしく泣き始めましたので、小人はお妃がかわいそうになりました。「お前に三日の暇をあげよう」と小人は申しました。「それまでにおいらの名前が分かったら、子どもは手元においとかせてやる」。

そこでお妃はその夜一晩中かかって、これまで聞いたことのある名前を残らず思い出しました。それから使いの者を一人領分へ遣わして、他にどんな名前があるか、そこいらじゅう至る所で調べて来るように、と言いつけました。次の日になって小人がやって来ますと、お妃は、カスパール、メルヒオール、バルツァー（カスパール、メルヒオール、バルタザールなら、幼子イエスの生誕をことほぎに来た東方の三人の賢者あるいは王のドイツ語圏での名。カトリック圏では一月六日は彼らを記念する祝日「三王顕現日《ドライケーニゲ》」Dreiköinige（御公現の祝日）。だからこうした名はだれでも知っているわけ」から始めて、知っているありったけの名前を順順に並べたのですが、どれを聞いても小人は「おいら、そんな名前じゃない」と申しました。二日目には、お妃は何と名乗っているか近所合壁《がっぺき》を訊いて回らせ、小人に向かってとってもへんちくりんな、滅多にありっこない名前を唱えて聞かせたものです。「もしかしてお前、リッペンビーストとかハンメルスヴァーデとかシュニュールバインとかっていうんじゃない」てな具合に。でも小人は「おいら、そんな名前じゃない」と答えるばかり。三日目に使いの者がもどって来て、こんな話をいたしました。「新しい名前はわたくし何一つ見つけることはできませなんだが、ある高い山の麓にまいりまして、森の隅っこを回ったときのことでございます。そこは狐と兎が、お休みなさい、を言いかわすような〔ひっそりかんとした〕ところでしたが、わたくしはそこで一軒のちいさい家を見つけました。その家の前には火が燃えていて、その焚き火のぐるりを、てもさてもおかしげな小人が一本足で跳ね回りながら、

今日はパン焼き、あしたは〔ビールを〕醸《かも》す、
あさってはお妃から子どもをひっさらう。
こいつはいいぞえ、おいらの名が
ルンペルシュティルツヒェンだってえことを、
どこのどいつも知りおらぬ

と、わめきたてておりました」。
お妃がこの名前を聞いてどんなに喜んだか、皆さん〔聴き手に向かって語っているわけ〕分かるよねえ。その後すぐに小人が入って来て、「さあて、お妃さん、おいらの名前は何だ」と訊くと、お妃は最初は「クンツっていうの」と申します。「いいや」。「ハインツ〔言うまでも無いがクンツもハインツも庶民のごくありふれた名前で、八つぁん、熊さん並み〕っていうの」。「いいや」。

「ルンペルシュティルツヒェンとでもいうのかな」。

「そいつぁ悪魔がお前に教えやがったな、そいつぁ悪魔がお前に教えやがったな〔初版と同じ。語り手——聴き手もそうだろうが——この小人が悪魔ではない、そうした邪な存在ではない、ということは了解しているわけ〕」と小人は金切り声をあげ、かんかんに怒ったあまり右足をどんと深く地面に突っ込んだら、胴中まで埋まってしまいました。それから、かあっとして自分の左足を両手でひっつかみ、我と我が身を真《ま》っ二《ぷた》つに引き裂いてしま

いました。〔改行、改行一字下げは訳文も原文に従った〕。

エーレンベルク手稿での魔物の名前「ルンペンシュテュンツヒェン」Rumpenstünzchen は、箱とか籠という意味の Rump に、Stunz（桶）の縮小形 Stünzchen が付いたもの。

初版以降変わらぬ「ルンペルシュティルツヒェン」Rumpelstilzchen は、rumpeln（がたがた音をたてる）と廃語 Stulz（びっこをひくもの）の少し崩れた縮小形の合成語。ボルテ／ポリーフカ『KHM注釈』Bolte, Johannes / Polívka, Georg: *Anmerkungen zu den Kinder- und Hausmärchen der Brüder Grimm* によれば、ルネサンス時代のドイツの作家で、希有な才能の持ち主だったヨーハン・フィッシャルト著『驚天動地《きょうてんどうち》荒唐無《こうとうむ》稽《けい》編史』Johann Fischart: *Affenteuerliche und ungeheuerliche Geschichtklitterung*——これはフランスの大作家フランソア・ラブレーの『ガルガンチュア物語』Francois Rabelais: *Gargantua*（一五四二年出版）の翻訳だが——の二十二章に「ルンペルシュティルト　オーダー（あるいは）ポッパールト」Rumpelstilt oder der Poppart〔渡辺一夫訳『ガルガンチュワ物語』の該当箇所で類推するに、「あんよにご注意、またがっくり」に当たるか〕という言葉が出てくる。この章「ガルガンチュアの遊戯」はいろいろな遊戯〔総計二百十八〕を記しているので、これも遊びの名称であろう、とのこと。岩波書店刊『完訳　グリム童話集』の邦訳者金田鬼一氏の訳名は「がたがたの竹馬こぞう」である。原意を充分に酌《く》んでのご苦心の結果と拝察する。このような魔物の名は極めて多種多様である。へんてこりんで絶対に一般的には存在しない名前を、語り手が〔おそらくその場その場で〕おもしろおかしく考え出すのだから無理も無い。

*11　Karlinger, Felix und Laserer, Erentrudis. Übersetzt und herausgegeben von.: *Baskische Märchen.* 〈Nr.19: Das hübsche aber faule Mädchen〉

*12　グリム兄弟も、ペローの童話がドイツの民間で口承されたものをそれと知らずに採録、のちに気づいて改

版の折これらを削っている。「青髭《あおひげ》」や「長靴をはいた牡猫」などである。ついに気づかず決定版でも収録され続けたものもある。これは「ラプンツェル（野ぢしゃ）」KHM12 Rapunzel で、スイスの口承文芸学者マックス・リューティは『昔話と伝説』Max Lüthi: *Volksmärchen und Volkssage. Zwei Grundformen erzählender Dichtung.*（高木昌史／高木万里子訳『昔話と伝説　物語文学の二つの基本形式』）所収の論文「ラプンツェル」Rapunzel において、ヤーコプ・グリムが依拠し、枝葉を刈りこんでKHMに採録した素材、ドイツの文人フリードリヒ・シュルツェ『小ロマン集』Friedrich Schulze: *Kleine Romanen.* 1790. の「ラプンツェル」は、本論文前半の冒頭にその名を掲げたド・ラ・フォルス嬢の妖精物語「ペルシネット（パセリちゃん）」Persinette の翻訳に他ならない、と論証している。

日本でも明治時代に出版されたものが民間伝承として採録された類例があるが、それ以前、江戸期の怪談集、室町期を中心とする御伽草子など、書物の形で世に出た物語が、目から口へ、口から耳へ、耳から口へ、そして再び口から耳へ、となって書承から口承に変身したものがいくらもあろう。ヨーロッパの事情もまたしかり。これに加え、書物に仕上げた筆の持ち手が、口承物語の語り手や、他の書物から材料を得たであろうことを考えると、事はいよいよ複雑な様相を呈する。文字文化が確立した時代・地域では、これこそ民間に口伝えされてきた、と確証できる物語は存在しえなかったのでは、と思案に昏《く》れる次第。

＊13　スウェーデン南部の文化的中心として今に栄えているルンド市の中心部に、十二世紀に建立されたロマネスク様式の大聖堂がある。ここはかつて全スカンディナヴィアを管区とする大司教座がおかれたところである。この大建築にまつわって次のようなことが語り伝えられている。〔　〕内は論者の補遺である。

一人の巨人が聖ラウレンティウスに向かって、〔大聖堂の〕建築を完成させてやる、と約束した。〔それまではこの巨人に邪魔されて建てかけの大聖堂が夜毎壊されてしまったのである〕。しかし完成したあとで、聖者が巨人の名前を呼ぶことができなければ、彼に太陽と月をあたえなければならない。あるいはおのがじし両眼をくりぬかなければならない。そう巨人は言うのであった。工事がほとんど完了しかけたとき、聖者は心配でたまらずあちこち歩きまわった。その折聖者はある巨人の女が、

「おだまり静かに、可愛い坊や。もうすぐ父さんのフィンドFindが来るよ。坊やの玩具《おもちゃ》にお天道《てんと》さんとお月さま、さもなきゃラウレンティウス聖者さまの両の目持って」

と言う声を聞いたのであった。ラウレンティウスは喜んで家へ帰った。聖者が巨人にその名で呼びかけると、巨人は石になってしまった。

（ボルテ／ポリーフカ『KHM注釈』Johannes Bolte / Georg Polívka: *Anmerkungen zu den Kinder- und Hausmärchen der Brüder Grimm.*）

フライブルク大学教授L・レーリヒ博士はその著書『伝説とメルヒェン。今日の口承文芸研究』Lutz Röhrich: Sage und Märchen. Erzählforschung heute. の図版四八番〔石柱に抱きついて顔をこちらに向けている長髪の男性の塑像。写真〕の説明（二八二ページ）でこう述べている。〔 〕内は論者の補遺である。

巨人《リーゼ》フィン der Riese Finn（〔旧約聖書「士師《しし》記」十三―十六章にあるイスラエルの士師で大力無双の勇士〕サムソン、磔刑のキリスト、洗礼者ヨハネ?）。ルンド（南スウェーデン）の大聖堂の地下墓所《クリプタ》Kryptaの柱の一つの塑像。聖ラウレンティウスがルンドに教会を建立しようとする。しかし全てが夜毎ある巨人《トロル》Troll〔北欧の妖魔〕によって破壊される。そこで聖者はこれと契約を結ぶ。トロルは聖者が自分の名前を当てることができない場合、太陽と月、それから〔「あるいは」の誤記か?〕聖者の両眼をよこせ、と要求する。ラウレンティウスはある丘でトロルの妻が泣く子を宥めようと、こんなことを言うのを耳にする。「もうすぐ父さんのフィンが来るよ。ラウレンティウス聖者の両の目持って」と。聖者がトロルにその名で呼びかけると、トロルは激怒して教会を取り壊そうとする。彼は柱の一本に、その妻と子は別の一本にかじりつく。するとト

ロルたちは石になってしまう。

ラウレンティウス Laurentius というキリスト教の聖者は、論者が検索することができた事典『マイヤー百科事典』(一九二七年版) Meyers Lexikon では三人いる。三世紀、十五世紀、十六世紀の人である。詮索は所詮無益であろうが、最も可能性があり、最も有名な最初の人物は、キリスト教が弾圧されていた時代のローマの助祭。スペイン出身。ウァレリアヌス帝により二五八年灼熱の焼き網の上で焙《あぶ》り殺された、とのこと。画題として有名で数数の絵画・フレスコが残っている。祝祭日は十月十日。『聖者大全』Das große Buch der Heiligen には、この聖者にだけ詳細な説明があり、後の二人の記述は無い。ラウレンティウス・ジュスティニアーニ Laurentius Giustiniani (一三八一―一四五五) はヴェネツィア生まれの聖職者。一四五一年初代ヴェネツィア総大司教。一五九〇年列聖される。イタリアの長靴の踵にある海港ブリンディジ生まれのラウレンティウス・ダ・ブリンディジ Laurentius da Brindisi (一五五九―一六一九) は一六〇二年カプチン派修道会の管長となった。列聖は漸く一八八一年。右の伝説の聖者がこの人である可能性はもとより皆無。

＊14　ノルウェーのオーラフ王は、深い物思いに沈んで山と谷のあいだを歩いていた。王はこれまでになかったような教会を建てるつもりだったのだが、財産に重い負担をかけずには建築を成就することができないのが分かっていた。こうして憂慮しているとき、王は奇怪な風体《ふうてい》の男にでくわした。何をそう考えているのか、とその男はたずねた。オーラフは相手に自分が心に抱いていることを語った。するとその巨人 jätte《イェッテ》〔トロル〕は、一定の期間内にまったく単独でその建築を完成しようと、申し出た。報酬として巨人は太陽と月、さもなければ聖オーラフ自身をもらうことを条件とした。オーラフはそれを諾《うべ》なったが、自分には実行不可能と思えるような計画を教会のために立案した。つまりその教会は七人の僧侶が互いの妨げとならずに同時に説教ができるほど大きくなければならぬ、とか、柱と装飾は外側も内側も堅牢な燧石《ひうちいし》で作られねばならぬ、などという具合である。ところで間もなくそういう教会ができてしまった。ただ屋根と尖塔がまだだった。今度は諾なった取引のことが心配でた

まらず、オーラフはまたしても山と谷をぐるぐる彷徨《さまよ》い歩いた。ある山中でオーラフは突然、子どもが泣いているのと、巨人の女《イェッテクヴィンナ》 jätteqvinna がこう言ってその子をあやすのを耳にした。

「しいっ、しいっ、あしたは父ちゃんのヴィンド・オク・ヴェーデル Vind och Veder〔「風と嵐」ほどの意味。なお、これはおおむねノルウェー語ではなくスウェーデン語の綴りだが、正確には Vind och Väder（ノルウェー語なら Vind og Vær / Ver）になる由、また、「巨人の女」jätteqvinna の綴りもスウェーデン語では jättekvinna（ノルウェー語なら jettekvinne）が正しい、とのこと。いずれも北欧語学者福井信子氏のご教示に拠る〕が帰っておいでだ。そうしてお日さんとお月さん、さもなきゃ聖者のオーラフを持っておいでになるのだよ」。

オーラフはこの発見に心も晴れて——というのは禍津《まがつ》神《かみ》 der böse Geist はその名前で無力になるからである——家へ帰った。さて尖塔がつけられて何もかもできあがった。そのときオーラフが叫んだ。「ヴィンド・オク・ヴェーデル、おまえ、尖塔のつけかたがまずいぞ Vind och Veder, du har satt spiran sneder!」。するとたちどころに巨人は教会のてっぺんからおそろしい音をたてて転落し、たくさんの破片に砕け散った。この破片はまじりけのない燧石〔燧石でできた教会だけあって、現実にもその周辺からは長いこと燧石の破片が見いだされたことだろう。伝説はそうした事実を基にしていることが少なくない〕であった。変形譚によれば、巨人はブレステル Bläster という名で、オーラフは「ブレステル、尖塔を西へ移せ Bläster, satt spiran väster!」と叫ぶし、あるいは巨人はスレット Slatt という名で、オーラフはこうどなったそうな。「スレット、尖塔を右へ移せ Slätt! Sätt spiran rätt!」と。呼び掛ける名前と難癖《なんくせ》の最後の語が脚韻を踏んでいるわけである。（ヤーコプ・グリム『ドイツ神話学』Jacob Grimm: *Deutsche Mythologie*）

オーラフ Olaf というノルウェーの王は何人かいるが、これはオーラフ二世、綽名してオーラフ肥満王、あるいはオーラフ聖王（九九五—一〇三〇）のことである。一〇一六年、一〇〇〇年以来デンマークとスウェーデンの支配下にあったノルウェーの支配権を確立。のち反乱を起こしたノルウェー貴族たちに支持されたデンマークのクヌート大王に破れ、王国の再征服を試みるうち仆《たお》れる。祝祭日は戦死した七月二十九日。一一六四年、生前のキリスト教布教熱によりノルウェーの守護聖者と認められた。遺体はトロントヘイム Trontheim の大聖堂に安置されている。

＊15　佐々木喜善《きぜん》『聴耳草紙《ききみみぞうし》』三四番「大工と鬼六」
日本在来の民話だ、と思い込まれていた「大工と鬼六」が実は、聖者と魔物が登場する北欧の教会建立伝説が、英語からの翻訳に基づく翻案の口演〔大正・昭和期の口演童話運動の一環〕により日本に移入され、民間に口承され、それが再び採録されて活字となったものであることが、疑いの余地を全く残さず確証されている。これは日本口承文藝学會会誌「口承文藝研究」第十一号（一九八八年三月刊）所載の二論文、高橋宣勝〈「大工と鬼六」は日本の民話か〉、および、櫻井美紀〈「大工と鬼六」の出自をめぐって〉を参照のこと。なお櫻井美紀氏（「語り手たちの会」代表）は同様の移入民話「味噌買い橋」の出生証明を引き続き行なっている。

＊16　Aitken, Hannah und Michaelis-Jena, Ruth. Gesammelt und herausgegeben von.: *Märchen aus Schottland.*〈Nr.21: Whuppity Stoorie〉

＊17　（＊18）を付した箇所と共に当時の時代色を反映している。イギリス陸軍は伝統的に志願制度〔士官は売官制度。階位が高くなるにつれ当然価格は増すが、いずれにせよ極めて高額な所定の金銭が支払える、ということは、購入する者が富裕なしかるべき階層出身であることをも保障していたのである〕だった。ただし一兵卒に志願するような者は、功名を立てようと野心に燃える世間知らずのうぶな少年は別として、多くはさまざまの要因により人並みの生活ができなくなり、過酷だが日日の食物と衣服は支給される軍隊生活に身を投じる道を選ばざるを得なくなった貧困層の出身だった。

＊18　これに対し、帆走軍艦時代〔それも、十三世紀から十九世紀初頭まで〕のイギリス海軍は原則として徴募制度〔士官は一応はしかるべき身分の階層からの志願制度〕だった。水兵徴募というのは、たとえばこうである。

一定の就役準備が整ったにも関わらず出撃時水兵の員数が足りない軍艦がある場合、所属の軍港司令官は当該軍艦の艦長に、ある一定地域から、一等水兵（熟練水兵）able-bodied seaman、二等水兵（普通水兵）ordinary seaman、三等水兵（補助水兵。陸上者《おかもの》）landsman〔羊飼い、農夫、鉱夫、職人、店員、事務員など、海についてはまったく未経験の陸上生活者たち——それももちろん庶民階級——がおおむねこの範疇に入れられた〕を強制徴募《インプレス》impress するのを許可した。その際、あらかじめ酒色で屈強な男たちを誑《たぶら》かし、これを監禁しておいて、軍艦から派遣された強制徴募隊《プレス・ギャング》press-gang〔相手が抵抗したら棍棒を使用することを許された屈強な水兵と老練な下士官から成る〕の指揮官に売り渡す業者もいた。これが水兵周旋人、水兵誘拐業者である。なお、press-gang は「強制徴募する」という他動詞としても用いられる。

＊19 Bødker, Laurits. Herausgegeben von.: *Dänische Volksmärchen.* 〈Nr.28 Trillevip〉

なお右からの邦訳には『世界の民話 3 北欧』（櫛田照男訳、ぎょうせい、昭和五十一年）の「五十一 トリレウィプ」がある。ただしこれはドイツ語からの重訳。

デンマーク語からの直接訳には『子どもに語る北欧の昔話』（福井信子／湯沢朱実編訳、こぐま社、二〇〇一年）の「トリレヴィップ」がある。出典は左の通り。

Stybe, Vibeke: *Nordiske folkeeventyr-Syng mine svaner.* Carlsen. København 1992.

参考文献

邦文（邦訳を含む）

グリム兄弟編・金田鬼一訳『完訳 グリム童話集』全五巻、岩波書店、一九七九年改版第一刷
佐々木喜善《きぜん》『聴耳草紙《ききみみぞうし》』、筑摩書房、一九六四年初版
日本聖書協会発行『旧新約聖書』、日本聖書協会、一九五七年

ペロー、シャルル著・新倉朗子訳『完訳　ペロー童話集』、岩波文庫、一九八二年
リューティ、マックス著・高木昌史／高木万里子訳『昔話と伝説　物語文学の二つの基本形式』叢書・ウニベルシタス、四九一、法政大学出版局、一九九五年
ラブレー、フランソワ著・渡辺一夫訳『ガルガンチュワとパンタグリュエル　第一之書　ガルガンチュワ物語』、白水社、一九九五年初版

欧文

Aitken, Hannah und Michaelis-Jena, Ruth Gesammelt und herausgegeben.: *Märchen aus Schottland.* Eugen Diederichs Verlag. Düsseldorf / Köln 1965.

Bächtold-Sträubli, Hanns. Herausgegeben von.: *Handwörterbuch des deutschen Aberglaubens.* Walter de Gruyter. Berlin / New York 1987.

Bolte, Johannes / Polívka, Georg: *Anmerkungen zu den Kinder- und Hausmärchen der Brüder Grimm.* 2. Auflage. Georg Olms Verlagsbuchhandlung. Hildesheim 1963.

Brüder Grimm: *Märchen der Brüder Grimm.* Urfassung nach der Originalhandschrift der Abtei Ölenberg im Elsaß. Herausgegeben von Joseph Lefftz. Carl Winters Universitätsbuchhandlung. Heidelberg 1927.

Brüder Grimm: *Kinder- und Hausmärchen in ursprünglicher Gestalt.* Nach der Ölenberger Handschrift. Auf Grund der Ausgabe von Joseph Lefftz herausgegeben und mit einem Nachwort versehen von Manfred Lemmer. Frankfurt a. M. 1964.

Brüder Grimm: *Kinder- und Hausmärchen.* In der ersten Gestalt. Fischer Bücherei. Frankfurt a.M. 1962.

Brüder Grimm: *Kinder- und Hausmärchen.* Vollständige Ausgabe mit einer Einleitung von Hermann Grimm und der Vorrede der Brüder Grimm zur ersten Gesamtausgabe von 1819. Wissenschaftliche Buchgesellschaft. Darmstadt 1967.

Bødker, Laurits. Herausgegeben: *Dänische Volksmärchen.* Eugen Diederichs Verlag. Düsseldorf / Köln 1964.

Clodd, Edward: *Tom Tit Tot. An Essay on Savage Philosophy in Folk-Tale.* Duckworth and Co.. London 1898. Now Reissued by Singing Tree Press. Detroit 1968.

Diederichs, Ulf. Herausgegeben von: *Französische Märchen vor 1800.* Eugen Diederichs Verlag. Düsseldolf / Köln 1989.

Grimm, Jacob: *Deutsche Mythologie.* Wissenschaftliche Buchgesellschaft. Darmstadt 1965.

Lüthi, Max: *Volksmärchen und Volkssage. Zwei Grundformen erzählender Dichtung.* Francke Verlag. Bern/ München 1961.

Karlinger, Felix und Laserer, Erentrudis: *Übersetzt und herausgegeben von. Baskische Märchen.* Eugen Diederichs Verlag. Düsseldorf / Köln 1980.

Melchers, Erna und Hans: *Das große Buch der Heiligen. Geschichte und Legende im Jahreslauf.* 5. Auflage. Südwest Verlag. München 1982.

Meyers Lexikon. 7. Auflage. Bibliographische Institut. Leipzig 1927.

Röhrich, Lutz: *Sage und Märchen. Erzählforschung heute.* Herder. Freiburg. i. Br. 1976.

Soupault, Ré. Herausgegeben und übertragen von: *Französische Märchen.* Eugen Diederichs Verlag. Düsseldolf / Köln 1963.

蓑虫はだれの子か

——『枕草子』「虫は」の比較口承文芸論的考究——

一

ドイツ南西地方ホッホ・シュヴァルツヴァルトの緩やかな山並みが西からライン平野に下って来る途中にあるホルベン・バイ・フライブルクという村落で、私ども夫婦と九歳の娘、五歳の息子の家族四人が一九八二年の春から八三年の春までほぼ一年を過ごしたことがある。村の大方は標高三五〇—九〇〇メーターのなだらかな斜面に広がる広大な牧草地とライ麦・燕麦・玉蜀黍《とうもろこし》の畑で、やや急峻な山肌の部分は牛・馬・羊が点点と草を喰《は》む牧場として利用されている。村役場《ラートハウス》と四年制の尋常小学校《グルントシューレ》とカトリック教会の周りに人家がいくらか軒を並べているのを除けば、あとは農家が三三五五、あるいは全く孤立して散らばっているに過ぎない。そうしてそのうちのかなりが（特にカッツェンタールでは）いまだにこの地方独特の美しい線を持つ屋根を戴いている。早くも一一一二年の古文書に名が出ているそうだが、一五二五年既に二十六戸あった、という農家が大して増えてもおらず、私どもが滞在した当時は人口八百六十ほど、バーデン・ヴュルテンベルク州シュヴァルツヴァルト＝ブライスガウ郡内で最小の自治体だった。

開墾されていない所は多く常緑の樅の森で、それに樫・山毛欅《ぶな》・ドイツ唐檜・白樺が交じって、すくすくと並んだ高い梢に降った雨が、枝を濡らし幹を伝い、僅かな下生えの草や天鵞絨《ビロード》のような苔に滲みこんで、やがてそこここから小さい泉となって現れると、それらは更に清冽《せいれつ》な小川に集い、十五キロ程離れた古雅な大学都市フライブルク・イム・ブライスガウ指して流れ下って行く。この小川がうねる、さして広からぬ谷の南斜面の上のほうに私どもの仮寓があった。谷を隔てて向かい側に、鬱蒼と草木に覆われた穏かな佇《たたず》まいの山が幾つか重なって次第に高くなる。目に見えるその最高処をシャウインスラント Schauinsland、つまり Schau ins Land!（国をご覧よ）といい、名詮自性《みょうせんじしょう》、まことに見晴らしの良い峰で、ここに登ると、晴れていれば、東方にシュヴァルツヴァルトで最も高いフェルトベルク（一四九三メーター）を、そしてその彼方にはアルプスの山稜を、あたかも指呼の間のごとくに臨むことができる。新鋳の銀貨のような月がちょうどこの峰の上から出ると、墨を流したような山山のシルエットにひとしお風情が漂う。九月初めの満月の宵は久しぶりで「隈無き月」を心行くまで眺めたものである。

住まいの三方が山で、めったに人声もしないため、鳥たちの囀りがほしいままに谺《こだま》を呼ぶ。春から初夏にかけては、明け方の三時ごろから朗らかな声に眠りを破られることがしばしばだった。全身艶やかな黒で、嘴だけが鮮やかに黄色く、物怖じしない賢い目付きをした黒歌鳥《くろうたどり》〔アムゼル Amsel〕である。けれども五月末に初夏が訪れると、夜明けの歌い手たちはひっそりとしてしまった。このあたりからだんだん耳に親しむようになったのは虫の声である。私が最も早くに気づいた声の主はたしか蟋蟀《こおろぎ》〔フェルトグリレ Feldgrille〕だった。太陽が昇るとそこいら中からヂとリの中間のような声が湧いて来る。単調だがこころよい。ドイツ人にはツィルプ・ツィルプ・ツィルプと聴こえるそうである。夏時間とあって日はまだまだ高いのに時計に従って家族で夕方の散歩にでかけると、小径わきのほの暗い草叢ですだいている。とっぷりと暮れた宵、テラスに出て遠近の家家の灯火を人懐かしく眺めていて、ふと我に返ると周囲は潮騒のような合唱である。数が多い上、とぎれることがないから、「灰汁《あく》桶のしずくやみけりきりぎりす」（凡兆）の哀れこそそそらないが、これはこれで心気が澄む思いがする。そうこうするうち子どもたちの夏休みが早くも八月半ばに終わり、朝吐く息が白く見えるようになった。やがて「フェルトグリレ」以外名は未詳だが、虫の音には少なくともまだ三―四種があることも分かった。翅《はね》をこすりあわせる時間の長短、間拍子の取り方に差こそあれ、日本の蟋蟀・螽蟖《きりぎりす》に較べ音程はいずれも低く、人に譬えればバリトン・アルトという所か。夏の間は晴れていてもぼうっと薄く靄がかかっていた山山が、突き抜けるような青天を背景にくっきりと稜線を描く。一足飛びの秋である。

ホルベンの山には黄櫨《はぜ》や楓《かえで》が無いからどのみち燃えるような紅葉は観られないが、樅に混じる落葉樹の葉は鮮やかな黄に変わる。これは十月の寒気が到来してからである。虫の声もいつかひっそりと消えている。過ぎて行った短い夏の間、ついぞ蟬の声を耳にしなかったことに気づいておかしくなった。図鑑無しで蟬にはどんな種類があったか思い出そうとしてみる。まず蜩《ひぐらし》。蜩は夏もけっこう早くから鳴く。もっとも私が小学校時代、蜩の声が耳に入るようになるのは、新学期を目前にして不得手な工作類の宿題作成に追われていた八月下旬だから、蜩はその時分、それも黄昏時に、侘しい気分の折カナカナカナと寂しく鳴くものだ、と長いこと思い込んでいたが。『枕草子』「虫は」には十四種の虫が挙げられているが、蟬の一族で触れられているのはこの蜩だけである。蜩以外の蟬たちにも捨てがたい風情がある、と世間一般に思われるようになったのは、やはり立石寺《りっしゃくじ》での芭蕉の一句「閑《しづか》さや岩にしみいる蟬の声」以来であろうか。油蟬はそれでも名からして脂汗・油照り・油手・油足などの連想を呼んで暑苦しいとはいえ、シャンシャンシャンと響き高らかな熊蟬や、ミーンミーンと声振り絞るみんみん蟬は、何がなし連歌師権大僧都心敬《しんけい》のいわゆる「ひえさびたる方」を悟らせるような気がする。法師蟬はひとしお興趣を添える。去って行く夏が「つくづく惜し」と託《かこ》つばかりでなく、その長い畳句《リフレイン》の締め括りとして、スペイン語で「さらば《アディオス》、さらば《アディオス》、さらば《アディオス》」Adios, adios, adios と夏に別れを告げている。さて、イソップ寓話の「蟻と蟬」が、北ヨーロッパで「蟻と螽蟖」に変えられたのは、緯度の高いこの地方に蟬がいないからである。盛夏上野動物園の園長室で歓談していたさる高名なドイツの動物学者が、お土産に何でもお望みの動物を、と奨められると、やおら窓の外を見据え、「あの鳴く樹を」と言った、という（あまりまことしやかならざる）逸話がある。もし本当の話だとすれば、当然これはなにもかも承知の上での冗談なのだが、蟬を知らないドイツ人はあの声を聴くと真実びっくりするらしい。さるドイツの知人から、女友だちが日本にでかけ、蟬の声にぎょっとして、「あのうるさい鳥はなに」と訊ねた、という話をかつて私は聞かされた。これは実感がある。その女性は、中国文学を専攻している上、日本語も学んでいたそうだが。そういえば虚心に聞くと蟬は大方うるさいはず。日本人は、この虫の地上での生命があまりにも短く、勢い猛に夏の盛りを謳い続けたものの、やがて忍び寄る秋の気配とともにひっそりと消えて行くことを知っていればこそ、降るような蟬の斉唱に「蟬時雨《しぐれ》」なる優しい詞を当てることができるのである。

二

京のあの特有の夏の蒸し暑さをひたすら垂れこめて忍んだであろう清少納言が、ようやく日が落ちる頃合、あるいは幾分か爽やかな暁に、細い澄んだ声を響かせる蜩のみを蟬たちの中で好もしく思ったとしても無理は無い。「七月ばかりに、風いたう吹きて、雨などさわがしき日、おほかたいとすずしければ、扇もうち忘れたるに、汗の香すこしかかへたる綿衣《わたぎぬ》の薄きを、いとよく引き着て、昼寝したるこそをかしけれ。」と別の段に書いているのからしても、この女性にとって蜩以外の蟬は暑さと切っても切れない存在として、考えるのも物憂かったかも知れない。

並立しうる別の観方もある。「虫は」に登場する虫たちのうち、「にくし」とかたづけられている蠅と蟻を除き、あとの十二種を列記してみると、この筆者が彼ら彼女らを愛する所以が分かる。鈴虫（今の松虫だという）・松虫（今の鈴虫だという）・はたおり（今の螽蜥だという）・きりぎりす（今の蟋蟀だという）・蝶・われから（海藻に付く小さな甲殻類）・ひをむし（蜉蝣《かげろう》）・蛍・蓑虫・蜩・額《ぬか》づき虫（米搗虫《こめつき》）・夏虫（火取り虫のたぐいといわれる）、これらはすべてあえかで儚《はかな》い。無常感を募らせる。そして可愛らしい。従って、蜩以外の蟬たちは京　童《きょうわらんべ》のごとくわわしく、逞しく思われて、採りあげる気にはなれなかった、とも考えられる。とは言え、清女の才筆に洩れたのが不思議な虫はいくらでも挙げられる。私たち日本人の身近にいて、子どもらにもすぐ思い浮かべられる面面としては、蝶、蟷螂《かまきり》、飛蝗《ばった》、黄金虫、甲虫、蜜蜂、怖いのでは蜘蛛《くも》、愛嬌者は螻蛄《おけら》といったところ。その名にちなんで私たちの祖先が、たたなづく青垣山籠もれる大和の国の美称とした「秋津島」のあきつ、つまり蜻蛉《とんぼ》も書かれていない。やはり羽虫を餌とするので総じて猛猛しく思われたのだろうか。秋茜《あきあかね》（赤蜻蛉）は風情があるが。諸人の崇敬する厨子《ずし》を、黄金《こがね》・白銀《しろがね》に代わって荘厳《しょうごん》した玉虫さえ言及されていないのは、その金属的な美美しさ、厳めしさのゆえに憚られたのかも知れない。もっとも、『枕草子』に書かれなくとも、日本人に親しまれている虫たちは俗謡・童唄に歌われて長い齢を経ている。

「でんでん虫」というからこれも虫とすれば、子どもたちが「角出せ、槍出せ、頭出せ」と蝸牛《かたつむり》を遊び相手にしたのが昨日や今日のことでない証には、

舞へ舞へ蝸牛《かたつぶり》
舞はぬものならば
馬《むま》の子や牛の子に
蹴《く》ゑさせてん　踏み破《わ》らせてん
実《まこと》に美しく舞ふたらば

華の園まで遊ばせん[*1]

と愉しいのがある。

茨小木《うばらこぎ》の下には
鼬《いたち》 笛吹く
猿かなづ
稲子《いなご》丸《まろ》は拍子打つ
蟋蟀は鉦鼓《しょうこ》打つ[*2]

というあの剽《ひょう》げた歌詞の無名の作者は、『鳥獣戯画』の描き手〔鳥羽僧正覚猷《かくゆう》に擬される〕と相通ずる精神を持っているようで、ゆかしい限りである。

鏡花はその随筆の一つで、東京では、渦を巻く白い虫の群を幼童たちが見上げて、「おほわた来い、来い、まま食はしよ。お飯《まま》がいやなら肴《とと》食はしよ」、と歌い囃す、と記している。[*3]

ちなみにこれとは逆の趣向で、虫をからかって追い立てる童謡がドイツにある。左に挙げるのはドイツ中部のヘッセン地方の口伝え。

天道虫《てんとうむし》、天道虫、飛んで行け、
おまえの父さん　戦争に、
おまえの母さん　火薬のお国、

火薬のお国は焼けちゃった、
天道虫、天道虫、飛んで行け。
Maikäfer, flieg,
Der Vater ist im Krieg,
Die Mutter ist im Pulverland,
Pulverland is abgebrannt,
Maikäfer, flieg.[*4]

ドイツ北西部のニーダー・ザクセンでは、Pulverland の代わりに Pommerland と歌う。[*5] ポンメルラントとはドイツ北部のポンメルン Pommern に由来するのかも知れないが、多分子どもの仮想の国。戦火に荒らされた国と親を失った子どもの記憶から歌い継がれた童唄だろう。

ところで、「虫は」の段で最大のスペースを割かれ、また読む者の関心を最も惹くのは、いうまでもなく蓑虫についての記事である。テキストを左に二つ掲げる。段の数こそ違え内容はいずれも大同小異である。

テキスト①

(前略)蓑虫、いとあはれなり。鬼《おに》の生みければ、親に似て、これもおそろしき心《ここ》ちぞあらむとて、親のあしき衣《きぬ》をひき着せて、「いま秋風吹かむをりにぞ来《こ》むずる。待てよ」と言ひて、逃げていにけるも知らず、風の音聞き知りて、八月ばかりになれば、「ちちよ、ちちよ」とはかなげに鳴く。いみじくあはれなり。(五〇段[*6])

テキスト②

（前略）みのむし、いと哀也《あはれ》。おにの生みたりければ、親に似て、是もおそろしき心あらんとて、親の、あやしき衣《きぬ》ひききせて、「いま、秋風ふかん折ぞ来《こ》んとする。まてよ」といひおきてにげて去《い》にけるもしらず、風の音を聞きしりて、八月ばかりになれば、「ちゝよ、〳〵」とはかなげになく、いみじう哀也。

（四〇段[*7]）

「いとあはれなり（いと哀也）」、「いみじくあはれなり（いみじう哀也）」、と冒頭・末尾に繰り返していることから見ても、この鱗翅目《りんし》ミノガ科の昆虫の幼虫が並並ならず清女の興趣をそそったことは間違いない。さすが近頃の子どもはやらないだろうが、昔むかしのその昔、私がまだ小さかった頃、あまり所在が無いと、軒端の隅や前栽の枝にぶらさがっている蓑虫を幾匹も集め、安全剃刀の刃を慎重に使って衣を切り開き、中の体をそっと引き出したものである。更にそれを母にねだった真綿とか、切りこま裂いた色紙《いろがみ》などと一緒に一晩、硝子壜か箱の中に入れておく。暖かい着物を脱がされた虫は、一所懸命に口から糸を吐き、周囲の素材を連ねて、翌日には見事な新調のコートにくるまっている。それをいつまでも飽きずに眺めたものである。ドイツでは蓑虫を「葉っぱの仕立て屋《ブラットシュナイダー》」Blattschneider という。肯綮《こうけい》に中《あた》った命名である。蓑虫のおもしろさは、蝸牛や蜻蛉、あるいは甲虫のように、幼い者の好い遊び相手となるばかりではない。枯葉をまとって、寒風に曝された裸の木木の枝にしんとぶらさがっている様は、子どもにも大人にも飄逸な、そして哀れな印象を与えるものだ。

蓑虫は、秋風が吹く頃になるとチチチチと鳴く、というのは真実だろうか。「蓑虫の音《ね》を聞きに来よ草の庵《いほ》」（桃青）の句は、おそらく『枕草子』の記事を踏まえての風雅であって、蓑虫が鳴く、という事実の証明にはならない。芭蕉にはそんなことはどうでもよかっただろう。「俗説に、秋の夜鳴いて曰く、秋風ぞ吹く、父ぞ恋しき、と。然れども未だ鳴く声を聞かず。けだし此の虫、木の葉を以て父と為し、家と為す。秋風既に至れば即ち零落邇《ちか》し。人之を察し、付会してしか云うのみ。その鳴くは喓《すだ》く声にあらず。乃ち涕泣《ていきゅう》の義なり」と寺嶋良安著『和漢三才図会』にある〔原漢文〕[*8]。蓑虫にとっては木の葉が父であり、家であるが、秋風が吹くようになると、その木の葉が無くなってしまう。そこで、「父よ」と「泣く」のだ、実際に声に出して「鳴く」のではない、との説である。いささか穿ち過ぎのきらいはあるが、この虫が鳴かないことを主張しているのはもっともである。幕末から明治初期にかけての随筆『さへづり草』のうち『松の落葉』にはこうある。「雁の屋の庭上茂りたる樹の中にあたりて、かすけき音あり、草ひばりにもやとひそかにうかがひみるに、馬酔木《あしび》の小枝にみのむしあり、辺《へ》にありてうかがへばさらに声なし、しりぞき去れば又声あり、（中略）その声チチと鳴くがごと聞ゆれば、清少納言が聞けるもこれなるべし」[*9]と。これは他の虫の音と取り違えたものか。けれども、尾崎紅葉も、蓑虫は鳴く、と信じていたようで、彼が病没する二週間ほど前の泉鏡花の思い出に、庭の蓑虫を取って来い、と命じられた挿話がある。そして、「ゆうべは夜中から、よく鳴いて居たよ――ちゝ、ちゝ――と……秋は寂しいな――よし。其方《そっち》へやっときな。……殺すなよ」と言った、と[*10]。文学には生物学とは別の行き方がある。「亀鳴くや亭主は酒にどもりけり」（内田百閒）。蓑虫が鳴く、と信じている方が雅趣があるようだ。そこで無用の詮索はこれで止めにしておく。

三

清少納言にはこの「チチチチ」が「ちちよちちよ」と聴こえたわけだが、これはどういう意味なのか。池田亀鑑氏は、「蓑虫の声に、幼児が母を呼ぶ語を響かせたもの。乳や父の意にとるのはどうであろうか」[*11]

と注釈している。前掲「虫は」の蓑虫に関するテキスト①の頭注には、「逃げたのが母であれば母を呼ぶ幼児語（現在でも〈ちち〉が母の意である方言がある）、または〈乳《ち》〉を重ねた幼児語〈ちち〉を想定して〈乳《ちち》よ乳よ〉と解されている。父であれば〈父《ちち》よ父よ〉であろうが、いずれにせよ蓑虫の鳴き声をそのように取りなしたもの」とあって、三つの解釈が公平に並んでいる。右の一番目の解釈の典拠であろう事項を含む田中重太郎氏の主張は以下の通り。「鳴き声と母を呼ぶ幼児の語を〈ちち〉と表現したのであらうか。現に岩手県九戸郡大野村などでは母親をチチといふらしい。〈ちち〉は父、乳とも考へられる。もし〈乳〉とみるならば、幼児語で〈乳《ち》〉を重ねたとみなければならない」[*12]。テキスト②の校注者渡辺実氏は、「おにの生みたりければ」を、母親が鬼だから、ということであろう、と解釈している。従って、捨てた「親」は、人間である父親のことで、「ちち」は、父となる。渡辺氏はこの話の由来を次のように断じている。「以下の話は全身を蓑で被ったような姿をしている蓑虫と、鬼は蓑を着て姿をかくす（かくれ蓑など）という民話的思考とが結びついて、出来た話にちがいない」、と。はて、蓑のように見えるのは人間である父親がくるみこんだ粗末な衣装のはずだが、これが鬼の隠れ蓑[*13]を想像させる、というのは、失礼を顧みず申せば、奇妙な連想の飛躍ではある。

森川許六撰『風俗文選』[*14]にある山口素堂の「蓑虫ノ説」では、「みのむし〳〵、声のおぼつかなきをあはれぶ。ちゝよ〳〵となくは孝の専らなるものか、いかに伝へて鬼の子なるらん、清女《せいじょ》が筆のさがなしや、よし鬼なりと、瞽叟《こそう》を父として舜あり、汝はむしの舜ならんか（後略）」と儒教的見地に立って蓑虫に大いに同情している。舜がその頑なな盲目の父、冷酷な継母、無頼な弟に対し、孝順寛厚、まことに立派な人柄であることを堯《ぎょう》帝が知り、これに帝位を禅譲した、という故事を踏まえて、仮に鬼というひどい父親の子でも父を慕って泣くのは孝道の至れるものだから感心、と激賞する素堂は、「ちち」に「父」以外の解釈があろうとは思ってもいない。横井也有《やゆう》の俳文集『うづら衣《ころも》』正編続の最後に収められた「百虫譜」には、「きりぐ〵すのつゞりさせとは、人のために夜寒をおしへ、藻にすむ虫は我からと、只身の上をなげくらんを、蓑虫《みのむし》の父よと呼ぶは、守宮《やもり》の妻を思ふには似ず。されど父のみこひて、などかは母をしたはざるらん」[*15]と疑問を呈している。私も同様の疑問を持つ。つまり、こうである。私見を述べることが許されるなら、「ちち」はどうしても「母」でなければならない、と思う。捨てて逃げて行ったのが男親でも女親でも、幼児が親を呼ぶなら十中八九母親に縋るに違いないし、またそれでこそ読む者の蓑虫へのいとおしさが数段加わるのではあるまいか。ただし、この感覚が一般的かどうか。公正にふるまいたいので、与謝蕪村の句「子鼠のちゝよと啼《なく》や夜半の秋」[*16]を挙げておく。蕪村は子鼠に父母のうちどちらを呼ばせたのか。

さて、「鬼の生みければ」、である。この「鬼」が男性か女性か、といぅ議論があるわけだ。「生む」の主語だから女性に決まっている、とも断じられない、とのこと。前掲蓑虫のテキスト①頭注には更に、「一説、男親（鬼）が生ませた意を当時の言い方で〈生む〉といったとする」とある。これに従えば渡辺説「鬼女が子を残して去った」は証明されない。そこでこの件はひとまず措いて、この項でおそらくだれもが疑問とするであろうことを論じよう。作者清少納言の筆は、唐突の感をあたえるほど直ちに核心に入っている。従ってこの記述の背後には何かしら当時周知の伝承があった、と考えうる。私は次の三つの伝承を仮定して見た。そのいずれが最も妥当であろうか。

(1)鬼が（白面の貴公子などに化けて）人間の女性のもとに通い、子どもを生ませたが、やがて男の正体を知った女が、鬼の失踪後、あるいはこの方がより自然だが、鬼の死後、この子もやがて父親に似て恐ろしい性分を現すだろう、と、自分の粗末な着物をまとわせて捨て児した。

次に仮定される伝承はこうともなろうか。ただし、今度の場合「鬼」は前とは逆に女性である。

(2)人間の男性が鬼女とも知らず美女と契りを交わして子を生《な》さしめる。しかし、何かの折、たとえば、その寝姿を垣間見るなどして、妻の正体を知る。悟られたことを推察した鬼女は子を置いて去る。しかし、薄情な男はこの子を捨てる。

第三の、そして最後の仮説は以下の通り。

(3)蓑虫は人間の両親の実子ではなく、鬼の子が紛れて人間に養われ、しばらくしてそのことに気づいた養い親たちが捨て去った。

右の仮説は最も突飛であり、日本の伝承には馴染まないが、考える所あってわざと挙げておく。

ではこれらの仮説を比較口承文芸論の見地から順次吟味してみよう。

四

仮説(1)

鬼が（白面の貴公子などに化けて）人間の女性のもとに通い、子どもを生ませたが、やがて男の正体を知った女が、鬼の失踪後、あるいはこの方がより自然だが、鬼の死後、この子もやがて父親に似て恐ろしい性分を現すだろう、と、自分の粗末な着物をまとわせて捨て児した。

超自然的存在や動物など異類の男性と人間の女性との交渉は、遥か昔から汎世界的に民間伝承の主題として好んで語られて来た。神と人間の女性との通婚では、白鳥とレダ、牡牛とエウロペ、黄金の雨とダナエといった具合に、ギリシャ神話で大神ゼウスが勇名を馳せているが、同工異曲の話は丹塗りの矢に姿を変えて美しい乙女に近づいた大物主神《おおものぬしのかみ》の話が『古事記』にある。ローマ文学の傑作、アフリカ州の一市マダウロスの人ルキウス（?-）・アプレイウスの『黄金の驢馬』と通称される『変身譚』の一挿話「クピードとプシュケ」型の話は、ヨーロッパ、特に西欧に広く伝播している。しようことなしに恐ろしい怪物〔実は美しい愛神クピード（エロス）。もっとも姿は見せない〕と結婚した乙女が、予想に反してこの上もなく愉しい生活を送る。しかしやがて、灯火をともして夫の姿を見てはいけない、などの夫との約束を破ったため、夫を失う。行方知れない夫を取り戻すため、長いこと艱難辛苦の旅を重ね、夫の母であるウェヌス（アプロディーテ）の元に行き着き、女神から烈しい侮辱と虐待を加えられ、三つの難題を課される。二つは果たすことができたが、三つ目であやうく失敗するところを夫エロスに助けられ、ユピテルの執り成しを受けて再び喜びの暮らしに入る。これが前記挿話の粗筋である。魔法によって呪われて鷹、鹿、海豚の姿に変えられた男性と幸福な結婚を送る話〔ジャンバッティスタ・バジーレ『ペンタメローネ（五日物語）』四日目第三話「動物にされた三人の王様」[*17]〕、同じく熊、鷲、海豚にされている三兄弟と彼らに連れ添う美しい三姉妹、そして魔法を打ち破る旅に出てこれに成功するその末弟の物語〔J・K・A・ムゼーウス『ドイツ人の民話』第一部第一話「三姉妹物語」[*18]〕は、こうした民間の口伝えを素材とした「本になった昔話」である。日本では、明神様ないし水神様の申し子としてある夫婦の間に田螺《たにし》の姿で生まれた男の子〔異常出生という点では「一寸法師」と同じく、これは呪われているのではなく、通常の人身を備えるまでの一種の研修期間と思われる〕と結婚した娘が誠実な愛情を貫いたお蔭で、田螺は立派な人間の若者になる民話「田螺息子」[*19]が、これらに対応するとまでは言えなくとも一脈相通じるものを持っている。

しかし、「クピードとプシュケ」型の諸諸のモティーフに結末を除けば後は完全に対応するのが御伽草子にある「天稚彦物語《あめわかひこ》」である。十五世紀の古い絵巻の詞書に基づいた「天稚彦草子」[*20]のテキストによって粗筋を述べる。

ある長者夫妻に三人の娘がある。大蛇がそのうちの一人を妻に求める。よこさなければ夫妻を殺す、と言うのである。夫妻は嘆き悲しんで、まず長女に頼む。長女は、死んでもいやです、と断る。次女も同じ。夫妻が一番可愛がっていた三女は、父母の命には代えがたいので、自分が大蛇の妻になる、と承諾する。長者夫妻は大蛇の指示通り、ある池のほとりに十七間《けん》もある大きな家を建て、ここに末娘を置いて去る。

十七間の家が一杯になるほどの大蛇が出現。娘に向かって、「怖がるのでは無い。もし刀を持っていたら、私の頭を斬り落としなさい（われを恐ろしと思ふことなかれ。もし刀や持ちたる。わが頭《かしら》斬れ）」と告げる。娘が爪切り用の小刀で斬ると簡単に斬れ、中から直衣《のうし》〔公家の平常服〕を着た絶世の美男子が出て来る。唐櫃《からびつ》〔四方に脚の付いた大型の箱。衣類や調度品を収納する〕に入って共寝をする。二人は愛し合って、この上なく楽しい暮らしを送る。欲しい物は何でもこの唐櫃から取り出せる。従者たちもたくさんいる。やがて男は、しばらく家を留守にする、と告げる。「自分は海龍王〔龍宮の王〕だが、空にも行くことがある」と素性をも明かす。七日から二十一日で帰るが、それでも帰らなければ、永久に帰って来ない、と思え、と。娘が、そんなことになったらどうしましょう、と訊くと、「西の京〔平安京の中央、朱雀大路《すざくおおじ》の西の部分。右京〕に一夜《ひとよ》ひさご〔一夜で天まで伸びる瓢箪ないし夕顔〕という物を持っている女がいるから、これに報酬をあたえて、その蔓に縋って天まで昇れ。昇れたら、道で逢う者に、天稚御子《あめわかみこ》のいらっしゃる所はどこか、と尋ねよ」との返事。それから、「望みの品が出て来る唐櫃は決して開いてはならない。もし開けたら、もうそれだけで、私は帰って来られないよ（この物入りたる唐櫃をば、あなかしこ、いかなりとも開《あ》くな、これだに開けなば、え帰り来まじきぞ）」と禁じて、空に昇る。

やがて姉たちが訪問。妹が楽しく暮らしているので〔心中妹が妬ましくてたまらず〕、「私たち、巡り合わせがわるくて、あの時怖がってしまったのね（われら果報の悪くて、恐ろしとも思ひけるぞ）」と言いながら、色色開けにかかる。そして例の唐櫃も、開けろ、とせがむ。鍵がどこにあるか分からない、と妹が拒むと、その体をくすぐって、袴の腰に結び付けてあるのを音で発見、あっさり開けてしまう。中には何も無く、煙が空に立ち昇る。姉たちは帰ってしまう。

娘は二十一日間待ち続けたが、夫が帰って来ないので、西の京へ行き、一夜ひさごを手に入れて空に昇る。空でさまざまの星に夫の居場所を訊き、最後に瑠璃《るり》を敷き詰めた土地に建つ玉で飾った御殿に住む夫に巡り合う。二人は愛の言葉を交わすが、天稚彦は、実は自分の父は鬼だから、あなたがいると知ればどんな仕打ちをするか、心配だ、と打ち明ける。やがて、何日か経つと父の鬼がしばしば来るようになる。天稚彦はそのたびに妻を脇息とか、扇、枕に変身させて、父の目を逃れるが、とうとう見つかってしまう。鬼は、「それではおれの嫁ではないか。召し使う者もおらぬから、もらって行って用事をさせよう（さてはわが嫁にこそ。使ふ者も侍らぬに、賜はりて使はん）」と言って、連れて行く。

舅である鬼は、嫁に次次に難題を出す。まず、千頭の牛を朝は野に放牧し、夕べに牧舎へ戻すこと。女は夫に相談、その袖をもらって、これを「天稚御子の袖袖」と唱えて振ると、千頭の牛が思い通りになる。次は、ある倉にある米千石を別の倉に移し換えること。一粒も落としてはならないのである。唱えごとをすると、蟻がたくさん出て来て、さっと運んでくれる。次は、一尺余りの百足《むかで》が四五千いる倉に七日間閉じ込められる。唱えごとをすると傍に寄らない。最後は蛇のいる倉。これも同様にして凌ぐ。

舅の鬼は諦めて、嫁が息子に逢うのを許すことにする。しかし、月に一度、と言う。しかし、女は聞き損って、年に一度とおっしゃいますか、と問い返してしまう。すると鬼は、「お前がそう言うなら年に一度だ（さらば年に一度ぞ）」と、苽（瓜か菰《まこも》）を投げつけると、〔そこからさっと水が流れ出て〕天の川になり、二人は中を隔てられた。これが七夕《たなばた》の始まり、つまり、織姫（織女星）と彦星（牽牛星）が年に一度七月七日に逢う起源である。

けれども、右のような物語では、異類の男性が夫であっても、幸せな、あるいは、少なくとも惨めではない契りだから、私が仮説(1)とする口承とは根本的に異なる。異類相手に父親がした約束を履行するため、あるいは、異類から父親の命を救うため、異類の男性に嫁入りするが、詭計を設けて相手を滅ぼしてしまう乙女の話——いわゆる「蛇婿入り」・「猿婿入り」・「鬼婿入り」型の民話——が日本では広く、また古くから語られていて、表面的には私の仮説(1)にむしろ近い。ただし、この型の民話では普通、婚姻は実際には行われず、従って子どもも生まれないので、その場合は残念ながら本質が異なる。しかし、子どもができる話もある。[*21] これは蛇が美しい男に化けて妻問いに来るというもの。男がどこへ帰るのか不審に思った女が、糸を通した針を男の着物の裾に刺して置き、後朝《きぬぎぬ》の別れののち、糸を標《しるべ》に跡をつけると、体に突き刺された鉄の気のため息も絶え絶えの蛇の穴に達する。夫の正体が顕われた後、妻は腹の子（夥しい子蛇）を拒否し、これらを始末する。また、奈良時代の仏教説話集、薬師寺の僧景戒《きょうかい》録『日本国現報善悪霊異記《げんぽうぜんなくりょういき》』、すなわち『日本霊異記』中巻第四十一「女人、大蛇に婚《くなか》はれ、薬の力に頼りて、命を全くすることを得る縁《えに》」、『今昔物語集』巻二十四第九「蛇にとつげる女を医師《くすし》のなほせる語《こと》」では、蛇に魅入られた人間の女性は孕んでいる。『今昔物語集』巻第三十一第十五「北山《きたやま》の犬、人を妻《め》とせし語」は、大きな白犬に攫《さら》われてこれを夫とし〔文中「犬も内へ入りて女と臥すめり」とある〕、北山に侘び住まいする京育ちの若い美女の話である。子どもはできていないが、その後生まれても不思議は無い。[*22]

人間の女性が、異類なるが故に相手を厭わしく思う例はヨーロッパにもある。ドイツ語圏の伝説の場合、それはたとえば男の水の精（「ヴァッサーマン」Wassermann、「ニッケル」Nickel、「ニクス」Nix）に攫われて妻とされた娘の話に見出される。ド・ラ・モット＝フーケ男爵フリードリヒ・ハインリヒ・カール（フリードリヒ・ド・ラ・モット＝フーケ）の『ウンディーネ』や、エドゥアルト・メーリケの

「麗しきラウの物語」(『シュトゥットガルトのフッツェルメンライン』中の挿話)、オスカー・ワイルドの『漁師とその魂』、ハンス・クリスチャン・アンデルセンの『人魚姫(小さな人魚)』のように、民間伝承を下敷きとした文学を読むとはっきり分かるように、女の水の精は一般通念として――性格はともあれ――容姿は優雅・端麗である。KHMには水の精を扱ったものが二編あり、KHM七九番「女の水の精」では容姿の描写は全くないが、KHM一八一番「池に棲む女の水の精」で粉挽き男が見るのは「ゆっくりと水から上がって来る美しい女で、華奢な両手で肩越しに押さえていた長い髪の毛が、さっと両脇に垂れ下がって、その白い体を覆い隠しました」[*23]とある。ところが、男の水の精の方は前掲『ウンディーネ』においても、ゲルハルト・ハウプトマンの『沈鐘』においても醜い存在である。[*24]ぬらぬらの水草、水に沈んだ木の根、冷たい泥土、蛙や水蛇、といったイメージに繋がるからのようだ。怠け者で虚栄心の強い、意地悪な少女が、水辺で竪琴を弾く美しい少年と接吻するうち、変身した相手に水中に引き込まれて、劫《こう》を経た醜怪な水の精の妻にされる短い絵物語を、十九世紀の大漫画家で文人、かつ民話蒐集者だったハノーファー人ヴィルヘルム・ブッシュが描いている。[*25]

この絵物語に付けられた詩の最後の節《スタンザ》はこうである。

さてそれからというものは、
傍にはうごめく水鼠、
搔かねばならぬ禿頭、
穿《は》くは粗びた藺草《いぐさ》の裳《も》、
昼の御飯は浮き草で、
咽喉の渇きを鎮めるは、

汲めど尽きせぬ水なりき。

Da sitzt sie nun bei Wasserratzen,
Muß Wassernickels Glatze kratzen,
Trägt einen Rock von rauhen Binsen,
Kriegt jeden Mittag Wasserlinsen,
Und wenn sie etwa trinken muß,
Ist Wasser da im Überfluß.

彼ら、男の水の精は人喰いでもある。水の精の人間の妻が出産する時、産褥に呼ばれた産婆は、せっかく生まれた赤ん坊も夫が食べてしまうのです、と産婦が泣いて打ち明けるのを聞くのである。「私はあなたと同じキリスト教徒の人間なのですが、拐《かどわ》かされて来たのです。水の精が私を取り替えたのです。こうして赤ちゃんを生みましても、いつも三日目にはあれが取り上げて食べてしまうのです。三日目にお池にいらっしゃいな。そうすればお池の水が血に変わるのをごらんになることでしょう」（グリム『ドイツ伝説集』（DS）四九番「男の水の精」[*26]）「取り替えた」というのは、この女性が赤児の時、母親の隙を狙って、水の精が同族の子と掏り替えた、ということである。この民間信仰についてはこの稿ではのちに簡単に述べるに留める。

五

次は仮説(2)の吟味に移る。

人間の男性が鬼女とも知らず美女と契りを交わして子を生《な》さしめる。しかし、何かの折、たとえば、その寝姿を垣間見るなどして、妻の正体を知る。悟られたことを推察した鬼女は子を置いて去る。しかし、薄情な男はこの子を捨てる。

人間の男性が、超自然的存在、あるいは異類の女性と結ばれて、子を設けたという話ももちろん枚挙に遑《いとま》がない。

超自然界から来た妻、ないし動物の妻の代表はいわゆる「白鳥乙女」である。男が水浴している娘の羽衣〔飛翔するのに必要な道具〕を奪い、娘と結婚する。すぐ羽衣を返却する場合には、男は妻に彼女の父のもとに伴われて行き、様様の難題を課されるが、妻の援助でこれを解決する。ここから魔術的逃走譚《マーギッシェ・フルフト》Magische Flucht に結びつくこともあるが、いずれにせよ、男と妻は添い遂げることが多い。男が羽衣を匿しておいた場合、夫の留守中に羽衣を発見した妻がそれを纏って故郷である超自然界へ帰ってしまったので、あとから男が恋い慕って行く、というものもある。これは「失踪した女房を探す夫」というAT四〇〇に分類される。つまり、日本の「鶴女房」や「信田狐」のように、夫がいなくなった妻を慕って探しに行くことがない、いなくなって終わり、という物語はヨーロッパの口承文芸研究者から見ると、奇妙なのである。

この女房探しのモティーフを素材として興味津津たる物語に仕立て上げたものとしては、グリム兄弟の先駆者の一人、十八世紀のドイツの文人J・K・A・ムゼーウスの「奪われた面紗《ヴェール》」[*27]や、中近東の一大説話集大成『千一夜物語』の「バッソラーのハッサン」[*28]がある。日本の羽衣伝説はいうまでもなくその一環を形成するもの。『駿河国風土記』（ただし逸文）の説話[*29]によれば、三保《みほ》の松原（有度浜《うど》）に降り立った〔そして海で水浴びをしていた〕神女《しんにょ》が脱ぎ捨てた羽衣を見つけた漁師が、相手が懇願するにもかかわらず返さず、神女はせんかたなくこれと夫婦になるが、その後羽衣を取り戻し、雲に乗って去った、とある。[*30]風土記では他に『近江国風土記』（逸文）の「伊香《いかご》の郡《こほり》の小江《をうみ》」の説話もこれに似ている。『今昔物語』の巻三十第十四「人の妻化して弓となり、後に鳥となりて飛び失せし語」[*31]は「白鳥乙女」説話の奇妙な訛伝かと思われる。仲良く暮らしていた夫婦だが、理由を明かさずその美しい妻が去る。その折夫の夢枕に立ってその由を告げ、自らの形見として、一張りの弓を置いて行くのである〔そう記してあるが、後の筋書きを見る限り、妻が弓に化身したようである〕。この弓がまたしばらく時の経過があって後、「白き鳥」となって遥かに南を指して飛んで行く。夫が追って行くと、紀伊国に至って、また人身になる。夫は「なるほど、普通の存在ではなかったのだ、と思って、そこから引き返した（さればこそ、これはたゞものにはあらざりけりと思ひて、それよりぞ返りける）」となっている。よく分からない話である。『今昔物語』の編者も理解し難かったようだ。ただ、夫が去って行く妻を追いかけこそするが、超自然的存在であることに得心すると、添い遂げるのは諦めてしまったことは明記されている。なぜ「鶴女房」や「信田妻」の亭主が、ヨーロッパのお仲間のように、妻の跡をどこまでも追わないか、この辺でその精神構造が少し理解できないだろうか。異界の住人と人間は別個である、と割り切っているのだ。ヨーロッパでは、神神と人間は共生できるし、動物〔稀に植物のこともある〕の姿となった者たちも、ほとんどの場合本性は人間〔妖精のこともあるが〕なので、後を慕えば、いずれ連れ添えるわけ。もっとも、この種の日本の民話は「天人女房型」という名称で分類されているが、この話では天界まで夫が妻を慕って上がる。

S・トンプソンの『民間説話』には「失踪した女房を探す夫」型の話の導入部について次のように記されている。訳責は論者。

ある導入部では、白鳥乙女が夫の留守中に翼を発見、白鳥の姿になって飛び去る、というものがある。話によっては時に、妻は夫に、どこへ行けば自分が見つかるか、を告げる謎めいたことば《メッセージ》をちゃんと残して行く。[*32]

これで思い当たる例は、たとえば、パウル・ツァウネルト編『グリム以降のドイツ昔話』一一番「猟師と白鳥乙女」[*33]である。白鳥乙女は夫の母に向かってこう言って飛び立つ。

「母様。私にまた逢いたいという人はガラスのお山に来なくてはなりませぬ。そのお山は広いひろい原っぱにあるのです。私は魔法にかけられた王女で、そこへもどらなければいけないのです。いとしいだんな様とかわいい子どもたちによろしく言ってくださいましな。それではご機嫌よろしゅう」[*34]。

行方を捜して、と言わんばかりの別れの言葉は、立ち去ることがなんらかの強制であることを示唆していよう。

「信田妻《しのだ》」として説教節や浄瑠璃、また歌舞伎の「蘆屋道満大内鑑《あしや どうまんおおうちかがみ》」で有名な狐女房が、人間の男（安倍《あべの》保名《やすな》）との間に設けた子（安倍晴明《せいめい》）に本性を見られて去る際、泣く泣く鏡文字で向う側から障子に書く「恋しくば尋ね来てみよ和泉《いずみ》なる信田森《しのだのもり》の恨葛葉《くずのは》」はこれと符節を合わせている。信田狐は大自然に呼び戻されたのかも知れない。

ヨーロッパのメルヒェンの場合、動物あるいは植物の姿で人間の男性に接近し、やがてはこれと結婚する女性は、魔法にかけられているか、自ら魔法で変身しているかで、元来は人間であることが多い。グリム兄弟の『子どもと家庭のための昔話集』（KHM）でこれに該当する話は、KHM六三番「三枚の羽」、KHM一〇六番「哀れな粉挽きの若い衆と小猫」、KHM一六〇番「謎謎話」の三話か。もっとも「三枚の羽」では、地下の国に棲む蟇蛙《ひきがえる》姿の一族の中の小さい蛙が抜け作王子のお嫁になるが、これはもしかすると、本物の蛙が美女に化けたのかも知れない。インドには蛙の王女が美姫に変身、通りかかった王をたぶらかしてこれの妃に納まるが、王は妃の素性を知っても幸せである、という話があるからこうしたオリエントの物語がヨーロッパに流入した可能性は否定できない。しかし、狩猟・漁労によって生活する人人であればヨーロッパ人であっても、動物の女性と人間の男性の通婚は不自然とは考えられなかった。北欧やスコットランドでは「海豹《あざらし》乙女」も少なくない。また、北極圏に住むイヌイットの間では「鴨乙女」が語られている。S・トンプソンは動物女房と動物婿について、北米先住民やイヌイットの数数の民話を挙げ、「世界各地の未開民族の話にあっては、人間が実際の動物と結婚するといった例は枚挙に遑がないくらいである」と述べている。[*36] けれども、人間と動物との間にはっきりと隔てを設けるキリスト教の教義に基づかない宗教観を持つなら、未開民族ならずともこの種の話の例が夥しく見られることはここで断るまでもない。ただ、この場合でも、動物婿には禁忌感が働き、動物女房はむしろ歓迎すべき存在とされている、と大雑把に概観されうる。

さて前記葛葉狐は良妻賢母である上、女の性《さが》の哀しさを具現して私たちの同情を集めるが、この種のいとおしい女性が日本の異類女房のほとんどを占めていることは、指摘しておくだけの価値があると思う。上は木下順二の民話劇で有名な美しいおつう（「鶴の恩返し」という本来の民話では、鶴は女房になるのではないが）から、下はいささか汚い蛤女房に至るまで、異類の妻は人間の夫にとって甲斐甲斐しい世話女房であり、かつ、愛らしさを失わない。本来人間の生命を冷酷に奪ってのけるはずの雪女でさえ、何年か睦まじく暮らしたあとでは禁忌を破った夫を約束通り取り殺すことができずに去るのである。これまた恐ろしいはずの龍や蛇も、人間の妻となってからは、夫や子どもに危害を加えることは決して無い。

中国ではどうか。人間の女性に化けた狐の本領は、かの国の伝奇小説である明末の人馮夢龍《ふうぼうりゅう》増補の四十回本『北宋三遂平妖伝《ほくそうさんすいへいようでん》』[37]に登場する小狐胡媚児《こびじ》の艶っぽい挿話（第十五回）でも大いに発揮されているが[38]、とりわけおもしろいのは清の蒲松齢《ほしょうれい》著すところの『聊斎志異《りょうさいしい》』[39]に収められた種種の物語である。これらで活躍する胡氏〔狐は人間に化ける時、「狐《フー》」と音の共通する「胡」を姓として名乗るのがお約束〕の美人の中には文字通り狐媚をふりまくだけの軽佻な連中ももとより少なくないが、なまじっかな人間以上に男に尽くす例も二三に留まらない。「狐夢」、「青鳳」、「青梅」、「胡四姐」、「荷花三娘子」などなど。また、明代の擬話本[40]「三言二拍」百九十八篇のうち第一の傑作とされる『警世通言』第二十八巻「白娘子永鎮雷峰塔《はくじょうしとわ》（白娘子永に雷峰塔に鎮まる）」の女主人公白夫人〔白蛇の精〕は美青年の許宣を見初め、術を用いてこれと夫婦になるが、ひたすら夫を大切にしている。結びで法海禅師なる僧侶が白夫人と侍女の青青〔青魚の精。従順で可愛らしい〕を鉢の内に呪封してしまい、許宣は出家するが、私には余計なおせっかいとしか思えない。この作品は「或いは馮夢龍の創作かも知れない」[41]とのこと。

ただし、中国でも「虎乙女」となると話はいくらか別である。『原化記』、『河東記』、『集異記』には、虎が皮衣を脱ぎ捨てて美女となったのを、人間の男が娶り、子どもも儲けるが、その後ある折に昔日の虎皮を纏った妻は、猛虎に還って自然界に戻って行く。ここまではよい。「白鳥乙女」と同工異曲である。しかし、『集異記』では虎身となった女は、夫と子を喰い殺してしまう。『原化記』と『河東記』では夫、子どもたちは無事なので、私としては類型としてこちらのみを採りたいのはやまやまなのだが。

『原化記』は、男が、眠っている乙女から虎の皮衣を奪って匿してしまい、乙女を無理やり妻にするところ、妻は、子どもが何人もできてから、皮衣を着て元の姿にもどり、どこかへ去ってしまうところ、まさに「白鳥乙女」型なので、以下にこれを全文紹介する。

天宝選人

天宝年中。有選人入京。路行日暮。投一村僧房求宿。僧不在。時巳昏黒。他去不得。遂就榻仮宿。鞍馬置于別室。遅明将発。偶巡行院内。至院後破屋中。忽見一女子。年十七八。容色甚麗。蓋虎皮熟寝之次。此人乃徐行掣虎皮蔵之。女子覚。甚驚懼。因而為妻。問其所以。乃言逃難至此蔵伏。去家巳遠。載之別乗赴選。選既就。又与同之官。数年秩満。生子数人。一日倶行。復至前宿処。僧有在者延納而宿。明日未発間。因笑語妻曰。君豈不記余与君初相見処耶。妻怒曰。某本非人類。偶爾為君所収。有子数人。能不見嫌。敢且同処。今如見恥。豈徒為語耳。還我故衣。従我所適。此人方謝以過言。然妻怒不巳。策故衣転急。此人度不可制。乃曰。君衣在北屋間。自往取。女人大怒。目如電光。猖狂入北屋間。尋覓虎皮。披之於体。跳躍数歩。巳成巨虎。哮吼回顧。望林而往。此人驚懼。収子而行。*42

読み下し文にしてみる。

天宝の選人《せんじん》

天宝年中、選人の入京する有り。路行して日暮る。一村の僧房に投じて宿を求む。僧在らず。時已《すで》（原文巳）に昏黒《こんこく》、他に去ることを得ず。遂に榻《とう》に就きて仮宿す。鞍馬は別室に置く。遅明《ちめい》将《まさ》に発せんとし、偶《たまたま》院内を巡行す。院後の破屋中に至り、忽ち一女子を見る。年十七八。容色甚だ麗し。虎皮を蓋《おお》いて熟寝之次《これいた》る。此人乃ち徐《おもむ》ろに行き虎皮を掣《ひ》きて之を蔵《かく》す。女子覚む。甚だ驚き懼《おそ》る。因りて妻と為し、其の所以《ゆえん》を問う。乃ち難を逃れて此に至り、蔵れ伏す。家を去ること已（原文巳）に遠し、と言う。之を別乗に載せて選に赴く。選既に就《な》る。又与同之官《よどうのかん》たり。数年にして秩《ちつ》満つ。子を生《な》すこと数人。一日《いちじつ》倶《とも》に行く。復前《またさき》に宿れる処に至る。僧の在る者有りて延納するに宿す。明日未だ発せざるの間、笑いに因りて妻に語りて曰く。君豈余《あによ》と君と初めて相見《まみ》ゆる処を記《しる》さざる耶《や》、と。妻怒りて曰く。某本《それがしもと》人類に非ず。偶《たまたま》君の収むる所となるのみ。子有ること数人。能く嫌われざらんと、敢て且《しばら》く処を同じうす。今にして恥かしめらる。豈徒《いたず》らに語と為さん耳《や》。我が故衣を還《かえ》せ。我適《ゆ》く所に従わん、と。此人方《まさ》に謝するに過言を以てす。然れども妻怒りて已《や》（原文巳）まず。故衣を策《もと》むること転《うたた》急なり。此人制すべからざるを度《はか》り、乃ち曰く。君の衣は北屋《ほくおく》の間に在り。自ら往きて取れ、と。女人大いに怒り、目は電光の如く、猖狂《しょうきょう》して北屋の間に入る。虎皮を尋ね覓《もと》め、之を体に披《こうむ》り、跳躍すること数歩、已（原文巳）にして巨虎と成る。哮吼《こうく》して回顧し、林を望みて去る。此人驚き懼れ、子を収めて行けり。

意訳すればこうもあろうか。

天宝の科挙《かきょ》受験生

唐の天宝年中（七四二—七五六）、科挙〔官吏登用試験〕を受験しようと都長安に旅する者があった。途中日が暮れ、ある村の仏寺を訪ねて宿を求めたが、折悪しく僧侶が居合わさない。しかしもう真っ暗になってしまい、他の家に行くこともできない。そこで寝台に横になって仮寝をした。鞍と馬は別室に入れた。夜明けがた出発しようとしたが、たまたま僧院内を歩き回ってみたところ、寺の背後にあばら家があり、そこに一人の女がいるのに気づいた。年の頃は十七八で、すこぶる美人。虎の皮をかぶって深く熟睡している。〔恐らく全裸で寝ていたのであろう〕。男はこっそり近づいて、虎の皮を奪い、これを匿《かく》した。乙女は目を覚まし、大層驚き恐れた。男は乙女を妻にしてしまい、どうしてこんな所に居るのか訊くと、難を逃れてここまでまいりまして、ひっそり隠れております、生家はずっと遠方なのです、と言う。男は乗り換え馬に女を乗せ、科挙受験に赴いた。受験は成功、牧民《ぼくみん》に携わる地方官に任用された。数年して任期が満了したが、子どもが数人できていた。一家うち連れて旅のある日、再び以前宿った寺院に来た。今度は僧侶が居て、受け入れてくれたので、ここに宿った。翌日これから出発という時に、男は笑いながら妻にこう言った。私とそなたが初めて逢ったのはここだが、憶えていないのかね、と。すると妻は怒って応えた。あたくしは元来人間ではない。たまたまあなたのものにされてしまったに過ぎません。子どもが何人もできたので、嫌われてはいけないと、しばらく一緒に居ただけですわ。今辱められたのは、ただ言葉の上だけではありません。あたくしにあの時の衣服を返してください。行きたいところに行きますから、と。男は、言い過ぎた、とひたすら謝ったが、妻の怒りは一向収まらず、ますます激しく元の衣服の返却を言い募《つの》った。男は、これはどうしても止められないようだ、と考えて、こう言った。そなたの衣服は北の建物にある、自分で行って取って来るがよかろう、と。女は大いに怒り、目はぎらぎらと電光のように輝き、猛り狂って北の建物に入り、虎の皮を探し出すと、これを体に纏った。そして跳躍すること数歩で、巨大な虎になったのである。咆哮《ほうこう》してちらりと振り返り、林を目指して行ってしまった。男は驚き恐れて子どもたちを連れて立ち去った。

最後に「回顧した」(振り返った)のは、数年連れ添った男と腹を痛めた子どもたちとに今生《こんじょう》の名残を惜しんだのだろう。

これは「誇りを傷つけられた異類の妻」の話である。日本の「信田妻」もその一つに入れてよかろう。

S・トンプソンは、北アメリカの大草原地帯の先住民諸部族に限定されている、として民話「誇りを傷つけられた野牛《バッファロー》妻」を紹介している。訳責は私。〔 〕内は私の解説。

ある男がある牝の野牛と結婚する。野牛は人間の女になって一人の子を生む。男には人間の妻もいる。この女は無礼にも野牛妻の素性を仄《ほの》めかす。あるいは何か別のやり口で野牛妻の感情を害する。野牛妻とその子は野牛の群に帰り、野牛の姿になる。夫は二人を探しに行く。老野牛〔群の統率者である〕は、もし男が野牛の群の中から二人を見つけ出すことができれば、二人を彼のもとに戻す、と言う。男の野牛の子が前もって男とある合図を取り決める〔子は父を愛しているわけ。「子は鎹《かすがい》」である〕。その結果男は正しく選択することができ、妻と子を取りもどす。[*43]

『河東記』にある「申屠澄《しんとちょう》」〔申屠は複姓〕の話[*44]は文人の筆が濃密に入っており、民話の素朴単純から遠く離れている。勿論これはこれで一篇の小説として極めておもしろいのではあるが、ここで紹介すると文芸論[*45]になってしまうので、他日に譲らざるを得ない。舞台はやはり唐代、それも発端は貞元九年（七九三）とあって、まことしやかである。澄が乙女から虎の皮を奪うエピソードは無い。県尉《けんじょう》として任地に赴任する途中、風雪に行き暮れて一夜の宿を頼んだ一家、老夫婦と十四五の娘に歓待され、娘の美しさ、挙措の完璧さ、知性の高さに驚嘆して、婚姻をその両親に申し込むのだから、いよいよもって民話的ではない。新妻は才色兼備、家政に巧みで、しかも夫との交情はまことに細やか、親類縁者への執り成しも行き届き、召使一同からも慕われる。一男一女に恵まれ、この子どもたちはいずれも「甚明慧」（とてもかしこい）という具合。ただ、最後の別れはあっさりとしているので記しておこう。

やがて官を辞して故郷に帰ろうとした澄一家は、旅の途中妻がかつてその両親とともに住んでいた家、つまり二人が初めて相い逢うた家に着く。しかし無人である。澄と妻はその茅屋《ぼうおく》に留まる。妻は物思いに耽って、終日涙を流している。

於壁角故衣之下。見一虎皮。塵埃積満。妻見之。忽大笑曰。不知此物尚在耶。披之。即変為虎。哮吼拏攫。突門而去。澄驚走避之。攜二子尋其路。望林大哭数日。竟不知所之。

壁角にある故衣《こい》の下に一虎皮を見る。塵埃《じんあい》積満す。妻之《これ》を見るや、忽ち大いに笑いて曰く。此の物の尚在るを知らざりき、と。之を披る《こうむ》に、即ち変じて虎と為る。哮吼して拏攫《だかく》す。門を突きて去る。澄驚き走りて之を避く。二子を攜《たずさ》えて其路を尋ぬ。林に望み大いに哭《こく》すること数日。竟《つい》に之く所を知らず。

壁の一角に掛かっている古着の下から一枚の虎の皮が見えた。埃が一杯積もっている。妻はこれを見ると大笑いして言った。まあ、まだこれがあるなんて知らなかったわ、と。そして皮をはおるやいなや、変身して虎になり、咆哮してがりがりとあがき、門に突進していなくなった。澄はびっくりして逃げ走ったが、やがて二人の子どもを連れて、妻の行った道を探り尋ね、数日の間林に向かって大いに哭《な》いた。けれども妻の行方はとうとう分からなかった。

この「虎の皮」のことは前には無いのだから、この点物語を編んだ文人としては、用意が足りない。

『集異記』にある「崔韜《さいとう》」では、虎の方から自薦して士人《しじん》の妻になる。

崔韜という男が遊歴の途次、仁義という駅逓《しゅくえき》の駅舘に泊まる。駅の吏員はこの舘には忌まわしい評判が立っているから、泊まらない方がよろしゅうございます、と制止するが、崔韜は聴かない。夜中になって就寝準備をしていると、虎が門内に闖入《ちんにゅう》、庭で皮を脱ぎ捨てる。珍しいほどの美人で装身具をきちんと付けており〔奇麗厳飾〕、男の衾《よぎ》にもぐりこむ。寝台から逃げ出して暗いところに隠れていた崔韜が出て来て、おまえが獣なのを目撃した、なぜ入って来たのか、と詰問すると、女は起立して説くのである。父兄は猟師が稼業〔これで娘の自分が虎の皮の外披を纏っていた説明にしているわけ〕でございます。でも貧しくて、私は良縁を得られません。そこで君子〔立派な方〕がお泊りになるたびに、この身をお任せして妻としてお世話したい、と参上したのですが、これまでの旅人は、皆さん、怖がって命を落とされました。今日は幸いに偉いお方にめぐり合えましたわ、と。崔韜は承知し、虎の皮を駅舘の裏の涸れ井戸に投げ込み、女を連れてそこを後にした。やがて崔韜は明経《めいけい》科〔唐代科挙の科目の一つ〕に合格、役人として赴任することになり、妻と子を伴い、任地への旅に出る。やがて仁義の駅に到着して泊まる。

さてここからである。

韜笑曰。此舘乃与子始会之地也。韜往視井中獣皮衣。宛然如故。韜又笑謂其妻子曰。往日卿所着之衣猶在。妻曰。可令人取之。既得。妻笑謂韜曰。妾試更着之。接衣在手。妻乃下階。将獣皮衣着之。纔畢。乃化為虎。跳躑哮吼。奮而上庁。食子及韜而去。*46

右の漢文を読み下し文にしてみる。

韜笑いて曰く。此の舘は乃ち子《し》と始めて会するの地なり、と。韜往きて井中を視るに獣皮衣、宛然《えんぜん》として故《もと》の如し。韜又笑いて其の妻子に謂《い》いて曰く。往日卿《おうじつけい》の着《ちゃく》する所の衣猶《なお》在り、と。妻曰く。人をして之を取らしむ可し、と。既に得たり。妻笑いて韜に謂いて曰く。妾試みに更に之を着せん、と。衣に接して在手す。妻乃ち階を下る。獣皮衣を将《ともな》いて之を着す。纔《わず》かに畢《おわ》る。乃ち化して虎と為る。跳び蹲《うずくま》りて哮吼す。奮《ふる》いて庁に上り、子《こ》及び韜を食いて去る。

意訳を試みる。

韜は笑って、この駅舘はそなたと初めて会った場所だよ、と告げ、行って井戸の中を覗くと獣の皮衣《かわごろも》がそっくりそのまま有って昔通りだった。韜はまた笑って妻と子に向かってこう語った。以前そなたが着ていた皮衣がまだちゃんと有ったよ、と。妻いわく。だれかに取り出させましょうよ、と。皮が手に入った。妻は笑って韜に向かって言う。あたくし、試しにもう一度着てみますわ、と。衣に近づいて手に持ち、正殿から庭へと階段を下りた。皮衣を取って身に纏う。着《ちゃく》し終わったかと思うと、ただちに虎に変身、跳躍し蹲り咆哮した。そしてぱっと正殿に飛び上がると、子と韜を喰って姿を消した。

繰り返すが、これは民話の類型から隔たること、「中屠澄」より甚だしい。自薦はおかしいのである。しかし、中国の狐や鬼の美女《ゆうれい》はしばしば自分から知識階級の青年に近づいて、これと情を交わすから、あるいはこの虎乙女もそれに倣ったのかも知れないが。皮衣を脱いだ状態で「厳飾」もおかしい。裸体、あるいは、それに近い格好のはず。子と夫を食べてしまうのはもっとおかしい。創作文学ならこの行為を、未練を断つため、とでも解釈し得ようが。

こういう逸脱・例外があるにせよ、おおむね異類の妻は情緒纏綿、人間の男と琴瑟《きんしつ》相和し、遂に去るに及んでも、夫は妻を慕って止まず、二人の間に生まれた子は〔大抵できのよいこともあって〕父の元で成長する。捨てる、ということは無い。かの高名な陰陽師《おんみょうじ》安倍晴明をめぐる伝説では、彼が狐を母としているから常人には及びもつかぬ通力の所有者なのだ、と説明される点が肝要なのだ。

従って、人間の夫が異類の女房を厭わしく思い、女房が去ったあと、仲に生《な》した子どもを捨てる、という仮説(2)も、類話を比較考究すると、どうも不自然なようである。

六

では、第三の、そして最後の仮説はどうか。

蓑虫は人間の両親の実子ではなく、鬼の子が紛れて人間に養われ、しばらくしてそのことに気づいた養い親たちが捨て去った。

先にも記したように、右の仮説は最も突飛である。ただし、私はことさらに奇を衒《てら》ってこのような説を立てたわけではない。生まれた子が、日数を経るうちに、両親のいずれにも似ない外貌、異常な行為が目立つようになったとすれば、本当の子でない、鬼の子だ、本当の我が子が鬼の子と掏り替えられたのだ、と思いなしてしまおうとすることは無かったであろうか。「親に似ぬ子は鬼っ子[*47]」という諺ないし諺的慣用句はどこから出たのか。

ここで私が仄めかしているのは、言うまでもなく、古くからヨーロッパに広がっている「取替え子《ヴェクセルバルク》」Wechselbalg という民間信仰である。魔物、小人、妖精が、人間の子どもを欲しがって、揺り籠の中の新生児をひそかに攫い、代わりに自分たちの一族を置いて行く。この存在は最初のうちこそ親に気づかれないが、だんだん健常な子どもではないことを示し始める。多くは頭が大きく、口を利かない、歩行ができない、ただ泣き喚くのみで、食欲のみ妙に旺盛、などなど。メルヒェンでは、有能な助言者である「賢い女《ヴァイゼ・フラウ》」の指図で、その子どもに年齢を白状させてしまう。[*48] こうして妖魔である素性が露見すると、眷属がやって来て、間抜けな仲間を連れ去り、代わりに本物の人間の児を揺り籠に返す。[*49] めでたし、めでたし、なのだが、伝説では様変わりする。取替え子であることを見抜いただれかの強い忠告で、親はその子を深い淵に投げ込む。すると、取替え子はいなくなる。親が家に帰ると、本当の我が子が新しい揺り籠の中で健やかに笑っていた。[*50] そう、これならよいが、家に帰っても、本物が戻っているのかいないのか、言及されていない場合もある。[*51]

ただし、日本および中国では、このような症例の子どもの場合、次に挙げる解釈の方が一般的である。輪廻転生思想に基づく説話となる。これと平行して、あるいは先行して、日本土着の「鬼っ子」伝承があったのか、なんとも分からない。存在したのなら、それこそ蓑虫伝説の源なのだ、というまことに微弱な提言を行なって、更に三つの説話に簡単に言及し、この稿を終える。ヨーロッパの「取替え子」伝説・民話とこれらの説話についてはいずれ他で詳述するつもりである。

まず、先にも挙げた奈良時代の仏教説話集『日本霊異記』にある「行基大徳《ぎょうきだいとこ》、子を携ふる女人《にょにん》に過去の怨《あた》を視《しめ》して、淵に投げしめ、異表を示す縁第三十」を紹介する。

聖僧行基が説法をしていると、十数歳の子を連れた女性が聴聞に来る。この子は「その脚歩まず。哭《な》き譴《せ》め、乳を飲み、物を噉《く》ふこと間無《ひま》し」なのである。行基は「ああ、そこのご婦人、そのそなたの子を外に連れ出して、淵に捨てなさい（咄《や》、その嬢人《をみな》、その汝《なんち》の子を持ち出でて淵に捨てよ）」と告げる。女性は子どもが可愛いのでそんなことはできず、抱いたまま説法を聴く。翌日も来る。子どもがうるさく哭き叫ぶので、聴衆は聴聞ができない。行基は「その子を淵に投げなさい」と強く言う。女性がとうとうその通りにすると、子どもは水上に浮き出て、手足をじたばたさせ、目をぎらぎらと瞠《みは》って悔しそうに言う。「ええ、恨めしい。もう三年の間食い倒してやろう、と思っていたのに（惻《うれた》きかな。今三年《みとせ》徴め食はましを）」と。母親が事の由を行基に告げると、行基はこう説明する。「そなたは、前世であれから物を借りながら、それを返済しなかったので、あれは現世で子どもになって生まれて、負債分をそなたから食いはたっておったのだ。あれは前世の債権者なのだよ（汝、昔先の世彼が物を負ひて償《まど》ひ納めざるが故に、今子の形と成りて、債《せめ》を徴めて食ふなり。これ昔の物主なり）」と。*52

次は、全く右に準拠した物語で、江戸時代のもの。『善悪報《むくひ》ばなし』の巻一の一「前世にて、人の物をかり取り、返さざる報により、子と生まれ来て取りて返る事」である。時代は寛永年中（一六二四―四四年）とまことしやかに設定されている。

四十過ぎになってようやく息子ができた夫婦。しかし、この息子、二十一歳になっても腰が立たないで、いざり歩きをするのみ。ある時、夫婦が嘆くと、息子が、願いを叶えてくれれば、立ってみせましょう、と言う。両親が喜んで、その願いを早く言え、と応じると、「それなら米一俵、銭三貫文ください」と言葉。それを置くと、腰が立たないはずの息子が、座わったまま米俵を肩に担ぎ、銭をひっつかんですっくと立ち上がる。そして山中へ走ってゆく。親が後を追うと、途中で身の丈一丈余りの鬼となり、こう告げる。「きさまに前世で銭や米を貸してやったが、とうとう返済しおらずじまい。これを取り立てるため、きさまの子に生まれて、二十一まできさまの物を喰い尽くしたのだ。その余りがこの米と銭だ。今、これを取って帰る。さっさともどれ（汝に前世にて銭米を貸しけるが、終《つひ》に済まさず。是を取らんがため、我れ汝が子となり、廿一まで汝が物を喰ひつくし、其のあまりは此の米銭也。今取りて帰る。

とくとくかへるべし)」と。[*53]

明らかに『日本霊異記』の焼き直しに過ぎないこの話をことさらここに記したのは、江戸期になっても、特定の病患を持つ子どもに対してこのような解釈が横行していた、という証左になるからである。

最後に掲げるのは中国清代の蒲松齢著『聊斎志異』の「柳氏子」(柳氏の子《むすこ》)[*54]の一部である。

四十余りになってから息子ができた小役人柳西川は、これを大層可愛がって、なんでも言うことを聞いてやった。息子は大きくなっても金遣いが荒く、父親である柳の蓄えは底を突いてしまう。ある時息子は病気になる。かねてから父親が良い騾馬[*55]を飼っているのを知っているので、こう言った。「騾馬が肥って食えるようになった。殺してぼくに食わせてくれ。そうすればぼくの病気が治るから(騾肥可啗。殺啖我。我病可愈。)」と。柳は劣等な騾馬を殺させようとした。息子はこれを聞きつけると、大層怒り、罵り、病気はますますひどくなった。柳は恐れて、良い騾馬を殺し、息子に出してやった。息子は喜んだが、一切れ食べただけで、残りは捨てさせた。しかも病気は軽くならずに、やがて死んでしまう。柳は死ぬほど悲しんだ。

その後しばらくして、村の人たちが山東省の名山泰山に参詣に赴いたところ、山腹で騾馬に乗ってやってくる息子に出会う。息子は一同に挨拶する。翌日村人たちの泊まっている宿屋にやって来る。村人たちが、お父上(尊大人)が毎日想っているから、一度帰省したら、と言う。息子は表情をさっと変える。そして、そんなに想っているなら、四月七日にここで待つ、と伝言してくれ、と応える。

柳は日限通りにその宿に到着する。宿の主人は、逢わない方がよい、と止める。柳が承知しないでいると、どうしても、とおっしゃるなら、長櫃の中に隠れていて、息子さんの様子が良ければ、出て来てお逢いになったら、と勧める。その通りにする。息子は約束通りにやって来る。そして、柳某は来たか、と訊ねる。いらしていません、と言われると、こう罵る。

「あん畜生め、どうして来やがらぬ（老畜産。那便不来）」。

主人が驚いて、どうして父上を罵るのですか、と訊くと、こういう返事。

「あれがどうしておれの父親なんぞであるもんか。昔兄弟分の約束をして、一緒に旅商人をやった相手だ。思いがけなくも、悪い根性を持って居くさって、おれの血の出るような金を隠して、どうしても返そうとしやがらなかった。今とっ捕まえて好きなようにしてやろうとしたのに。どうして親父なもんか（彼是何我父。初与結義為客侶。不図包蔵禍心。隠我血資。悍不還。今願得而甘心。何父之有）」。言い終わると出て行った。

柳は櫃の中で一部始終を聴き、全身汗びっしょりで、縮こまっていた。主人が呼ぶと、出て来て、慌てふためいて帰ったのである。

生まれ変わりのこの男は、生きているうちに充分仕返しができたので死んだはずだが、幽鬼になってもまだ仇に恨みを含んでいるのは、ちと恐ろしい。

明代短編小説集『今古奇観《きんこ》』第十話「守銭奴《しゅせんど》が相手の息子をだまし買うこと」（原題「看財奴刁買冤家主」）の枕の部分に、金持ちの金を盗んだ男がその長男に生まれ変わって財産を大きくし、金持ちの妻に金を横領された僧侶がその次男に生まれ変わって金を湯水のように費やす、という話がある。[*56] これもまた右と趣旨が同じである。

注

＊1　臼田甚五郎／新間進一／外村南都子／徳江元正校注『神楽歌　催馬楽　梁塵秘抄　閑吟集』

＊2　日本古典文学大辞典編集委員会『日本古典文学大辞典』の記事に拠る。『体源抄』所収「風俗歌拾遺」にある「うばらこぎ」なる歌とのこと。平安時代の風俗歌の一つ。

＊3　泉鏡花「童謡」、『鏡花全集』巻二十八

＊4　von Arnim, Achim und Brentano, Clemens. Gesammelt von.: *Des Kanben Wunderhorn.*

＊5　Enzensberger, Hans Magnus. Versammelt von.: *Allerleirauh.* Insel taschenbuch 115.

＊6　松尾聡・永井和子校注／訳『枕草子』日本古典文学全集十一

＊7　渡辺実校注『枕草子』新日本古典文学大系二十五

＊8　巻五十三「化生虫類」蓑衣虫《みのむし》。（前略）俗説秋夜鳴曰秋風吹兮父恋焉然未聞鳴声蓋此虫以木葉為父為家秋風既至即邇零落矣人察之付会云爾耳其鳴者非嘤声乃涕泣之義（後略）。

＊9　加藤省庵『さへづり草』明治三年成立。翻刻本は室町岩雄編（明治四十三―四十五年）があるが未完。

＊10　泉鏡花「湯どうふ」、『鏡花全集』巻二十七

＊11　池田亀鑑『全講枕草子』

＊12　田中重太郎校注『枕草子』

＊13　北欧伝説によれば、太古の巨人ユミールの腐肉から夥しい小さな生き物が二種類発生、神神はこれを哀れんだ。光のこびと（白こびと）は美しく、朗らかで、正直だったので、空にその国を造って住まわせた。しかし、浅黒いこびと（黒こびと）は醜く、陰気で、ずるがしこかったので、地下の国に追いやった。そして、陽光のあるうちは地上を徘徊するな、と厳命。さもないと、石になってしまう運命を課した。尤も、霧の帽子 Nebelkappe、隠れ頭巾 Tarnkappe と呼ばれる先の尖った被り物を頭に載せていれば、石にはならず、人間の目にも見えないのである。

身に着けると姿が見えなくなる、というこうした道具《アイテム》は、日本でこそ鬼や天狗の宝とされているが、世界的には人間も用いる。隠れ蓑という言葉は「日本の文献には平安中期から見られ、仏教説話から移入された。（中略）これによって身を隠してどうこうしたという話は、仏教説話集以外の文献にはほとんど見られない。」（『日本国語大辞典』第二版）という記述でも頷けるが、土着して日本の民話・伝説のモティーフになってはいないのである。経路の一つには、『今昔物語集　天竺・震旦部』巻第五「龍樹《りゅうじゅ》、俗の時隠形《おんぎょう》の薬を作る語《こと》　第二十四」がある。

＊14　贄川他石編『俳文俳句集』、日本名著全集江戸文芸之部　第二十七巻「風俗文選」

＊15　前掲書所収「うづら衣」

＊16　前掲書所収「蕪村句集」秋の部

＊17　バジーレ、ジャンバッティスタ著・杉山洋子／三宅忠明訳『ペンタメローネ（五日物語）』

＊18　ムゼーウス、ヨーハン・カール・アウグスト著・鈴木滿訳『リューベツァールの物語――ドイツ人の民話』所収

＊19　関敬吾著『日本昔話大成』第三巻、本格昔話二「田螺息子」

＊20　松本隆信校注『御伽草子集』新潮日本古典集成　第三四回

＊21　関敬吾著『日本昔話大成』第二巻　本格昔話一「蛇婿入　環苧型《おだまき》」

＊22　落語の「元犬」にある「白犬は人間に近い」という俗信はこうした所に由来しているのかも知れない。

＊23　……ein schönes Weib, das sich langsam aus dem Wasser erhob. Ihre lange Haare, die sie über den Schultern mit ihren zarten Händen gefaßt hatte, flossen an beiden Seiten herab und bedeckten ihren weißen Leib.

＊24　『千一夜物語』の「陸のアブダラーと海のアブダラー」や、アイルランドの民話に出て来る「メロウ」など、海に棲息する男の水の精では、容姿も人間と変わらず、性格も愉快な連中がいるが。

＊25　Busch, Wilhelm: *Die beiden Schwestern.* Herausgegeben von Rolf Hochhuth: Wilhelm Busch Sämtliche Bildergeschichten.

＊26　„Ich bin sowohl als Ihr ein Christenmennsch und entführt worden von einem Wassermann, der mich ausgetaucht hat. Wenn ich nun ein Kind zur Welt bringe, frißt er mir's allemal den dritten Tag; kommet nur am dritten Tag zu Eurem Teich, da werdet Ihr Wasser in Blut verwandelt sehen". Brüder Grimm: *Deutsche Sagen.* 〈Nr.49 Der Wassermann〉

＊27　ムゼーウス、ヨーハン・カール・アウグスト著・鈴木滿訳『リューベツァールの物語――ドイツ人の民話』所収

＊28　バートン、リチャード著・大場正史訳『全訳千夜一夜物語』第七百七十九夜―第八百三十一夜　角川文庫　昭和二十九年初版。なお、フランスのマルドリュス版「ハッサン・アル・バスリ」（豊島／佐藤／渡辺／岡部訳『千一夜物語』岩波文庫、昭和二十九年初版）では第五百七十六夜―第六百十五夜と短い。

＊29　久松潜一校註『風土記』上下、日本古典全書

＊30　世阿弥作の能楽「羽衣」はこれに基づいたものかも知れない。しかし、松の枝に懸かっていた羽衣を拾った漁師伯龍《はくりょう》は、天人の願いに応じて返却、天人は喜んで東遊《あずまあそび》を舞いながら天に昇って行く。民話の世界と異なり、常識的・倫理的である。

＊31　『今昔物語』本朝世俗部　下　巻第三十　本朝、附雑事　第十四

＊32　Thompson, Stith: *The Folktale.* p.91.

One of the introductions tells of the swan maiden and of her discovery of her wings in the absence of her husband and her flight as swan. Sometimes she succeeds in sending her husband an enigmatic message as to where he will find her.

トンプソン、スティス著・荒木博之／石原綏代訳『民間説話――理論と展開――』上、第二章

＊33　Zaunert, Paul. Herausgegeben von.: *Deutsche Märchen seit Grimm.* 1912/22. Neuausgabe in einem Band. Bearbeitet und mit Nachweisen versehen von Elfriede Moser-Rath. 〈Nr.11 Der Jäger und Schwanenjungfrau〉

*34 ツァウネルト、パウル編・鈴木滿訳／注／解説「猟師と白鳥乙女」所収
*35 鈴木滿訳『世界の民話8　中近東』三十五「かえるの王女」
*36 トンプソン、スティス著・荒木博之／石原綏代訳『民間説話――理論と展開――』下　第六章
*37 馮夢龍作・太田辰夫訳『平妖伝』中国古典文学大系三十六
*38 旧本二十回本『三遂平妖伝』には全く狐は登場しない。
*39 蒲松齢著・柴田天馬訳『完訳聊斎志異』全八巻
*40 話本を増訂、時に話を創作して、話本の体裁を保ちつつ、読み物として刊行したもの。
*41 駒田信二他訳『三言二拍抄』中国古典文学全集第十九巻所収　解説（松枝茂夫）
*42 李昉撰『太平広記五百巻』「虎類」巻四百二十七　二「天宝選人」
*43 Thompson, Stith: *The Folktale.* p.355.
A man marries a buffalo cow who becomes a woman and bears him a child. The man also has a human wife who slightingly refers to the buffalo wife's origin or who offends her in some other way. The woman and her child return to the buffalo herd and become buffaloes. The husband goes in search of them. The old buffalo agrees to return them if he is able to pick them out from all the others of the herd. His buffalo child prearranges a signal, so that he chooses correctly and recovers them.
トンプソン、スティス著・荒木博之／石原綏代訳『民間説話――理論と展開――』下　第六章
*44 太平広記、「虎類」巻四百二十九　八「申屠澄」
*45 妻は夫の故郷へ帰る途次、夫に向かってこんな五言絶句を詠む。

琴瑟情雖重　　琴瑟《きんしつ》の情重しと雖《いえど》も
山林志自深　　山林の志《こころざし》自《おのずか》ら深し

常憂時節変　　常に憂う時節の変じ
辜負百年心　　百年の心に辜負《こふ》するを

夫婦の情は重いのですが、どうしても山林に住みたくなってしまいます。今に何かが変わってしまい、あたくしを、いついつまでも、と想ってくださるあなたのお心に背くのでは、とそれが心配でならないのです。

なぜ異類の女房が、慣れ親しんだ人界の家庭を捨てていなくなるのか、つまり、なぜ虎乙女が山林に帰り、白鳥乙女が天上や神仙世界などに帰り、海豹乙女が海に帰るのか、この詩は核心を突いている。民話の文芸論的分析がここでは当を得ているわけである。

＊46　太平広記、「虎類」巻四百三十三　二十二「崔韜」
＊47　「むかしから親に似ぬ子は鬼子じゃといふが、似たも道理よな」虎寛本狂言・二千石（室町末―近世初）『日本国語大辞典第二版』
＊48　妖魔はその名前、あるいは年齢を知られると、知った者の自由にされる、という古い民間信仰がある。
＊49　〔近所の女の助言に従った母親の手によって〕水を入れた卵の殻が火の上に置かれると、〔その妙な行動を揺り籠の中から見ていた〕あたまでっかち Klotzkopf〔実は人間でなく取替え子〕はこう言った。

おいらの歳はヴェスターヴァルト〔ライン地帯のシーファー山地の一部の名称〕とおんなじさ、
それでも、殻で湯を沸かすなんざあ見たこたあねえ。
nun bin ich so alt
wie der Westerwald,
und hab nicht gesehen, daß jemand in Schalen kocht.

グリム兄弟編『子どもと家庭のための昔話集』第三九番「こびとたち」第三話 KHM39. Die Wichtelmänner. Drittes Märchen.

つまりこうして取替え子は、自分が大変な年齢の妖魔であることをうっかり暴露してしまったのである。

＊50　グリム兄弟編『ドイツ伝説集』第八二番「取替え子」Herausgegeben von den Brüdern Grimm: *Deutsche Sagen*. Nr. 82. Der Wechselbalg.

なお、グリム兄弟の注によれば、「取替え子は通常七歳以上にはならない。しかしながら十八年から十九年生きるとする話もある、という。Ein Wechselbalg wird gewöhnlich nicht älter als sieben Jahre; nach andern jedoch sollen sie achtzehn bis neunzehn Jahre leben.」とのこと。これを以てしても、いわゆる「取替え子」が先天的な病気を負った虚弱な子どもであることが知れよう。

＊51　前掲書。第八三番「水の中の取替え子」DS83. Der Wechselbalg im Wasser.

＊52　武田祐吉校注『日本霊異記』日本古典全書に拠る。ただし、振り仮名は努めて補った。

＊53　高田衛編・校注『江戸怪談集』上

＊54　蒲松齢著・柴田天馬訳『完訳聊斎志異』第八巻

＊55　蒲松齢『聊斎誌異』上下に拠る。柴田天馬訳では「驢馬」となっている。

＊56　千田九一他訳『今古奇観』上

参考文献

邦文（邦訳を含む）

池上洵一編『今昔物語集　天竺・震旦部』岩波文庫、二〇〇一年初版
池田亀鑑『全講枕草子』至文堂、一九六七年
泉鏡太郎著『鏡花全集』全二十九巻、岩波書店、昭和五十一年第二刷
臼田甚五郎／新間進一／外村南都子／徳江元正校注『神楽歌　催馬楽　梁塵秘抄　閑吟集』新編日本古典文学全集四十二、小学館、二〇〇〇年第一版
加藤省庵『さへづり草』明治三年成立。翻刻本は室町岩雄編（明治四十三―四十五年）
日本古典文学大辞典編集委員会『日本古典文学大辞典』岩波書店、一九八三年第一刷
駒田信二他訳『三言二拍抄』中国古典文学全集第十九巻、平凡社、昭和三十七年版
佐藤謙三校注『今昔物語　本朝世俗部』上下、角川文庫、平成九年第三十六版
鈴木満訳『世界の民話8　中近東』、ぎょうせい、昭和五十二年初版、平成十一年新装版
関敬吾著『日本昔話大成』全十二巻、角川書店、昭和五十三年初版
田中重太郎校注『枕草子』、日本古典全書、朝日新聞社、昭和二十二年初版
ツァウネルト、パウル編・鈴木滿訳／注／解説「猟師と白鳥乙女」武蔵大学人文学会雑誌第三十二巻第二・三号、平成十三年三月
トンプソン、スティス著・荒木博之／石原綏代訳『民間説話――理論と展開――』上下、現代教養文庫、社会思想社、昭和五十二年初版
贄川他石編『俳文俳句集』、日本名著全集江戸文芸之部、第二十七巻、日本名著全集刊行会、昭和三年
日本国語大辞典第二版編集委員会／小学館国語辞典編集部編『日本国語大辞典第二版』小学館、二〇〇一年第一刷
バジーレ、ジャンバッティスタ著・杉山洋子／三宅忠明訳『ペンタメローネ（五日物語）』大修館書店、一九九五年初版

バートン、リチャード著・大場正史訳『全訳千夜一夜物語』、角川文庫、昭和二十九年初版
久松潜一校註『風土記』上下、日本古典全書、朝日新聞社、一九五九―六〇年
馮夢龍作・太田辰夫訳『平妖伝』、中国古典文学大系三十六、平凡社、昭和四十二年初版
蒲松齢著・柴田天馬訳『完訳聊斎志異』全八巻、角川文庫、昭和三十二年初版
松尾聡／永井和子校注／訳『枕草子』日本古典文学全集十一、小学館、昭和四十九年
松本隆信校注『御伽草子集』新潮日本古典集成（第三四回）、新潮社、昭和五十五年
豊島与志雄／佐藤正彰／渡辺一夫／岡部正孝訳『千一夜物語』、マルドリュス版、岩波文庫、昭和二十九年初版
ムゼーウス、ヨーハン・カール・アウグスト著・鈴木滿訳『リューベツァールの物語―ドイツ人の民話』、国書刊行会、二〇〇三年初版
渡辺実校注『枕草子』新日本古典文学大系二十五、岩波書店、一九九一年第一刷

漢文

蒲松齢『聊斎誌《ママ》異』上下、漢風出版社、二〇〇〇（民国八十九）年初版三印
李昉（宋）撰『太平広記五百巻』、新興書局、中華民国五十一年初版

欧文

Busch, Wilhelm: *Die beiden Schwestern.* Herausgegeben von Rolf Hochhuth: Wilhelm Busch Sämtliche Bildergeschichten. Prisma Verlag. Gütersloh.
Enzensberger, Hans Magnus Versammelt von.: *Allerleirauh.* Insel taschenbuch 115. Suhrkamp. Frankfurt a. M. 1982.
Grimm, Jacob und Wilhelm: *Deutsche Sagen.* Zwei Bände in einem Band. Winkler-Verlag. Müünchen 1965.
Grimm, Jacob und Wilhelm: *Kinder-und Hausmärchen.* Winkler-Verlag. Müünchen 1978.
von Arnim, Achim und Brentano, Clemens Gesammelt von.: *Des Kanben Wunderhorn.* Winkler-Verlag. Müün-

chen 1966.

Thompson, Stith: *The Folktale.* University of California Press. Berkley / Los Angeles / London 1977.

Zaunert, Paul Herausgegeben von.: *Deutsche Märchen seit Grimm.* 1912/22. Neuausgabe in einem Band. Bearbeitet und mit Nachweisen versehen von Elfriede Moser-Rath. Eugen Diederichs Verlag. Düsseldorf / Köln 1976.

あとがき

折角この小論集を繙いてくださっても、テーマといい、参考資料といい、口承文芸研究に携わるかたがたには殊更目新しい事項は見当たらないかも知れない。そうした識者に精精申し上げられるのは、どれもこれも一つ一つ大いに楽しんで書きました、とりわけ、メルヒェンの訳文は、随分古風ではありましょうが、リズミカルに読めるよう工夫を凝らしたつもりです、くらいのこと。畑違いの漢文の読み下し（現代仮名遣い、新漢字）や、意訳（漢和辞典と首っ引きでした）に関しては、いずれご専門の研究者からご高教をたまわるであろうが、今から冷汗三斗の思いである。

けれども、一般の読者の皆様には、手に取り、目を通してくださったことに深謝するとともに、どのテーマであろうと、似た関心をお持ちなら、ご自分で調べてごらんになれるよう、初歩的なものも含めて参考文献を挙げて置きました、と申し上げて置く。つまり、専門家ならどなたもご存知であろうテーマを、へえ、そんなこともあるの、とおもしろがってくださる向きに、私なりの解説をさせて戴いた、それがこの『昔話の東と西』の目的でもあるわけ。ラドヤード・キップリングは「東は東、西は西」と、東西文化が相容れない、相互に理解できない面を強調したが、昔話（この小論集では多く「民話」を用いたが）の世界ではむしろ、人間の根っこは東西隔たっていても繋がっているんだな、と感じることが全く以て少なくないのである。

ただし、もとよりどの世界でも広い。昔話の世界も例外ではない。浅学菲才の私には到底カヴァーできない。外国語の発音表記からして、片仮名をどう使うかが難しい。これは当の外国の人間に訊けばよい、というものではない。日本語に堪能で、高度の教養の持ち主、という資格が要る。あるいは、その外国語に堪能で、こちらが伺いたい分野を知悉している日本人を探さねばならない。幸い今までのところ私はこの点で恵まれた。東海大学文学部北欧学科の福井信子先生からは北欧語の表記、デンマーク語自体の校閲、私の勤務する武蔵大学人文学部の全面改組により新設されるヨーロッパ比較文化学科の小山ブリジット先生（私と同様旧比較文化学科所属）、同学科にこれから着任される阿部賢一先生、新設される英米比較文化学科にこれから着任されるポール・ミンフォード先生からは、それぞれフランス語、チェコ語、イギリス英語の表記についてお教えを受けた。中国語の拼音《ピンイン》の発音とその片仮名表記、および一部の漢文の訳については、新設される日本・東アジア比較文化学科の伊東貴之先生（旧比較文化学科所属）、それから東大文学部中国語中国文学専攻課程に在籍する娘の弥生の助けによるところが多い。

ペローのお伽話については、『完訳　ペロー童話集』（岩波文庫）の訳者新倉朗子先生を煩わせ、まことにご懇篤なご教示を頂戴した。

口承文芸研究の第一人者でいらっしゃるフライブルク大学教授ルツ・レーリヒ先生には、今を去ること二十年以上前に一年間大層お世話になり、以来学恩を享受しているが、先生との想い出は、フライブルク近郊の美しい山村に家族ともども暮らした楽しい月日と二重写しとなるので、小論集の結びとして収めた「蓑虫はだれの子か」は、そんな個人的感傷のためその時の生活体験から筆を起こした。この小論だけは「論者」ではなく「私」という一人称を用いているのは偏に感情移入のせいである。

また、出版の機会を与えてくださった国書刊行会編集長礒崎純一氏と、礒崎氏への紹介の労を執ってくださった東京大学大学院比較文学比較文化専修課程での尊敬する先輩である武蔵大学名誉教授私市保彦先生に心から御礼申し上げる。

最後になったが、国書刊行会編集部の北川香織さんには別して感謝を捧げたい。北川さんは、私が翻訳して、昨年秋同じく国書刊行会から出版した十八世紀の文人ヨーハン・カール・アウグスト・ムゼーウス著『リューベツァールの物語——ドイツ人の民話』のコピー・エディターを務めてくださったが、今回も同様で、その周到緻密なお仕事ぶりには改めて心底感じ入った次第である。

この小論集が呱呱の声を挙げることができたのは、かように実に様様なかたたちのお力添えがあったればこそである。しかしながら生来疎漏杜撰な私のこと、勿論誤りが発見されることがあろう。それらは私独りの責任に帰することは申すまでもない。

なお装幀に用いた愛らしい絵はドイツロマン派の画家アードリアン・ルートヴィヒ・リヒターの画集から採ったものだが、この典雅な手造り本を贈ってくれたドイツの友人ゴットフリートと紫《ゆかり》・ヴォルボルト夫妻に、ここでもう一度「ほんとにありがとう」を言って置こう。

二〇〇四年八月中浣

鈴木　滿

著者略歴

鈴木満《すずきみつる》
東京に生まれる。東京大学大学院比較文学比較文化専修博士課程満期退学。専修大学文学部専任講師を経て、武蔵大学人文学部助教授。現在同学部教授。専攻比較口承文芸。著書に『鷗外の人と周辺』(共著。新曜社)、訳書に、世界の民話「中近東」、「パキスタン」(ぎょうせい)、E・ニールセン『アンデルセン』(理想社)、J・K・A・ムゼーウス『リューベツァールの物語――ドイツ人の民話』(国書刊行会)など。

昔話《むかしばなし》の東《ひがし》と西《にし》　比較口承文芸論考　ISBN4-336-04649-2

平成16年9月17日　印刷
平成16年9月22日　発行

著　者　鈴《すず》木《き》　満《みつる》
発行者　佐藤今朝夫

〒174-0056 東京都板橋区志村1-13-15
発行所　株式会社　国書刊行会
TEL.03(5970)7421(代表)　FAX.03(5970)7427
http://www.kokusho.co.jp

落丁本・乱丁本はお取替いたします。　印刷・㈱エーヴィスシステムズ　製本・㈲青木製本

索引

太字は作品名・書名を示す。

あ行

か行

さ行

た行

ディーデリクス、ウルフ　Diederichs, Ulf　157
ティル・オイレンシュピーゲル　Till Eulenspiegel　129, 132
輟耕録　71, 77
寺嶋良安　215
天狗　49, 52, 243
伝次郎　85-86
伝説とメルヒェン。今日の口承文芸研究　200
天宝選人　230-232
デンマークおよび諸外国の昔話　119
デンマークの民話　Dänische Volksmärchen　119
段成式　Duàn Chéngshì　12, 13
ドイツ人の民話　Volksmärchen der Deutschen　67, 219
ドイツ神話学　Deutsche Mythologie　35, 202
ドイツ伝説集　Deutsche Sagen (DS)　224
ドイツ法律古事誌　Deutsche Rechtsaltertümer　17
ドイツ民間信仰事典　Handwörterbuch des deutschen Aberglaubens　172
東奥異聞　152
道順　81, 83
唐書芸文志　89
桃青　214
陶宗儀　71, 86
トウパズ　Topaz　57-58
動物にされた三人の王様　219
藤兵衛　85
東陽无疑　89
ドーナル　Donar　173
遠野手帖　152
遠野の昔話　152
遠野物語　152
トール　Thor　173
トカピ　68
トケピ　53, 68
鳥羽僧正覚猷　212
富籤入れ壷奇譚。バロックお伽話　Der abenteuerliche Glückstopf. Märchen des Barocks　157
トム　チート　トート　190
トム・ティット・トット　Tom Tit Tot　175, 179-180, 187-190
トム・ティット・トット——民話における未開の哲学　Tom Tit Tot. An Essay on Savage Philosophy in Folktale　175
虎乙女　229, 236, 246
取替え子　Wechselbalg　237-238, 247
トリックスター　trickster　118, 126, 132, 136, 146, 148
トリレヴィップ　Trillevip　204
トリレウィプ　Trillevip　186, 204
トルコの民話　Türkische Volksmärchen　130
ドレ、ギュスターヴ　Doré, Gustave　36
トロル　Troll　186, 200-201
トンプソン、スティス　Thompson, Stith　7, 25, 132, 227, 228, 233

な行

ナーメン・ツァウバー　Namenzauber　172
ナウェイギ　Naweigi　58, 68
長靴をはいた牡猫　25, 36, 199

は行

124
ブリッグズ、キャサリン Briggs, Katharine 188
プリュドム（公正）王 Prud' homme 157, 161, 171
ブレステル Bläster 202
ブレンターノ、クレメンス Brentano, Clemens 39
ヘッセン Hessen 212
ベッリーニ、ロレンゾ Bellini, Lorenzo 57
ペトローニウス Petronius 107
ベネヴェントの大婚礼の話 De nuce maga Beneventana 55
ベヒトルト＝シュトロイブリ、ハンス Bächtold-Sträubli, Hanns 172
蛇にとつげる女を医師のなほせる語 222
蛇婿入り 222
ペルシネット（パセリちゃん） Persinette 199
ペルヒタ Perchta 178
ペロー、シャルル Perrault, Charles 7, 11, 25, 31-35, 38-39, 66, 155-156, 198
ペロー＝ダルマンクール、ピエール Perrault-Darmancour, Pierre 38, 155
ペローの昔ばなし 33
ヘロドトス Herodotos 14
ベン・ハサン・ベン・アリ・ベン・オトマン、モハメッド Mohammed ben Hasan ben Ali ben 'Otman 58
変身譚 Metamorphoses 106, 218
ペンタメローネ（五日物語） Il Pentamerone 9, 28, 30, 66, 219
ペンタメローネ、あるいは、お話の白眉 Pentamerone oder das Märchen aller Märchen 30
法苑珠林 102
法海禅師 229
方南生 19
ポープ、アレクサンダー Alexander Pope 68
北欧民話集 Norske Folkeeventyr 122
北宋三遂平妖伝 229
反古の吹き寄せ Œvres mêlées 156
誇りを傷つけられた野牛妻 The Piqued Buffalo Wife 233
蒲松齢 89, 229, 240
ホッホ・シュヴァルツヴァルト Hochschwarzwald 207
ボナパルト、ジェローム Bonaparte, Jérôme 38, 97
炎の精霊 58
ホブゴブリン Hobgoblin 68
法螺吹きが花嫁を手に入れる Boaster Wins the Bride 27
ポリュペモス 174
ボルテ／ポリーフカ Bolte, Johannes/ Polívka, Georg 11, 28, 119, 128, 198, 200
ホルベン・バイ・フライブルク Horben bei Freiburg 207, 209
ホレのおばさん Frau Holle 178
本になった昔話 Buchmärchen 27-28, 66, 219
ポンメルン Pommern 213

ま行

マイヤー百科事典 Meyers Lexikon 201
捲き毛のリケ Riquet à la Houppe

や行

ヨハネ　200
夜の草紙　Nachtbüchlein　129
四代目橘屋圓喬　76

ら行

ラ・フォルス嬢　la Force, Mlle de　156, 199
ライエン、フォン・デア　Leyen, Friedrich von der　146
ライネケ狐　Reineke Fuchs　132
ラウレンティウス　Laurentius　179, 199-201
ラウレンティウス・ジュスティニアーニ　Laurentius Giustiniani　201
ラウレンティウス・ダ・ブリンディジ　Laurentius da Brindisi　201
ラブレー、フランソア　Rabelais, François　36, 198
ラプンツェル　Rapunzel　199
リアント・イマージュ（にこにこ顔）女王　Riante-image　171
リープレヒト、フリードリヒ　Liebrecht, Friedrich　30
李雲鵠　19
リクダン・リクドン　Ricdin-Ricdon　155, 157-172, 175, 179, 185
六朝・唐・宋小説集　114
陸のアブダラーと海のアブダラー　243
利口者とお人好し　132
李士元　13
李昉　114
柳西川　240
柳氏子　240
龍樹俗の時隠形の薬を作る語　第二十四　243
リューティ、マックス　Lüthi, Max　199
リューベツァールの物語　Legenden von Rübezahl　67
聊斎志異　89, 229, 240
漁師とその魂　The Fisherman and His Soul　223
猟師と白鳥乙女　Der Jäger und die Schwanenjungfrau　227
林鳳順　52
ル・サージュ　32
ルート、アンナ・ビルギッタ　Rooth, Anna Birgitta　7, 16
ルキウス　106-107, 110-111
ルンペルシュティルツヒェン　Rumpelstilzchen　175, 179-180, 186, 192-198
ルンペンシュテュンツヒェン　Rumpenstünzchen　191-192, 198
零墨新箋　22
レーディ、フランチェスコ　Redi, Francesco　57, 58
レーリヒ、ルツ　Röhrich, Lutz　174, 200
歴史　Historiai　14
レダ　218
レリチェ・ド・ヴィランドン嬢、マリ＝ジャンヌ　L'Héritier de Villandon, Mlle, Marie-Jeanne　39, 156, 179
老媼夜譚　152
ローエングリン　Lohengrin　174
六人男世界を股にかける　129
ロザニイ　160-172, 185
ロドピス　Rhodopis　14
ロドペー　Rhodope　13-14
驢馬の皮　Peau d' Âsne（Âne）　7

わ行